野蛮生长

冯　仑　著

中信出版集团 | 北京

图书在版编目（CIP）数据

野蛮生长 / 冯仑著 . --2 版 . -- 北京：中信出版社，2017.2（2025.4 重印）
ISBN 978-7-5086-7021-8

Ⅰ . ①野… Ⅱ . ①冯… Ⅲ . ①民营企业 – 企业管理 – 研究 – 中国 Ⅳ . ① F279.245

中国版本图书馆 CIP 数据核字（2016）第 279964 号

野蛮生长

著　　者：冯　仑
媒体支持：冯仑风马牛（ID: fengluntalk）
出版发行：中信出版集团股份有限公司
（北京市朝阳区东三环北路 27 号嘉铭中心　邮编　100020）
承 印 者：北京通州皇家印刷厂

开　　本：880mm × 1230mm　1/32　　印　　张：11.75　　字　　数：236 千字
版　　次：2017 年 2 月第 2 版　　印　　次：2025 年 4 月第 26 次印刷
书　　号：ISBN 978-7-5086-7021-8
定　　价：59.00 元

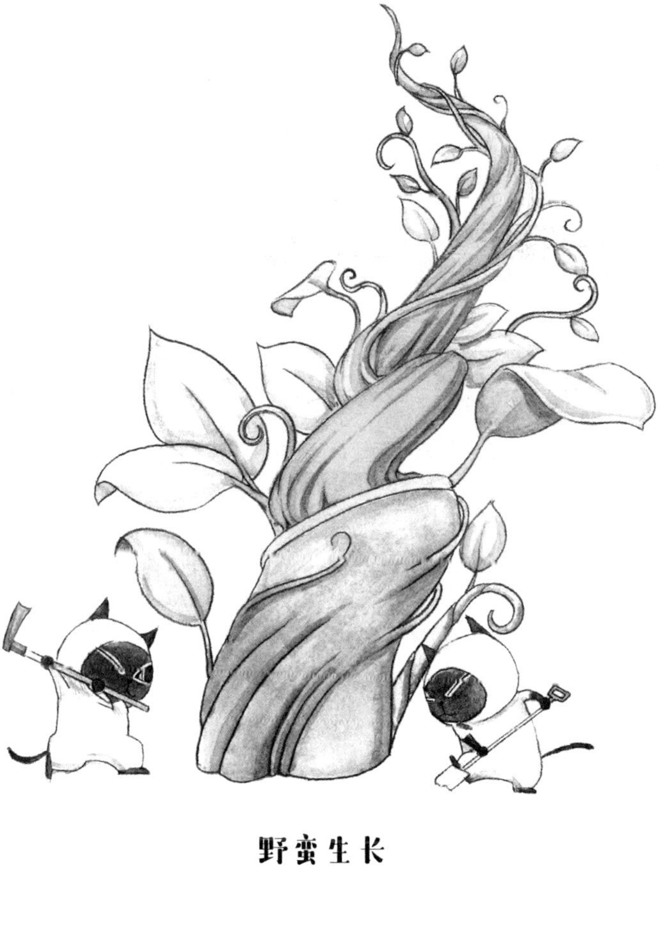

野蛮生长

自序

最近，潘金莲突然成了“网红”，一方面是因为最新的电影《我不是潘金莲》，另一方面，大导演冯小刚和万达集团的少东家在网上“开撕”，也引起了大家对于这部电影和潘金莲的关注。

潘金莲这样一个人物再次回到我们的视线里，的确会让很多人充满好奇，大家都想知道“究竟谁是潘金莲”“潘金莲到底是什么样子”等这些问题的答案。作为一个“好事者”，我也不断地在搜寻一些关于潘金莲的故事，突然发现，对于潘金莲，我们根本无法拼凑出来一个完整的形象，我们有的只是一个小说中的潘金莲，是施耐庵给我们的一个形象，这也成了大家的共识，对于其他说法，人们并不了解也不重视，哪怕是更为真实的。所以我就好奇，一个历史上的人物或者说是形象，最后究竟是如何被后人界定和认识的？也许人物真实与否已经不再重要，也许被认识只是因为偶然中的一句诗词、一幅图画、一个故事，通过这些就把一个人给界定了。那么历史上的潘金莲究竟是什么样子的呢？

话分两头说，关于历史上的潘金莲其实有两个版本，它们都源自江苏人施耐庵，一个版本偏向于现实故事，一个版本偏向于艺术加工。第一个现实故事要从河北清河县说起，历史上这个县城真实地存在过一个武大郎，身长八尺，仪表堂堂，虽出身贫苦但考取功名，成为一个县令。武大郎的太太出自当地的大户人家，贤良淑德，经人介绍嫁给了武大郎，之后养育了四个子女，一家人过着幸福的生活。在武大郎生活的这条街上有一个“无良少年”，的确也叫西门庆，也正是个买卖人。但是，当时这三个人之间并没有什么故事。而当时正逢施耐庵落魄之时，他在陈友谅的军中当幕僚，之后军队被打乱，他又混迹于河北附近，认识了清河县的人，就听说了武大郎和西门庆的一些故事。因为当时的武大郎是一个县令，相当于国家中高级的公务员，成为别人的谈资也在情理之中。之后施耐庵写《水浒传》的时候，就把这三个人物形象加了进去。之所以把他们写进书里，是因为施耐庵还听说了一些关于这三个人的“传说”。

据说，武大郎有一个朋友，在落魄的时候来找大郎借钱，而大郎话语不多，也没有立马答应，当时只是安排这个朋友在家里先住下。这个朋友就很恼火，没住几天就走了，在回家的路上，这个朋友憋着一肚子的火，于是就想着法子诅咒武大郎，说他身短五尺，说他老婆出轨，而且还和“坏人”西门庆勾搭在一起，最后又恨不得他一脚被西门庆踹死……就这样一边走一边编故事，还一边给别人讲，专门诋毁武大郎。当时的交通和通信也不便利，回家的路一走就是好几天，“县领导的故事”也“传扬”得差不多了。当他回到家的时候，他发现自己的房子竟然已经被修葺一新，邻居告诉他这都是武大郎安排人给他修的，他顿时心生惭愧，感到无地自容。但这一切都为时已晚，“县领导”武大郎的故事，就这样在社会上广为流传。

施耐庵大抵是因为听到了这段故事，就把它写进了《水浒传》。

另外还有一个故事是说施耐庵的。施耐庵年轻的时候读书很好，但是官运并不好，这样一个郁郁不得志的文艺青年在感情上更是屡遭挫折。他第一个暗恋对象是他的一个邻居，叫金莲莲，但是金莲莲的父母比较贪图钱财，强行把女儿嫁给了一个财主家的公子，这让施耐庵非常恼火和伤心，这就是他的第一段暗恋。之后，施耐庵又遇到了一个自己爱慕的女孩，叫潘巧巧，是一个同样美丽的女文艺青年。当施耐庵每天对这个女孩激情涌动、顾目流盼、急切地准备向人家表白的时候，发现这个女孩“劈腿”了，她已经开始与别人眉目传情了，真是落花有意而流水无情，这段感情让施耐庵更加不堪。自此之后，施耐庵彻底无奈了，最终他给自己找了一个能踏实过日子的大姐。这个大姐除了踏实之外，还非常凶悍，经常拧着他的耳朵又是骂又是捶，让他一直很难堪和憋屈。当他开始写书的时候，就把他心里的两个坏女人和一个凶媳妇儿都作为原型写了进去，一个是潘金莲，一个是扬雄的媳妇儿潘巧云，还有一个就是女强人顾大嫂。这样来看，潘金莲最终的形象，主要还是施耐庵为了泄愤而塑造的他心里最坏的女人的形象，并且还为这个形象安排了最坏的结局。至于西门庆的形象，那就是前两次抢走他暗恋女人的那两个公子的合体，既有钱又纨绔的下贱买卖人的形象。最后，为了故事的完整和通顺，武大郎和武二郎这两个相差100多年的人物形象也被他糅到了一个故事里。自此之后，恐怕施耐庵本人也没有想到，由于自己的情绪和不爽，潘金莲就和无耻、下流、放荡等这些词永久地绑在了一起，也永久地被绑在了历史的耻辱柱上。

现在回过头来看，无论哪个说法都是与施耐庵有关的，而历史上真实的潘金莲应该是不存在的。但没曾想，这个虚构的人物形象比某些真实的历史人物更有力量、更为长久，也更被后人所津津乐道。

再回头看中国的民营企业，人们对它的评说，似乎和潘金莲也有几分相似，不管你曾经是什么状态，最后被后人传诵的故事，往往与曾经的事实是一个“约等于”的关系，而不是一个“等于”的关系。回溯历史，总会有一些记忆性的误差，加上过去没有影像的记录，我们在回顾和讲述历史的时候，总是受到当下是非观念和个人角色等因素的影响。真正的历史研究方法，人们总会说到一个词：原罪。在“野蛮生长”时代的民营企业，人们总会把它等同于潘金莲这样一个角色，说它的不好，而这个所谓的“不好”也是被人们捏造组合出来的。在我看来，民营企业其实等同于河北清河县的那个潘金莲，是一个真实而美好的存在。民营企业在艰辛中开始，无论处于什么样的原因，它们都在努力地通过商业的力量去改变社会，哪怕只是很小的一部分，也是给予了社会很正面的一种力量，所以我们应该去尊重它们，尊重这样一个历史过程。

到目前为止，民营企业已经有近40年的历史，在这个过程中主要完成了三件事情。第一件事情就是通过民营企业的早期发展，推动社会制度的变革，这件事证明了民营企业可以更为敏捷地响应市场的需求，也可以更为有效地进行市场资源的配置，进而创造出一种更高效也更有效的经济制度，这说明民营经济可以成为社会经济中的一种主流形态。之后，到党的“十六大”时，中央就认定民营经济是社会主义经济的重要组成部分，也就是说，民营企业用了前面将近 20 年的时间来证明这样一件事情。

第二件事情，民营企业又用了近 10 年的时间，证明民营企业不仅可以建立起有效的商业竞争组织，可以在经济上发挥作用，当它们逐渐发展起来的时候，它们还会履行社会责任并不断地回馈社会，通过基金会等其他形式更好地帮助弱势群体和支持有益的事业。目前中国已经有近 8 000 家公益组织，其中 2/3 是由民营企业建立的，民营企业家已成为捐款的主体。中国 2016 年 1 000 亿元人民币的公益捐款，2/3 来自民营经济和民营企业家，无论是救灾、救病，还是济困，都发挥了重要的作用。

第三件事情，就是我们在展望未来的时候“理想丰满”，其中最重大的理想就是我们的民营企业还将在全球化的进程中去推动新型商业文明的建立。这种商业文明既包括商业组织、商业模式，也包括价值观的改造和对社会细微组织的改造。同时，在未来新商业文明建立的过程中，民营经济必将会扮演一个更加重要的角色。

如果这三件事情都能做完，如果我们还能有幸看到，那么我们要给民营企业画一个像，这个像将不会是潘金莲的形象，而是一个正面的、完整的、端庄秀美且奋发有为的劳动妇女的形象。我相信，随着现代社会记录手段越来越进步，民营企业真实的形象也会越来越完整地呈现在世人面前，而不会被人们误解为潘金莲这样一个形象。

《野蛮生长》出版已有 10 年，今天拿出来再版，除了内容上的增减之外，我又回看了书中对民营企业的描摹，希望做这样一份工作的我属于当下的一个记录者，而不属于施耐庵这样一个历史小说的写手；同时我希望中国民营企业在全球新商业文明进程中续写自己的光荣与梦想，在历史上绽放属于自己的光芒。这就是我在新版《野蛮生长》之前想要和大家说的话。

目

目录

01

原罪

“原罪”是怎样炼成的 _ 12
征服：男人愉悦的冒险游戏 _ 18
了犹未了与不了了之 _ 24
历史的天空 _ 30

录

02

合伙人

江湖聚义 _ 36
常务董事会 _ 39
打死不做“太平天国” _ 44
江湖方式进入，商人方式退出 _ 50

03

流变

小倒爷与大企业家 _ 56
商贩、工匠与流寇 _ 65
汇流与融合 _ 69
筑梦踏实 _ 79

04

投资

玩时间于股掌之中 _ 87
当人成为投资品的时候 _ 94
站在未来，投资今天 _ 104

05

管理

和尚与庙 _ 113
管理的五大悖论 _ 115
人的管理与管理的人 _ 119
特种部队与基地组织 _ 122

06

金钱

什么是钱？ _ 130
钱的是非 _ 132
人一生的三个钱包 _ 141
人心与钱心 _ 145
钱心跟着人心走 _ 148
老钱与新钱 _ 153
花钱的艺术 _ 157

07

政商关系

“离不开，靠不住” _ 169
纽约世贸重建的美国故事 _ 173
虞洽卿与辜振甫 _ 179
“混搭”为王 _ 183
认养“立法委员” _ 187

目

08

关系

什么是面子？ _ 192
“成本”与“收入”_ 198
熟人的成本 _ 201
忠诚的成本 _ 205
关系网的规模经济 _ 209

09

伟大

志大才必高 _ 216
伟大的状态 _ 220
伟大的基因 _ 224
伟大是管理自己 _ 227
伟大的力量 _ 231
伟大的魅力 _ 233

录

10

企业公民

责任边界 _ 238

企业公民与公司治理 _ 241

阿拉善的故事 _ 246

11

企业家（上）：王石

不当老板 _ 252

一招鲜，吃遍天 _ 258

大公“有”私 _ 262

君子三变 _ 266

永远做自己的管理者 _ 269

12

企业家（下）：牟其中

擦肩而过 _ 274

范哈儿与张少杰 _ 282

倒飞机与放卫星 _ 286

“钱是无限的” _ 292

“一生爱错放你的手” _ 295

你不懂什么是饥饿 _ 300

13

历史

伟大的阴面 _ 306

历史现场 _ 308

镌刻人生 _ 312

历史的基因和密码 _ 315

14

幸福

幸福与欲望 _ 322

幸福与自由 _ 328

幸福与道德 _ 333

幸福与信仰 _ 336

15

女人

内当家与合伙人 _ 342

夜总会机制 _ 347

贪官的泡妞模式 _ 351

16

死亡

公司的四种死法 _ 358

与死亡为友 _ 361

死亡的困境 _ 364

救援机制 _ 370

生命钻石 _ 373

01

原罪

原罪——就是那从一入了世界，又传给众人的罪，也就是那使婴儿也必须受洗的罪——虽然为数只是一个，但若把它加以分析，就可以看出许多不同的罪包括在其中。

——奥古斯丁

万通集团公司从一创立就把自己的生日（9月13日）确定为"反省日"，以求自警自省、不断进步。记得1996年在海南开"反省会"时，我们就检讨自己，为什么从1991年开始辛辛苦苦做事，公司报表却总也拨不正？反思之后发现其实从根上就错了。于是我想到"原罪"、第一宗罪，最早的病变基因是在眼睛看不到的地方。我们在讨论时援引宗教说法，把民营企业最初逻辑上的发展悖论和体制环境中一些不妥的制度安排称为"原罪"，后来被多数人理解为最初的错误，比如道德上的、财务上的。但是到2002年学者们开始讨论的时候，郎咸平等人把"原罪"定义为用不正当手段行贿牟取暴利，这就把"原罪"放大了，把"现罪"也加在了"原罪"头上。我不赞同这种说法，这和我经历的民营企业发展最初的煎熬不是一回事。我坚持认为"原罪"是最初制度安排上的困境和悖论造成的源发性疾病。

"原罪"是怎样炼成的

大概在1995年到1996年的时候，万通的母公司海南万通遇到了一个非常大的危机，而正是这个危机，触发了我们在"反省日"的讨论和自我检查，从而有了自己的"原罪"认识，并且找到了根治"原罪"的正确方法，那就是"资本社会化、公司专业化、经理职业化、发展本土化”。

我们当时的危机，主要集中在财务和内部组织，以及公司与外部环境的矛盾方面。从财务上来说，我们当时扩张得非常快，主要通过杠杆收购和连环控股的方式，投资了武汉国投和三个信用社（天津一个，南宁一个，兰州一个）；另外还投资了华诚财务公司、天安保险、陕西证券和民生银行。一时间，我们成了最引人注意的民营企业。我们接着就通过金融机构互相拆借等方式来扩张，投资房地产、商业零售以及高科技等许多行业。在扩张过程中，我们的内部组织实际上逐渐被分割开了：深圳那一块在王启富手里；广西那一块在易小迪手里；北京这块归我和潘石屹管；另外，武汉国投、上海万通由我和刘军共管。这样一来，财务资源和公司的经营就出现了很大的错位和冲突，在扩张过程中，财务负担日益加重。当时，用于投资的资金都是以将近 20% 的年利率短期拆借来的，如果没有 60% 以上的毛利，投资肯定是亏的；越投，口袋里的钱越紧，越紧就越摧残手中的金融机构和向更多的人与机构去高息拆借。结果雪上加霜，饮鸩止渴，公司不堪重负，走到了崩溃的边缘。

这一财务危机，实际上迫使我们去思考我们到底有多大能力，我们应当怎样获得健康的投资和扩张的能力，而不是抽风式的变态的能力。这一刹那，我们明白了绝不能用借来的高利贷投资，救治自己的唯一办法就是先卖东西还债，压缩公司成本，甩掉包袱，然后再行增资扩股，引进不需要还的资本金。于是我们就开始大踏步地向后撤，退之再退，直到卖无可卖、退无可退。武汉国投卖了，北京、天津和武汉场内证券回购的席位收回了，三个信用社归入当地城市合作银行，陕西证券卖了，天安保险抵债了，华诚财务公司破产了，东北华联也卖了。总之，这是一个有点类似于后来德隆的财务危机。我们当时把危机原因归结为“短债长投”。

在财务危机的同时，我们又陷入了组织上的危机，实际上就是几个合伙人（股东）在财务压力下面临的选择和困惑。由于谁也想不出万全之策，且又谁也说服不了谁，于是大家就提出分而治之：广西和深圳被切割出去，潘石屹也自己创办了新公司。所谓组织上的分法，实际上也就是按照谁管哪块就分哪块的做法，同时大概算了一下账，然后基本上按照比较平均的一个数目分给走的人。但是，走的人都拿到了现金，没有拿负债，所有的负债都留在了万通的老根这个地方，由我、王功权和刘军负责处理。所以，合伙人分家在那段时间是最大的组织性危机。

1996 年之后，资产负债还在继续压缩和变卖过程中，但组织切割已经完成。这时，我和功权面临着一个现实的选择，就是公司怎么样往下走？这是一个很沉重的压力。在这种压力下，我去了一趟美国，跟功权在美国又反复商量了一下，最后我们决定“收缩”：把所有的业务集中，压缩费用，压缩人员；国内业务只做房地产，美国万通只做创业投资。做出这一决定以后，就到了 9 月 13 日，也就是万通的“反省日”。我们照例集中，闭门反省，认真思过。这年的反省是在海南做的，我们在反省的时候，很疑惑万通为什么会走到今天这一步，财务上出现那么大的漏洞，欠那么多的钱（在 1996 年的时候，我们欠的钱有六七个亿）？合伙人分开之后资产状况更加糟糕，这到底是为什么？为什么我们几个人不能够继续合作走下去呢？经过认真讨论分析，我们发现，其实有很多问题并不是 1995 年和 1996 年才出现的，我们的确背负着与生俱来的悖论和困境：最初的时候一些事情的安排、一些制度、一些做事的方法都存在很大的缺陷，有一部分缺陷是自己的局限性，还有一部分缺陷属体制环境所致。

为了讨论方便，我们就把这个问题称作“原罪”。从那时候起，我们就不断地来检讨自己所谓的“原罪”问题。

我们发现的第一个悖论是：在中国，人们没有钱才办公司、没有资本才投资；这在西方是完全不可能的，那里是有钱人才投资、才创业，起码开办费可以通过正常途径借贷到。我们的起点要惨得多，两手空空，也只有三种途径可能获得初始资本：一是自己家里人的积蓄；二是“欺骗”和“抢劫”——“骗”可以重复三五次，而“抢”也就一两次，不可重复，否则创业过程就会中断；三是借钱，债主给出时间，借债的付利息，以后想办法把资产负债表做正，让创业过程不因为资本的问题而中断。

我们家里都没钱、没能力，甚至也不支持我们自己办“皮包公司”，唯一靠谱的就是不断借债。所以我们的资本构成中自有资本金从一开始就是负数，是从借的高利贷转成的资本金，一开始回报的压力就是“必须暴利”的压力。没有暴利，怎么可能还了本、付了利息（我们当时借钱的利息都在 25% 以上），还得能给自己剩下点再继续折腾？比如，我借 100 块，从第一天起就亏损，负债率是 100% 以上；那时一般是 20% 以上的利息，本金加利息要还 120 块；一年必须赚到 280 块，还掉 120 块，吃饭花 20 块，营运费用花掉 40 块，还能剩下 100 块做资本。100 块本金赚 280 块，这不是暴利吗？必须完成第一个暴利过程，才能维持初始的规模。一般情况下，很少有人会老老实实把钱还了，还按上一年规模去发展；多数都恨不能把暴利所得的280块都再投进去扩大规模。这样就造成赚280块以后只偿还了借款中的一部分，之后继续一边扩大规模、一边借更多的钱、一边追逐更大更多的暴利。但这个人不可能每次投100块都能赚到280块，时间长了肯定会赔一次。就这样，赚了以后脑子开始膨胀，再借钱再扩大，但第二轮可能出问题了，100块钱亏掉一半还剩50块，一般会再借100块，按50块本钱加100块的高利贷（总资产负债率为150%）去做，这次必须用高杠杆负债赚到毛利290块以上，即580%的回报率，才能把遗留问题全解决掉，同时还维持上一年的规模。显然这是一场巨大的赌博，需要找一个能赌的地方和能赌的项目。

自有资本金来源于高利贷，会造成暴利倾向，加上男人的冒险心理驱使、环境的不确定性，造成赌赢的概率不大，所以越赌越大。这就是民营企业为什么冒险性大的原因所在。顺着这个逻辑走到极端的是德隆。我们和很多企业没赌死，就是因为中间认输，退出不赌了。1997年公司反省，充分意识到“原罪”问题以后就开始着手整合资产。当时控制的资产规模是70亿元，但我们认输了，开始卖东西还钱，剩多少是多少；把所有和北京没关系的、跟房地产没关系的项目都砍掉，合伙人之间的变化也是“缩”的一部分，最后资产缩到16亿元，终于让疯狂奔跑的列车停了下来。

我和德隆的唐万新讨论过，德隆倒下之前也控制着一大堆金融资产项目，但他停不下来，在恶赌的路上越走越远。现在披露出它们当时资产规模 600 亿元。我们在 70 亿元资产规模的时候就往回走，下狠心收缩才慢慢活过来了。德隆则按照那个时代的民营企业的资本（原罪）——暴利逻辑继续豪赌，除了场内证券回购、买空卖空国债，德隆还发明了和上市公司合作代客理财的方法，借了很多钱炒股票。早期是庄股时代，赚了几单，给人家的回报是 10%~15%；但也有失败和亏损，赚的就要补亏损，进入恶性循环。后来场内证券回购不能做，代客理财也不行了，于是就开始组建、收购金融机构违规操作，非法吸收公共存款 150 亿元，最终在媒体舆论、政府清查和市场波动的多重力量挤压下彻底崩塌。

德隆的原始积累源于洗照片，从新疆收集胶卷到广州洗出来再带回去，相当于洗照片的皮包公司。那时正时兴彩色洗印，两个星期洗出来还供不应求，他靠这个生意发了家。在当时他已经是百万元户，但要做大生意还是嫌钱少（唐万新说那时他还研究了我们呢），于是自 1996 年从场内回购起开始大折腾。

后来我理解了他收不住的原因：一是赌到上百亿元以后，公司像狂奔的野马一样控制不住了；二是方向错了，法制环境、市场环境变了。1996 年以前市场监管还不是很严，我们还有改正错误的机会，那时收手还来得及，只要我们内心真的想“学好”，外部环境还是会给我们机会的。这就像小偷偷了东西，自己意识到危险，老老实实改了就好；可赶上“严打”，赃物交了也不行，都要判刑。德隆属于后者。

征服：男人愉悦的冒险游戏

关于圈钱、暴利这些做法，实际上包括一大批卷进走私、房地产、股票旋涡的地方民营企业，像福建的厦门远华（赖昌星）、新疆的德隆（唐万新）、天津的南德集团（牟其中）等。那么，为什么明知不可为，甚至已明显感觉到了危险的情况下，这些企业还会铤而走险、不断去赌呢？就近观察，我还发现一些很有趣的心理过程，其中也包括一些纯属男人的人性张扬过程。那时候，许多民营企业更具有江湖时期的一些特点。

在民营江湖时代，民营企业仿佛为匪为盗，或者像游侠，因为我们在过去的旧体制内长期被限制，一旦突然离开以后，实际上有一种特别轻松和自由的快乐。江湖可以看作非正规组织，属于朝廷和民间之间边缘性的一种结构；民营企业的人处于边缘性的结构当中是自由的。在这种自由的状态下，人会选择快意恩仇，并感受到很大的幸福，精神上会很愉悦，像侠客一样。

在民营企业初期，虽然背负“原罪”的重压，为什么还会有这么多人前仆后继地折腾呢？一是逃出原有的体制能获得一种自由感，可以满足人的征服欲望；二是有一种成就感，因为在江湖当中，我们都具有一种英雄气，容易滋生英雄的审美，也获得自己成为英雄的满足感；三是企业（公司）在江湖中也能获得一种相当于行帮的认同感。这是我觉得很有意思的一种心理状态。

荷尔蒙决定了男人都存有征服的欲望，特别是经商的男人，在做

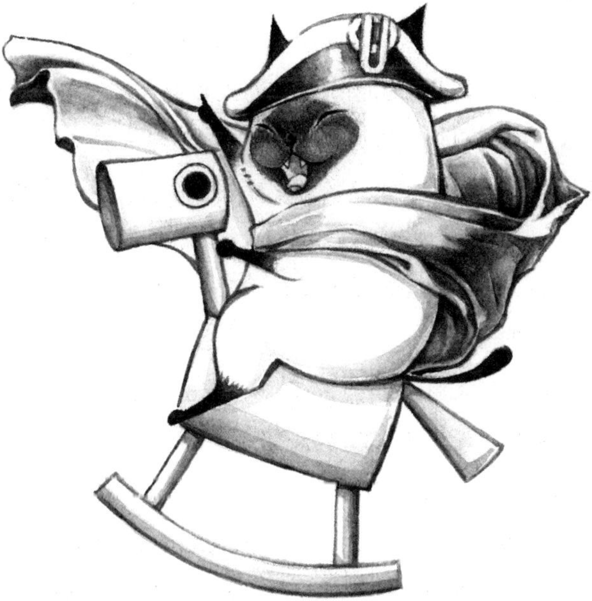

征服：男人愉悦的冒险游戏

生意的过程中最感满足的便是征服欲。这征服的对象当然有女人，但其实最大的乐趣是去征服外面的世界。1994 年年初，万通在西安要建一个“二十一世纪广场”。一天清晨，我和潘石屹在西安溜达到马上要拆迁的地方，蹲在一家小餐馆前吃面，心想：吃完这碗面条，你们的命运就改变了；我们俩小屁孩儿拿张支票一交，这一片所有人的命运就从此改变了。而这里是西安最繁华的地方，是我心中很向往的地方。就是那次，潘石屹跟我说，他原来最大的理想就是到西安。现在忽然间，我们俩以花钱拆迁的方式都成了这片土地的主宰，内心能不得意和狂喜吗？我们想要收购北影厂那段日子，每次从北影厂门口经过时也心想：“这么牛的地方我们今天就给办了！”虽然最终没收成，但回想起我们那段时间去北影厂，开会厅坐了一屋子的老老少少向我们汇报，很有感觉。

中纪委通报的贵州的严剑虹是贵州省委书记的夫人，当时兼贵州国际信托董事长。我们去收购贵州国际信托时，她派一个老总，不跟我们在酒店谈，把功权拉到郊区，黑灯瞎火的，说：“给香港账户打 200 万元。”回来以后我们思来想去觉得危险，就没做。后来老太太被枪毙了，她那做省委书记的老公被双规、撤职然后被抓，她儿子用赃款流亡海外。我去费城时了解到，她儿子用钱供养一个小演员，小演员上完学找到工作就跟别人好了，离婚的时候还分走他一部分钱。赃款就这样流失了，傻儿子完全衰了。

哈尔滨的防空地洞非常大，防空系统很好，我们曾想将它改建成地铁。我去见当时哈尔滨市副市长索常有，他是黑龙江大学的，当地人戏称“黑帮”。我们公司有一个黑龙江大学的，通过“黑帮”找到索常有，等了好久才在他办公室见面。结果没做成，后来索常有也被抓起来了。

男人很享受东奔西突的感觉，很像半夜急行军时被前呼后拥着，感觉最好。

2007年元月我去了神六基地，我特别体会到没有时间、没有是非、没有空间的侠的意境。我们在戈壁滩上，坐在牛的尸骨架子上，手里拿着刀片着牛心，旁边熬着汤，热气泛起向天空散漫开去，我突然就感觉自己和身边的人很像金庸小说中的侠，好享受。侠一定是自由的，没有身份，没有时间，一切皆随心性。心到人到，侠想杀一人、想救一人，全凭心性。侠一定是“胡作非为”的。

我们那时走了13个城市，到哪儿都不带钱，哪儿都有兄弟，打个电话就有人送钱来。虽然钱都是借来的，但那种感觉很好。

这个过程符合男人的征服欲和创造性，社会也满足他们的虚荣心。多数人会因此欲罢不能。

反差特大的是，我们做到10个亿的时候，兄弟都散了，没人来叫大哥了。现在我到外地都打车，习惯了，公司有车我都不坐。自由，没有前呼后拥反而自由了。

可是，当我们从1996年开始卖资产还债，卖掉一个便失落一次。记得东北华联的项目，1994年买的时候，7 000万元谈好了，一个官员非要我们多给800万元额外的钱，帮助他指定的一个小兄弟。功权过去和他谈，官员把批文就压在酒桌下，说：“你钱打来我给你。”功权打电话回来说，“真恶心。7 000万已经付了，怎么办？这800万答应不答应？”我说：“你告诉他，我明天带支票过去。”他就把批文给了我们。第二天我带了一半，400 万元，想着能省就省。那人火了，说我还能再发个文把它废了。我和功权也火了，告诉拿到钱的那个人："你告诉他，社会风气不好，你知道我也知道……"

第二天我就跟功权去他老家了。三九的大雪天里看到他小时候生活的环境，还有一个半傻的姐姐和他老舅，老舅和牲口住在一起。晚上，我们对着残垣断壁喝了很多酒。心里有一股悲凉感，一种委屈和义愤，感觉命运太残忍了。凌晨，天快亮回到酒店时，那人派的人坐在酒店等我们，说这事就不说了，过去了。

但他后来散布谣言说我们没信誉。我很生气，就打了个比方，我说就像良家妇女走在黑胡同里，碰上一个拦路强奸的，我无奈地认了。可他正要"办"的时候，胡同口闪过一个身影，我喊了一嗓子，那人被抓起来了，是我没信用还是他是坏人？很多人听完这个比喻就明白了。

他知道后很不高兴，隔了两年我们卖华联的时候他就设法阻挠。我们找好了一个上海企业，合同都签好了，还能赚些钱。但他组织了一个考察团到上海考察，回来说和上海人做生意没底，不能卖给上海人，要卖给本地人。结果冒出来一个人，江湖上的，有几个兄弟，是卖药的，他要买，却只出到上海人一半的钱。我们实在没招，也烦了，就卖了。

卖的那天又是一个冬天，零下 20℃，我们在餐馆里和那个老大喝酒。我们问他，"对这么难'伺候'的官儿，你怎么办批文啊？"他说，"简单啊，不办，派两个人跟着他媳妇儿；还不办，再派两个人跟着他女儿。"后来果真办得很快。我们却损失了 4 000 万元。

所以说卖的过程也很痛苦，花了我们几年时间。一个男人从征服到承认失败，虚荣心彻底扫地，每卖一次都是失败，挖的坑都得后来找土（钱）填啊！

2000 年前后，德隆为了把自己的故事说圆，也为了证明道德的合理性、赌博的合理性，编了很多故事，即所谓“产业整合”。结果这个故事把他们自己骗了。

对男人来说，承认失败、主动收缩的决心是很难下的。我们是比较理性的人，自我反省后主动做出了收缩的决定，不是被动的。我们概括自己是短贷长投；无独有偶，德隆后来把这叫作短融长投。

“原罪”引发的财务危机就是高负债、高暴利、高风险，结果只能是“以老板为市场，以银行为客户，以笼络为管理，以调账为经营”。所以，民营企业成功概率很小。德隆和我们的历史相比，差了这么一个自觉革命的过程。

我们也思考，为什么当时能收，而很多人不收、不承认失败？其实是男人张狂、征服的本性和想要成为一世英雄的虚荣心误导了事业的方向。1997 年我们开始信奉：“夫唯不争，故天下莫能与之争。”追求自由是人的本性，之所以吸取老庄的思想是适应环境的需要，男人的妥协也要有个台阶。伟大的人说要征服世界，但还有伟大的人说不争即争。其实，解决危机的唯一秘密就是牺牲。每次危机都有利益权衡，不敢牺牲就没有胜利；中年男人要保持这种牺牲精神，坚持理想是唯一的心理支撑。

非常感谢 2005 年去世的王鲁光，他告诉我要“守正出奇”，现在我办公室墙上还挂着这四个字。在最难熬的日子里，这四个字提醒我不要老想着弄热闹事，而要控制住基本面。古法说，奇正之术交相为用。一个人老是出奇，奇多了就成了邪，所以要以正合、以奇胜。我以这样的心境看老庄，不看表面强悍的书（如四书五经），看终极强悍的书（如《老子》《庄子》）。老庄其实是很强悍的，比如“生而不有，为而不恃”。儒家大多注重形式，没有老庄强悍。

了犹未了与不了了之

大约从 1999 年以后，陆陆续续有人开始谈“原罪”的问题。一些言论最先是从民间和学术界发出的。民间和学术界之所以有人喋喋不休，主要是因为中国经济正迅速增长，财富迅速膨胀，一些在社会发展当中相对失落的人、没有在变革当中找到位置的人，以及弱势群体，对于财富的正当性提出了意见。学术界的争执无非是对这种民间生命、民间情绪的一种学术化的表达。这种表达有几个比较有代表性的观点。

一个是郎咸平的观点，他认为民营企业都是靠侵吞国有资产发展起来的，这是一种“原罪”；郎咸平进而把一切不规范，包括在国外市场经济成熟条件下可能出现的问题和政策失误导致的问题都统统加在民营企业头上，把“原罪”的概念无限扩大，引起社会上诸多混乱，比如权钱交易、暴利、乱集资等。这些东西学者研究得不多，但

《老子》是部终极强悍的书

是从唐万新、张海、牟其中、顾雏军这些人不断出事以后，就有很多学者认为民营企业的“原罪”表现为暴利和不断地圈钱，如在资本市场圈钱、在银行圈钱、乱集资。

随着反腐败斗争的深入，更多的人把行贿受贿跟“原罪”挂上钩。有人发现，每倒下去一个贪官，后面就能找到一个民营企业，甚至也倒下一个民营企业。从胡长清开始，到成克杰，一直到陈良宇、刘志华，全都有这样一个问题。于是，有很多人开始提到民营企业事实上扮演了一个不光彩的角色，并把它归结为“原罪”。

针对这种观点，也有提出不同主张的，他们用历史与法律的观点为民营企业的发展提出一个解释，最典型的一个是张维迎、一个是杨鹏。张维迎认为对民营企业的所谓“原罪”问题应当历史地看待，也要站在改革开放的进程中来看。他主张应该给予赦免，也就是说不应该继续追究民营企业以前的这些事情，应自然地将它赦免，让这个事情过去，然后大家就开始从某一个时段起，认真地开始发展经济。他没有更多理论上的解释，只是提出一个方法，就是赦免论。

很有趣的是在2006年，杨鹏参加一个叫作“乌有之乡”的沙龙，他针对“原罪”讲了几个小时，开头就从我们万通讲起。他说民营企业自己认识到自己有“原罪”，是从万通开始的。他说：“私有企业有‘原罪’的说法，是万通房地产公司的董事长冯仑最早提出的。后来这个提法被好事者宣传开来，似乎给私有企业一个形象定位。这个定位就是，从事私有企业那帮人的发家史就是‘原罪’发家史；更广泛地说，有钱人就是有‘原罪’的。这是一些人关于中国私有企业的‘罪恶出生论’……”

杨鹏的确明白我当时提出“原罪”的自省和进步的意义。他分析道：“当年冯仑提出‘原罪’说，着眼的目标是清楚的，他希望自己和其他私有企业家强化道德伦理，提高商业道德意识，追求阳光下的利润，创建一个健康公正的中国经济。”

但他也忧心忡忡地看到，“冯仑也许没有料想到他的‘原罪’说引发了另外一种声音，刺激了一种潜在的政治取向。有人开始强调要对私有企业家进行追查和清算。”

杨鹏还强调说：“绝大多数企业家忙于做生意、忙于做事，没时间来关心理论争论和舆论风向后面‘原罪’概念的酵母作用，甚至有人觉得这些概念争论很无聊。但是，民意与国家政策越来越受舆论风向的影响，企业家的事业环境在企业家群体逐渐被理论界和舆论界一些人妖魔化的过程中悄然开始恶化，成为不少企业家倒霉的背景因素，这一定与冯仑提出‘原罪’说的初衷偏离了。”

杨鹏接着从法律、道德、经济文化和哲学层面系统讲解了对“原罪”的看法，其核心内容是对张维迎的结论即赦免说的系统论证与注解。有趣的是杨鹏的文章在网上贴出后，引起另一方面的议论，其中一位以“秋石客”为笔名的人更是搬出“文革”大批判的看家本领，几近谩骂，好一番热闹景象。

学术界的争论，最终不可避免地反映到政府和政治层面。2003年“孙大午事件”后，河北政府出台了一个文件，明确说对民营企业的“原罪”要给予赦免。然而这个文件出台以后，事实上也没有办法执行，因为赦免不赦免不是政府文件的事，它牵扯到很多法律，包括《刑法》《合同法》等。到2006年，关于“原罪”的问题，不断又有人掀起争论的浪潮，这实际上牵扯到对改革开放的评价。改革开放究竟是对是错，其中一件事情就牵扯到“原罪”。如果说大家都认为民营企业的“原罪”是存在的，而且它是一切的罪恶如暴利、圈钱、侵占国有资产、腐蚀干部等的源泉。如果真这么严重，那么我们今天改革开放是不是错了？如果不是这么一个问题，那就应历史地看，改革开放之初我们国家市场经济的制度本身还不健全，甚至根本就没有。由于当时制度本身的缺陷（而这正是改革的必要性所在），导致了当时的一些做法。比如，当时做生意本身就会被当成“投机倒把”抓起来，所谓“投机倒把”就是做买卖，华远的任志强就曾因为“投机倒把”被关了一年。“投机倒把”，这个时代的人可能都没听过这个词，可当时就是犯罪，后来新《刑法》就没这个罪了。再比如，当初没有民营企业，也没有《公司法》，怎么判他出资不实？本来那个时候也没有国有资产管理的那些政策和法规，怎么能说侵不侵占呢？如果不尊重民营企业的发展历史，揪住这个问题不放，怎能促进改革开放呢？

这一争论到2006年年末达到了白热化。2006年11月17日，时任中央统战部副部长、全国工商联党组书记胡德平在接受《南方周末》记者采访时说，民营经济的诞生，非但没有“原罪”，而且应该早生10年、20年；现在要来清算“原罪”和“第一桶金”，就等于是对改革开放巨大成绩的否定。之后，中共中央统战部部长刘延东出面说，政府不主动扩大“原罪”的争论。所以目前“原罪”问题就不讨论了，这个事情就变成了不了了之。

暂时是不了了之了，但总体来看，或者从民营企业发展的过程来看，随着每一个阶段的不同，尤其是在中国这样一个急剧转型的社会，随着财富积累的进度越来越快，我们的传统文化、习惯，包括我们意识形态领域里沿袭下来的一些说法，会不断地挑起对“原罪”问题的讨论和对“原罪”的再追究。所以在中国，财富的创造和积累始终潜伏着一些威胁。

那么，究竟什么才是求生之道和解决之道呢？我认为解决这个问题可以从两个方面着手。

一个方面是企业自己，在面对这个问题时，要坚持我们曾经提过的“四化”，就是“资本社会化、公司专业化、经理职业化、发展本土化”。用这个“四化”使你的自有资本金得到充实，同时让公司在一个专业领域形成自己的竞争能力，再培养一个好的团队，然后认真地经营企业，坚持在本土市场成为强者。我坚信，只要按照这个“四化”走，“原罪”的绳结就可以解开。

另一方面，我觉得从国家的角度来看，不了了之实际上是最明智的一个方法。所有的所谓“原罪”，如果是发生在原始积累那一段，特别是在《合同法》《公司法》《破产法》《银行法》等很多法律出来以前的那些事情，到现在法律上追诉期都过了。也就是说当时就算是有罪，现在追诉期也过了。今天即使想给他定罪，从法律上讲也不太可能，因为 1993 年以前连《公司法》都没有，说他抽逃资本金，他抽逃什么？按照现在的《公司法》，抽逃资本金最多判 5 年，追诉时效也就 5 年，所以今年还要说 1993 年以前他有“原罪”、抽逃资本金，当时顶多也就判他 5 年，何况此事早就过去了。所以不了了之最好，因为不了了之就是依法办事嘛！

另外，凡是追诉期没有过的，那么按照今天的法律，谁撞到了，那就逮谁，也不用赦免，就当“现罪”而不是“原罪”去惩办好了。比如有人有合同欺诈的嫌疑，按照今天的办法，只要有人起诉就得办，没人起诉国家也犯不着搞运动、强行清理、将哪一年以前的涉案企业全部抓起来。有人起诉，那说明你惹的不是国家，你是欠了别人，有人追你一直追到今天，法院该受理的就受理，按程序依法追究。总之，没过追诉期的，和其他任何犯罪一样，有人起诉法院就受理。这个对国家来说就叫作依法办事。

历史的天空

面对“原罪”的纷扰，实际上需要一种历史的大智慧，要从一个更长远和更宽广的视野来看。比如，把改革开放的历史放到100年的背景下来看，我们现在这个改革所要解决的根本变革，就是要把经济运行模式从单一的公有、国有转化为私有、民营为主的市场经济。这么大一个转变，实际上就牵扯到财产的腾挪问题。人类历史告诉我们，这种财产的腾挪或财产关系的根本变革，只有三种形式。

第一种就是战争和暴力，比如中国共产党从1921年成立起与国民党打到1949年，28年的斗争，中间还有抗日战争，死了几千万人，才把私有财产从国民党官僚统治集团即四大家族手里，转移到中国共产党领导的国家来，从私有变成了公有和国有。这是一种财产转移的方式。

第二种是意外的馈赠。比如欧洲的小公国的国王互相赠送，乞力马扎罗就是德国人和奥地利人送给法国人做生日礼物的。但这种馈赠，在历史上很少见。

第三种财产转移方式就是通过市场和交易，通过民间千百万个分散的行为，合理却不合法的、合法却不合理的，或者合理又合法的，慢慢这么倒腾。

用第一种方法，中国共产党和国民党打了 28 年仗，使官僚资本转移到党和国家手中。我们现在的改革开放已经 30 多年了，做买卖，通过市场和交易的方法把一部分财产倒腾到民间无数的私人手里。而在这一过程中，国有资产和公共利益也大大增值，国有资产最近几年增长的速度不比民间资产增长得慢。显然，这是一种最成功的双赢办法，也许我们应该从这样一个角度来理解所谓“原罪”。如果我们从改革开放最初 10 年开始，连这个所谓的“原罪”都不能容忍，那我们永远不可能完成这种财产的历史性转移过程，也建立不了市场经济，更不可能出现私人产权制度带来的竞争和市场。

我们经过 30 多年，靠一代人的时间，实际上已逐渐建立了以私有财产为核心的市场经济。那怎么建立的私有财产呢？一定是第一代人相对来说有一部分“原罪”，第二、第三代人就没有了。第一代人叫“原始积累”，第二代人叫“资本积累”，以后就完善了。所以我们要有历史的大智慧，那就是宽容，这实际上不仅是宽容某些民营资本，更是在宽容改革开放中所付出的代价，也是宽容过去管理经济的旧政策与僵化的体制。因为只有允许民营资本经过5~10年这样的原始积累，我们才能够稳定地过渡到现在的市场经济。如果连这个智慧都没有，我们就等于自己把社会进步的路子堵住了。

从另一个角度看，为什么说国家保持宽容也是宽容自己呢？因为国家当时的法律不完善，是国家的责任。国家现在不追究，等于承认自己当时制定的法规有漏洞、不健全，这就行了；国家如果现在追究，就说明当时那个法律是对的，这岂不是说没改革的必要、自己否定自己吗？比如说以前没有《公司法》，国家当时就没制定，法律上有空缺，怎么反倒怪别人呢？所以宽容民营企业的一部分“原罪”，实际上是使市场经济在初期得到一个发展的空间、解决自己的一个救赎问题。也就是说，任何一个财产转移的过程当中都会出现这个问题。我们发展市场经济，如果当时不让民间资本“摸着石头过河”，经历这么一个过程，那么也就不可能取得今天改革开放的巨大成果了。

所以，我觉得用宽容和历史的智慧、以不了了之的方法逐步淡化“原罪”问题是最明智的选择。今天人们可以看到，凡是新创办的企业已经没有这些所谓“原罪”问题了，因为市场规范了。现在所有新办的企业都得有资本金，而且如果你违犯法律，就会被起诉，依法治企，现罪现办。所以，如果今天还继续谈“原罪”问题，实际上是在谈一个历史问题，而不是一个现实问题了。

如果今天还把“原罪”作为一个现实问题来讨论，那我们这个社会就很麻烦了，天天都吵架，永远不是斗地主，就是铲农民，斗来斗去，越斗越穷。如果是历史问题，那我们大家都用历史的态度和时间来解决历史上的问题吧。就像万通，万通的“原罪”问题也就是靠时间和历史的智慧解决的。到今天为止，我们已经把所有的历史欠账还掉了，跟别人的法律纠纷也没有了，资本壮大了，公司业务也正常了。解决了历史上的“原罪”，就变成一个正常企业了，这个事花了我们多少年呢？我们花了 15 年，用 15 年把公司愣给做正了，自然也就没有那个“原罪”了。

总之，我觉得面对民营企业的早期历史，需要我们用大智慧来化解历史矛盾，千万不要立足一个简单的道德标准评说是非。今天，随着我国市场经济的日渐规范和完善，民营企业的“原罪”实际上已经不存在了，既有的问题也就成了一个旧话题，我希望它成为一个过时的话题，而不再是个新的是非。

02

合伙人

你与我拥有的回忆比未来的路还要长。

——甲壳虫乐队名曲《我们两个》

合伙人的关系是民营企业整个发展过程中特别重要的问题。我们 6 个人从最初凑在一起到后来的理性分手，经历了很多故事。从出现分歧到最后解决问题，处理的方法很有戏剧性，也很健康，所以后来大家发展得都很好，这是一个非常有意思、非常经典的过程。

江湖聚义

1988 年，我受国家经济体制改革委员会（以下简称“国家体改委”）下属中国经济体制改革研究所委派，去海南筹建海南改革发展研究所，体改办主任迟福林当所长，我做常务副所长。我当时档案在北京，人调到海南。开办之初，海南省委给了我们 5 万元、一辆车、一台电脑，我们就靠这些办一个副局级研究所。有意思的是省政府还给了我们 1 万台彩电的批文，让我们用倒批文的钱作为开办经费。这样我们必须有个公司，用批文挣到钱给我们做研究。当时改革发展研究所的业务分成三部分：一部分搞研究，一部分搞经营，一部分办杂志。我负责招人、组织研究队伍并管理《新世纪》杂志；另一个人负责经营，招来的人里就有潘石屹。经营部门在倒批文的过程中还干点别的生意，比如潘石屹开了一家砖厂，还做会计培训，以至我一直以为他是学会计的，其实不是。我当时提出，选人必须选跨两个专业以上的，单一专业背景的人知识面和能力比较狭隘，不大有发展。王启富是哈尔滨工业大学毕业的，后来到中国政法大学读法律；易小迪是北京师范大学地理系毕业、中国人民大学区域经济专业研究生。我第一次见到易小迪是在中央党校，他带着女朋友一起过来，聊过以后他就去了我们海南改革发展研究所。

王功权是吉林工业大学管理系的学生，也是学生会干部，毕业后分配到吉林省委宣传部，是宣传部培养的年轻后备干部。他内心有理想、有激情，他的小孩刚出生一个星期，他就利用在家照顾老婆生孩子的机会偷跑到海南，在从广州到海南的大巴车上认识了刘军。刘军是北京理工大学毕业的，16 岁上大学，分配在成都一个国营企业，听说海南有机会，没跟单位打招呼就跑到广州。在广州开往海南的汽车上，他和功权聊了一路。当时他们约定，到了海南谁先找到工作，谁就来“救”另一个人。功权先找到工作，干得还不错，在一家国营的秀港工业房地产公司，先是做办公室主任，不久又当上了总经理。他很够意思，在没有电话的情况下大费周章找到刘军，刘军便也去了那家公司。王启富当时是那家公司的办公室主任，跳槽过来到我们研究所应聘，他说他的老板叫王功权，是非常好也非常有理想的热血青年，一定要介绍我们俩认识。认识之后，我们谈了很多，就成了非常好的朋友。

1988 年，我先认识了王启富和易小迪，通过王启富又认识了王功权，但这时还不认识刘军，也不熟悉潘石屹，后来王启富和易小迪与潘石屹有一些交道。1989 年 4 月开京丰会议，因为我是北京青年经济学会宣传部长，所以担任组委会副主任，海南、北京两头跑。1989 年夏天，功权因故被迫离开秀港公司。海南的改革发展研究所解散了，我回到北京，在牟其中那里打工。易小迪在当地用很少的钱开了一家印刷厂，雇了一些湖南农民，什么都印，包括结婚证，但一年赚不了一两万元。王启富失业了一段时间，刘军不知跑哪儿去了，潘石屹待的公司还勉强维持着。

我到南德牟其中那儿之后，第一个跟过来的是王启富；过了一段时间他告诉我功权冒出来了。我们给功权打电话，他正好回海南办手续，一听我们找他，二话没说，顶着光头就往北京跑。后来我把他推荐给老牟。有个情节特别有意思，我告诉老牟，功权非常能干，当过法人代表，老牟说那让他把有法人代表名字的工商执照拿来吧。功权赶紧去找出来并复印了一份，老牟看了一眼，很快就重用他了。重用的标志是挪位子：北京冬天很冷，办公室坐了五六个人，新来的坐在最外面一排，最冷；功权刚开始坐在最外面，重用之后就坐里面去了，就跟“号子”里一样，挪了床铺。这种做法大概跟老牟坐牢的经验有关。

安顿了一点儿之后，功权又开始找刘军。刘军也是性情中人，虽然还不知道来了后能不能有活儿干，但也高兴地奔北京来了。

这样四个人都来到南德。王启富是法律室的副主任，功权是天津投资公司副总经理兼东南办主任，我是总办公室主任兼西北办主任，刘军是西北办副主任。我们的关系更加密切，经常在一起讨论今后的人生，在思想上已经形成了很成熟的合作基础。在那个时候我们就讨论过自己创业，开始想办一个万通代理事务所。名字是我起的，“代理事务”有点像“三 T”公司，“万通”就是路路通，能做的就是帮人办事，出书、写文章、开会，积累一点钱然后再谋发展。虽然最终没做起来，但“万通”这个名字留在了大家心里。后来我们办公司时，一说用“万通”做商号，谁都没异议，仿佛早就有了这个公司似的。

我从南德出走后，老牟很生气，想炒刘军，还没来得及炒呢，刘军便写了一首嘲讽老牟的诗，先把老牟炒了。1991 年回到海南，易小迪的印刷厂是我们的落脚点。我们在准备创业期间，我和刘军跟功权谈，说必须由他当老总我们才做，因为只有他做过生意。功权答应了。有一天我和易小迪在电线杆子底下吃火锅，我们开始商量怎么筹钱，易小迪说他还能出多少钱，能有的都给。现在回想起来，易小迪是不小器、很有大局观的人。

我们没有钱，每个人便根据各自的情况分别借了一些：功权向丈母娘借了一些，王启富跟家里借了一些，我向深圳一个老板借了一些，刘军向朋友借了几千块，易小迪拿了印刷厂的 8 000 块，合起来 3 万多块钱。这些钱大多用在注册公司等前期费用上了，当时也只能注册成类似皮包公司一样的公司，注册资金 1 000 万元人民币，拿到执照的时候还剩几百块钱。过了半年，易小迪把潘石屹找来了，做财务部经理，负责我们第一单房地产业务的销售，他的销售才能在那个时候就显现了。

常务董事会

没法说最初的钱哪个算股本，后来算股份的时候也没有办法分清楚。别说没法算，那时我们连懂都不懂，又没有《公司法》，大家说事连个依据都没有。所以说，我们这些合伙人一开始合作的基础不是钱，而是大家共同的理想、信念和追求。第一次界定合伙人利益关系的时候我们确定了一个原则，采用水泊梁山的模式——“座有序，利无别”。1993 年年初我们界定利益关系，之前合伙人关系是虚拟的，没有股权基础；挖到第一桶金后开始建立了财产基础上的合伙人关系，并在这时把潘石屹吸收为合伙人。此时我又提出一个观点：按照历史的过程来看，缺了谁都不行，每个人的作用都是百分之百——他在，就是百分之百；不在，就是零。从这个角度出发，我们确定股权时就采取了平均分的办法。民营企业将要面临的问题是排座次、分金银、论荣辱，我们分金银的时候是跟排座次分开的，把公司分成 6 份，一人一份。

由于是平均分配，所以说话的权利是一样的，我们成立了一个常务董事会，重大的决策都是 6 个人定。后来又来了两个人，我们称之为“6+2”，也算是吸引人才，但他们俩很有意见，因为总也进不了 6 个人的圈子。1995 年之前 6 个人的内部协调很好，当时以海南为核心，分散在广西、广东等附近省份，大家经常见面；1995 年，公司把业务一部分甩到北京、一部分甩到上海，还有一部分甩到长春。那时不能上网，手机用砖头块大哥大，沟通很有限，引发的问题就是信息不对称。6 个人按照个人性格、地域和管理企业的不同情况，越来越不容易协调。我在北京当董事长，潘石屹是总经理，海南那边我也是董事长，所以掌握了解的信息算是最多的。其他人不能完全和另 5 个人沟通，大家在一些事情上开始出现一些分歧。这是一个困局，很多事情无论怎么努力都无法达成共识了。

排座次，分金钱，论荣辱

另外，资源和利益结构发生了变化，但我们仍保持个人收益上的平均主义，大秤分金银，整套穿衣裳。当时我们确定三条土规则：第一，不许有第二经济来源；第二，不转移资产，不办外国身份；第三，凡是在公司生意上拿到的灰色收入统统交回公司，6 个人共同控制这笔钱。时至今日，在这个层面上，账查过多少遍了，大家从未出过问题。所以，在我们分开时没有任何埋怨，谁多挣了、谁少挣了，没人较真儿。

但在另一个层面上出现了问题，就是因事业导向和个人能力以及所学专业不同而对生意的看法和理解出现了分歧。资源的分配是第一个矛盾，做房地产有人说深圳好，有人说西安好，有人说北京好，可我们的资源是有限的。6 个人互相认为对方的计划不好，开常务董事会讨论投资往往一开就是半天一天的，谁也说服不了谁，互不服气、互不举手。记得有一次在保利大厦开会，有一个人提出一个湛江的项目，大家都觉得不行，他很生气地摔门而去；但我们要维持大家商讨的局面，又把他找回来，耐心听他讲，最后还是没做，令他非常生气。后来，另一个人提深圳的项目，他也不同意——我们 6 个人实行一票否决制。北京资源配置最多，后来各地开始不通过常务董事会了，直接来北京找潘石屹借钱，不投资就借。这就出现了最大的问题——资源分配冲突。这是另一种利益冲突问题，因为得到的资源越多，成功的机会就越大，个人价值的实现也越多。那时的万通集团公司快成了一个虚拟的总部，主要的业务和人都在外地，分公司有了自己的利益，负责人也不是往自己兜里揣，而是要实现个人的价值和抱负。整个舞台只有一个董事长、一个总经理，谁拿到各地的具体项目，谁就是老板。

慢慢地，个人对生意的看法、理解不一样了，有的人不愿意做商业，有的人不愿意做金融，公司战略上出现分歧。我坚持做的事大家也可能会让我一次，第二个人坚持做大家也能让了，但到第五个人的时候已经没资源可让了，那这个人就会有意见。强行上马的项目做得顺利还好，做得不顺利就会招致怨言。其中最闹心的就是收购东北华联，当时内部有分歧，比较积极主导的是我和功权，花 7 000 万元收购了，属于买卖上市公司比较早的案例（是国内第三个收购上市公司的案例）。然而之后的整合一直不顺利，我们不断派人收拾局面，搭钱、搭人、搭精力又不赚钱，内部意见非常大，最后赔了 4 000 万元。这时我的权威就受到挑战了。由于资源的分配导致对业务方向的看法不同，加上有时的互相妥协，造成的直接结果是 6 个人互相之间都没权威了。这时，已经孕育着必然分开的力量了。

和其他民营公司不同的是，我们在第一利益即个人和个人之间没有金钱矛盾（当时很多民营企业动刀子是在这个层面上出问题），而是在第二利益即事业方向（公司战略）与企业管理上发生不可调和的冲突，结果是 6 个人都很苦恼。因为我们在万通建立之前就认识，所以拥有奋斗的共同价值观基础，拥有相同的理想情怀，我们不想分开。1994—1996 年那几年，6 个人没事就凑在一起讨论究竟应该怎么走，有的人难受得哭了。外人很难想象我们当时痛苦到什么程度。

当时在海南我们卖出去一块地，赚了 5 000 万元，后来买方出事了，他们反过来咬我们一口，说我们有问题，想让我们把钱退给他们。相关部门立案了，有大领导批示封我们的账，功权在海南很难决定妥协不妥协。其他 5 个人都觉得我们没犯法，但功权判断危险非常大，有可能会被置于死地。最后功权含着泪，掐了电话不听我们的，答应人家签一个城下之盟。当时对方非常不讲理，最后是在夜总会包厢里逼着我们签了字，退钱不说，另外还给他们 26% 的利息。这一单生意没有按照 6 个人意见一致的原则做，但功权认为这一次挽救了我们。其他 5 个人表示不满，怪他连电话都不接；后来又把这块地买回来，里外里损失 1 个亿，这是我们在海南唯一的损失。之后，功权感到特别委屈，有一次在南宁郊区洪秀全起义的一座山上开会，又提起这件事，功权极其痛苦，一个人跑到山上哭去了，我们不得不散会，四处去找，找不到人大家很担心。这里面包含了太多复杂的感情。

打死不做“太平天国”

一个公司建立之初就要开始排座次。在我们创立公司时董事长的位置不是特别重要，法人代表、总经理比较重要，这两个职务是大家关注的焦点。我们成立了董事会，最初董事长不是我，因为当时必须要有投资主管单位，要让一个“公家人”来做董事长。我是副董事长，但我给自己印名片写的是执行董事长，强调我是干活的，自己给自己定位了。当时大家一致认为功权当法人代表、总经理是比较合适的，没有争议。一个执行董事长，一个总经理，剩下是三个副总经理，排完之后大家的心理有了一点点的变化。而潘石屹 1992 年年初刚来时是总经理助理兼财务部经理，后来也变成副总经理。这样 6 个人就凑齐了。

虽然都是副总，但权力是没有办法详细规定的，所以形成“权力大锅饭”和“感情大锅饭”的局面，所有事情都要 6 个人在场讨论决定。这时情况变得比较微妙，最后谁说了算呢？名片、职务不同，但心理是平等的。后来功权说他是法人代表，要承担责任，得他定；但如果大家不开心，以后可能就没责任可负了，所以多数时候他会妥协。

我是执行董事长，那时没有《公司法》供参考，不知道自己应该干什么，但我认定身先士卒一条，遇到烂事就上，没钱赶紧找钱，不用扬鞭自奋蹄。

我们自己把自己当干部用。因为群众少，印完名片只有两三个群众，一个是功权老婆，一个是王启富的哥哥。创业之初 4 个月不发工资，吃饭大家都凑在一起吃，这样的情况下只能把自己人当干部了。这段时间组织基础是热情，大家齐心协力干劲最高。比如借第一笔钱时，投资人要来看项目，就是我们盖的 8 栋别墅。我们平时没有正经衣服，于是翻翻每个人口袋里还有多少钱，现买衬衫和领带。当时金利来领带比较高级，我们忍痛割肉买了领带送给投资人。最后，我骑着自行车去亚运村和他们签了协议。1991 年年底拿到了公司第一笔大的借款——500 万元，功权去东莞取回来时，我们兴奋得都要跳起来了。

我想强调的是，组织进化阶段的排座次没有实际意义，只是一个心理概念，赚取第一桶金靠的完全是集体决策、集体承担责任，在组织中的角色是自然分工；但越往后排座次就显得越重要。

1992 年上半年赚了第一笔钱后，我们把欠大家的工资都发了，把家属也请出去了，开始吸收新人进来。生人一出现，就有了真正的上下级关系。此时出现了一个问题，上面的人谁也制约不了谁，让底下的人非常难做。由于上面的座次排得很含糊，进化得不够，最后公司形成了派系。这种派系形态和传统江湖的派系很相似，组织效率极低，上面通过下面控制一些点，下面通过上面谋取自己的局部利益。所以在合伙人中间一直存在这样的情况：股权变成第二位，控制权变成第一位。东北的项目，功权的影响力是最大的；西北的项目我说话的分量更重一些。

于是，组织被分割。因为排座次的名分与事实上的不同，不同位次却有相同的权力，所以权力系统事实上没有合法性基础，在运行中又被分割成不同系统。资本构成权力合法性的基础在于你真出钱，没有出钱就没有当董事长的权利。但我们一开始的股东层面是虚拟的，主要靠人力资本出资，这就造成权力合法性基础是个空壳。在这种组织中赢得权威，完全像中国历史上任何一次农民起义，要靠勇于牺牲、高瞻远瞩、克己奉公，才能成为实际权威。无论最初合伙人有几个，最后都会出现一个这样的人，而这个人是靠时间、靠牺牲、靠不断做正确的事情，带领大家从一个胜利走向另一个胜利，最后奠定权力合法性基础。结果这个权威早晚会变成神。

中国民营企业早期出现这种组织分化，是极其传统的江湖组织建立的过程，没有任何创新。

看《水浒传》梁山英雄排座次。非契约性组织排座次有三个标准。第一，自然标准，年龄大的吃饭坐上座，长者为尊。如果合伙人中有一个人40多岁，其余都20来岁，一般来说他可以当老大。第二，曾经的经历会使大家形成对某人在组织当中的依赖和尊敬。比如，创业前有一个人是局长，其余的是处长，一般局长当老大。这点在《水浒传》中可以看得很清楚：林冲上山没有朱贵早，排位却很靠前，因为林冲起点高，在朝廷里做过官。所以体制内的经历在体制外仍然起作用，决定排座次的顺序。第三，君权神授。这一点跟权谋有关。《水浒传》里，天王晁盖被史文恭射中，临死之前说，谁抓到史文恭谁就是梁山泊主。卢俊义抓住了史文恭，按照遗嘱肯定是他坐第一把交椅。结果，宋江假意不负晁盖遗言要把主位让与卢俊义，吴用以目示人，众人皆表不服。后来，宋江玩了个"天意"，与卢俊义焚香对天祈祷后，各拈一阄，分别带领兵马攻打东平府与东昌府，先破城的做梁山泊主。得胜回来后，吴用又如此这般安排一番。第二天喝酒的时候，有人报信说外面突然塌了一个大坑，有两块石头，刨出来一看，上面写得清清楚楚，"天罡地煞一百单八将"，第一个就是宋公明。这是上天的安排呀，赶紧拜他当大哥吧。吴用真是聪明，埋两块石头就改变了形势。

人少的时候前两个游戏规则起作用，人多的时候第三个规则就启动了，把上天的旨意当作改变规则的依据。民营企业在其发展初期是按中国传统文化低水平运行的，组织发育得非常不成熟。后来舞台大了，资源多了，越往后排座次的事儿就越发敏感。

1993年，我们完成产权的改革，海南农业高技术联合开发投资总公司变成万通集团公司，成立新董事会，这次我就是董事长、法人代表，当时总资产有1亿多元，也有负债。我们成立常务董事会，决策时一人一票，所有大事都得一致通过才能办，每个合伙人都有否决权。最后也是没法继续，奖惩考核不能正常进行，造成组织效率低下、是非多样性、苦乐不均，周边的能人很恼火。

前面的规则基础是情感、伦理；要解决组织进化问题，变成实际出资以及创建利益基础上的新规则，势必面临着分裂。这时组织裂变是最正常的，但裂变有两种可能性：一种是高水平的做法，即按程序、按法律进行重组；另一种是低水平上的恶斗与裂变，一人带一拨人走，重复以前的故事，过几年又掰一次。所以中国民营企业组织进化总完成不了，就是因为这样的低水平循环。

有一段时间我研究过土匪的组织结构。土匪组织为什么长不大？它的组织就是在低水平不断重复。民国时期，河南有一伙土匪，首领叫白朗。白朗军是中国共产党出现之前中国最大的近代农民起义军，有4万多人。白朗是镖行出身，周围的人都是农民，他们按照农民本能的组织形态开始折腾，大哥还是勇于牺牲、敢于担当，但组织激励的方式很简单。匪首中有一个女的，老公死了。那时穿衣服没现在讲究，上身都是一个大袄裹着光身。攻山头的时候她就喊："你们往上冲，谁先上去，姑奶奶晚上跟谁睡。"然后把大袄掀开一亮，弟兄们还没来得及看一眼，大袄就合上了。他们的思想政治工作就这么简单。每次官军围剿，大家就分裂，分裂之后又拉出一些人继续干。

非契约性组织有两种形态：一种是家族式，一种是江湖式。如果按江湖规则行不通，就向家族内部寻求出路。家族抗分裂的能力要强一些，所以民营企业就出现两种选择，按江湖方式存在的寿命非常短，按家族方式维持得长一些。在没有新的组织进化方式时，实际后者不失为好的选择。

因为我们有了三个契机（详见下一节），所以知道了商人规则，找到了合理改造组织、解决分歧的办法。商人文化、商业伦理是一个巨大的进步，现在的中国创业者成功概率大，不用花太多精力在组织结构上，这实在是一种巨大的进步。

中国民间发育的组织形态，对财富创造是个极大的抑制。当年在海南有个特别火的大业城市信用社，是一些五道口研究生同班同学创办的。在出现矛盾，而且在私人利益上起冲突之后，结果互相往监狱里送，互相雇黑社会追杀，令人唏嘘扼腕。

恒通公司的组织架构跟我们一样，他们第一个拿到资本金，第一个在 NET 系统（全国电子交易系统）上市，规模比我们大很多。当时杨博是大哥，后来同样出现控制问题，三个合伙人各控制一摊，很多事管不了。每个民营企业都会遇到一次“遵义会议”，如果做的业务失败了，合伙人内部就会对领导的权威产生怀疑，就要开会换领导。他们在兴隆开了两天两夜会，结果把老杨开到二线了，但少杰成为一线合伙人。但少杰没签协议改变身份，后来老杨又杀回来了，少杰被迫拿着不是合伙人级别的遣散费离开了。在传统的江湖组织中，领导人必须是从一个胜利走向另一个胜利的，业务失败往往就是组织崩溃之时。后来恒通的业务失败了，又没有找到新规则，组织没成长起来，公司就烟消云散了。

江湖方式进入，商人方式退出

面对前进无路、后退遗憾的情势，我想了很多办法，其中之一就是学历史，找来罗尔纲的《太平天国史》给大家看，告诉他们要耐心，在没有想出办法之前不能变成“天京之变”，这点得到了大家的认同。我又找来鲁迅的一些文章，比如《娜拉走后怎样》里提到的“韧性的战斗”，鼓励大家要坚持。我还研究土匪史，看英国人贝思飞写的《民国时期的土匪》，专门研究土匪的组织架构。我还看过一本有趣的《水浒的组织结构》，山西师范大学出版社出版的，后来再没见过。

那时我住在保利大厦 1401 房间，潘石屹住楼下，我们很痛苦地讨论着、等待着，就像一家人哪个孩子都不敢先说分家，谁先说谁就大逆不道似的。

后来有三个契机促成了戏剧性的变化。其一，因为之前的分歧、争论，1995 年功权去美国管理分公司，暂且回避一下。在那里他吸收了很多美国体制下商务、财务安排的方法以及产权划分的理论，这带来了一个契机。第二个契机跟女人有关：当时张维迎在牛津，介绍了一个女人回到中国，就是张欣。维迎把我们公司 1992 年写的文章《披荆斩棘　共赴未来》给张欣看了，张欣要回国，就让维迎介绍和我认识。她回来以后在保利和我见了面，就算认识了。大概一个多月以后，我们去香港，张欣正在做投资银行，我们一行三四个人去她家里聚会。那次潘石屹跟张欣单独聊了一会儿，等我们回来以后，他

江湖方式进入，商人方式退出

们俩就谈恋爱了。于是又来了一个海外因素，张欣带来的价值观、对问题的看法都是西方的，认为不行就分嘛。张欣那时总在说我们的不是，她站在西方的文化立场上把我们全否定了，说我们太土了。虽然大家觉得这是对我们兄弟感情的一种伤害，但她把西方商业社会成熟的合伙人之间处理纠纷的商业规则带进了万通。

功权和潘石屹接受了这样的思想，开始说服我。如果我坚持，可能还是分不了。但这时又出现第三个契机：那时我也去了一趟美国，见到在加州的周其仁。我们聊了一个通宵，他爱听故事，我就哇啦哇啦地说，我讲了我们的问题，他就讲了“退出机制”和“出价原则”，这给我非常大的启发：不能用传统文化中的兄弟感情处理万通内部的矛盾，而要用商人的规则处理分家或者叫建立退出机制。

6 个人中的 3 个人接受了新的游戏规则，回国以后我提出，“以江湖方式进入，以商人方式退出。”但我们的商人方式也不像现在经过精细评估、锱铢必较，只是做了大概的分割，还是抱有传统的兄弟情谊的一种方法。走的人把股份卖给没走的人，没走的人的股份是平均增加的，把手中的某些资产支付给走的人，这个模式延续下来，结果万通的股份都成我的了。这中间有个有意思的插曲，我们找的律师是美国留学回来的，叫田宇，我们 6 个人的分家合同差不多都是他做的。最早走的 3 个人里，潘石屹找的律师叫张学兵，和田宇竟然是同学；其他两个人连律师都没用；留下的 3 个人都用了田宇。3 个人变两个人的时候，用的是田宇；两个人变我一个人的时候还是用田宇。最早潘石屹发给我们律师函，指出不同意就起诉时，我和功权特别别扭，像传统中国人一样认为那叫“忒不给面子”。但越往后越成熟，最后我和功权分开时只请了田宇一人，连律师费都省了，一手交支票，一手签字。

当时分的过程中有很多复杂的问题，大家都想快一点、利落一点。我说你们得忍耐，离婚的心理状态有三个阶段，三个阶段不走完办不了手续。第一个阶段叫惊而怒，把火拱起来；第二个阶段叫折磨，通过折磨互相泄火；第三个阶段叫无奈无聊，开始办手续了。

当时有一些弹性条款，2006 年才把最后一笔账结了，无论作为大哥还是朋友，我至少践守诺言了。

许多中国民营企业缺少这些外来的偶然性，它们没有接受商人文化的价值观念、游戏规则和操作方法，所以常常困守在中国传统文化里找不到解决办法。传统文化中的江湖，确立组织内部的规则只有一个办法，即杀了大哥自己当大哥；万一杀不了大哥，那就只有内讧，像太平天国的“天京之变”。中国传统组织文化里没有按规则退出的智慧，这是一个悲剧。

“以商人方式退出”的游戏规则，促成了我们的组织进化，我们后来完全商业化了，公司可以容纳更多的人才进来。原来“6+2”是排斥人才，内部游戏规则不清晰，没有是非标准，对干错的人没有处罚措施，后来这个组织死掉了，万通才活了过来。可惜许多民营企业恰恰就死在这个环节上。

03

流变

选择就是“放弃”，自由就是“枷锁”。

——冯仑

我国改革开放30多年来，民营企业从无到有、从少到多、从小到大，给社会经济注入了巨大活力，为市场改革和文明进步积累了丰富的经验，培养出无数新一代的建设者。民营经济丰富多彩的创业故事、波澜壮阔的人生画卷，既是民营企业的骄傲，也是中国改革开放取得巨大进步的真实写照。

小倒爷与大企业家

民营企业从代际的划分上看，这30多年来可以说已经经历三代了。

第一代是从1978年到20世纪90年代初，这个时期可以称之为“前公司时代”。当时社会上做生意的主要特征就是“个体户+官倒”，个体户又叫倒爷，基本上都是做简单的贸易，或者是开个餐馆、钉个鞋子、卖个衣服（最典型的是广州高弟街）；大的就是官倒，倒钢材、倒批文、倒汽车。他们以垄断的方式从事贸易。我前些年去过朝鲜，朝鲜刚刚开放，也全是做小买卖的个体户和少数特牛的官倒。

那时参与个体经济活动的绝大多数是被社会边缘化的人、劳改释放犯、政策落实了没事干的人和大批返城知识青年。这些人是被社会抛弃的边缘人，为了生存，于是就得自己去想办法。自我生存的一个重要办法就是做生意；能做的生意，就是上面讲的小买卖。当时申领的营业执照都是个体经营性质，因为当时没有公司法规，所以很少成立民间公司，而且私人还不能成立公司，只能够叫作个体经营者、个体户。

另外一部分人就是所谓的公子，或者叫作“干部子女”。干部子女成立公司，但是他们成立的也不是私人公司，表面上是国家公司，实际上个人从中捞取了巨大好处。他们的公司主要从事倒买倒卖，叫官倒公司。

所以，20 世纪 80 年代主要是两类人参与所谓市场经济的活动，从事类似于民营企业的经营活动：一类是个体户，另外一类就是干部子女。前者是社会的边缘人口，后者却是社会核心的领导者的亲属，也正因为他们的牟利倾向，在客观上推动了经济形态向市场的转移。我记得 1985 年到武汉带职下放的时候，我在武汉市经贸委做事情，碰到很多干部子女，他们都在当地控制着一些公司，倒卖、做生意。

这个阶段应该说是非常原始的市场经济阶段，民间的商业活动更像是跑江湖，所以这个时代也可以叫作“江湖时代”，而不是公司时代。个体户做生意，行为方式多依循江湖规则。

江湖是什么意思呢？江湖就是指社会的边缘地带，“江湖”一词最初就是指一个城市里面的一些犄角旮旯的地方，属于那种四六不靠、没人管的地方。古人有“处江湖之远、居庙堂之高”的说法，所谓江湖之远就是远离体制的地方。所以江湖就是指远离体制、属于规范的管理和不规范的地方之边缘地带，人群身份也比较杂乱。整个 20 世纪 80 年代到 90 年代初这一段时间，所有的买卖人大概的心态和所处的位置都属于一个江湖形态。

江湖形态对做生意有利也有弊。有利的一方面是它会形成一种江湖道义，促使你扮演一种好的角色，它会推动人往好的方向走，变成一种侠、一种圣、一种英雄。你要变成侠、变成英雄，江湖道义的道德标准与做生意的要求是吻合的。比如“重然诺”，就是答应的事要办；“明恩仇”，就是有仇必报；“救急难”，就是别人有困难得要救助。在江湖上的这些品质对做生意来说有利于形成一种很好的生意文化。

另一方面，江湖当中也有一些负面的东西，一些人堕落之后就变成了匪、入了盗、成了贼，掠夺、残忍、残暴。在民营企业的江湖时代，往往会听说一些不幸的故事。

“傻子”年广久

在被邓小平点名后，年广久的命运发生了戏剧性的变化，这个只会写 5 个字（分别是“年广久”和“同乙”——指“同意”）的小贩被誉为“中国第一商贩”。在随后的 10 多年里，每逢改革风云变幻，他的际遇便会随之跌宕摇摆。

1986 年春节前，傻子瓜子公司在全国率先搞起有奖销售，并以一辆上海牌轿车作为头等奖，3 个月实现利润 100 万元。但好景不长，国家下文停止一切有奖销售活动，年广久阵脚大乱，公司血本无归。1989 年年底，私营经济再度成为灰色名词，芜湖市突然对年广久的经济问题立案侦查，罪状是他在与芜湖郊区政府联营期间“贪污、挪用公款”。年广久是一个文盲，看不懂按会计制度制作的规范账本，于是企业里的财务自是一本糊涂账。他说过：我只要知道进腰包多少钱、出腰包多少钱就行了。这个案件一直拖了两年，1991年5月，芜湖市中院判决，年广久的经济问题不成立，却因犯有流氓罪，被判处有期徒刑三年，缓期三年。据年广久自己说，在法庭调查中，法官问他：你是否以解决工作为名，奸污过10名女工？他回答：不是10个，是12个。他后来对记者说：你给我凑足大满贯，我不如给你凑一打。1992年，邓小平在南方一点他的名，一个月后他就被宣布无罪释放。

年广久结婚四次。1987年，50岁的他同一个20岁出头的年轻女大学生第四次成亲，演出了一幕惊世骇俗的情感剧。在当时，他的婚姻成为人们鄙视暴发户的一个公证。年广久有了钱后，很希望邻里乡亲、社会公众另眼看他。他想通过仗义疏财换取社会对他的尊重。在儿子上中学时，经班主任介绍，他准备给学校捐一笔奖学金，当学校就此事进行讨论时，许多老师提出异议：给优秀学生颁发“傻子”奖学金，这不是往学校脸上抹黑吗？

年广久一直习惯于家庭作坊式的劳作，一直到50多岁，他都打着赤膊亲自上阵，在烧得通红的大铁锅前炒瓜子。当市场一大，他就忙不过来。瓜子不够卖时，他就到其他作坊收购，再装入自己的包装袋，结果因为质量参差不齐而品牌大损。

1998年，中国改革开放20周年之际，《南风窗》记者多方寻访，总算在芜湖市再次找到61岁的年广久，他们用下列文字描述这位当年的“中国第一商贩”：他有些蓬乱的头发明显留着仓促起床的痕迹，一身藏蓝色的西装也不见平整挺括，被烟熏得发黄的手上留着长长的指甲，一颗硕大的金戒指在干瘦的手指上显得分外惹眼，瘦削的脸上透着市井生意人特有的精明。

年广久对自己的评价是：大错不犯，小错不断。而许多跟他有过往来的人则说他：小事精刁，大事糊涂。

2007 年 6 月我见到年广久，和他聊了一会儿，仔细打量着这个个体户的活化石，完全印证了媒体对他的描写。

民营企业的第二代我称之为“公司时代”，实际上就是从 20 世纪 90 年代初到 2001 年。所谓公司时代，就是自从有了《公司法》以后，所有的创业和经营活动是以公司形式展开的。这时个体户已经不吃香，由于民间注册公司越来越容易，所以大家都是以公司的形态开始做生意。而之前个体户、万元户都是以个人和家庭为单位开展经营的。

20 世纪 90 年代初，有一个浪潮叫作全民经商，人们纷纷下海办公司，于是开启了“公司时代”。公司时代企业的经营范围扩大了很多，业务形态既包括传统的简单服务业，又包括大规模的内贸外贸，甚至个别的走私。有炒房地产的，有做期货股票的，有做制造业的，也有从事其他经营活动的。由于进入公司时代以后，经营的业务范围越来越宽，市场化的要素也越来越多，比如土地变成了市场化的生产要素；还有其他领域，包括有价证券、银行越来越商业化，金融业也在慢慢开放。

这时，参与市场经济的人发生了很大变化。前面提到的两种人中的个体户还存在，实际上现在数量还很多，但大家已经不重视他们，因为他们在经济当中的分量越来越轻。再大的个体户，也不顶一个公司，一个公司盈利可能几十万、几百万、几千万，而多数个体户基本上只是维持个人生活，不能够积累财富、快速发展。

干部子弟这时也不太吃香了，官倒已经没了。为什么没了呢？因为现在所有的政府垄断资源越来越少，大部分资源已经市场化了；权力以及权力拥有者的亲属也没有太大优势了，加上做生意也越来越需要创业精神、专业知识和管理能力，这些东西很多干部子女是不具备的。所以，在这种情况下，干部子女就变成了第一阶段残留下来的一些富人，有钱了，但无缘成为企业家。在公司时代很少看见干部子女了。

这个阶段出来经商的主要就是下海的机关干部、乡村能人、大学生、研究生，以及海外留学归来的人，这部分人成为整个公司时代企业经营者的主体。这些人更懂得政策，组织能力、专业能力、学习能力、竞争意识更强，风险承担的意识也更强。所以，公司时代迅速淘汰了个体户和官倒公司，同时也催生出一大批成规模、上水平的好公司。

吴晓波在研究当代企业史时写过这样一段故事："受南方讲话的影响，在政府的中低层官员中出现了一个下海经商热，后来他们管自己叫'92 派'。香港《亚洲周刊》引用辽宁省委组织部的数据说，该省在 1992 年前后有 3.5 万名官员辞职下海，另有 700 名官员'停薪留职'去创办企业。据《中华工商时报》的统计，当年全国至少有

10万名党政干部下海经商，其中最为知名者，是中共元老薄一波之子、时任北京市旅游局局长的薄熙成，他于7月辞职下海，创办了一家酒店管理公司。”

> 陈东升是“92派”这个名词的发明者。1992年，他在国务院发展研究中心做宏观经济研究，同时还担任了一本管理类杂志《管理世界》的常务副总编。有很长一段时间，他一直在兴致勃勃地策划一个评价体系，想仿照美国《财富》杂志的模型，搞一个中国500家大企业的排行榜。就在这时，国家体改委出台了《股份有限公司规范意见》《有限责任公司规范意见》，陈东升认为这两个《意见》的颁布“是中国企业发生真正变革的转折点”。他后来说：“当时想创立企业，可是不知道资本从哪儿来，有了这两个文件后，就可以去募集资金，可以去依据一种商业模式寻找投资人来投资。”同年5月，陈东升辞职下海了，选择当时在国内一片空白的拍卖业，成立了嘉德拍卖公司，“那个时候就是满腔热血，当时都没有拍卖的概念，除了在电视上看过，什么都不懂。今天请教这个，明天请教那个，还去香港把拍卖过程录下来，回家大家一起看。”很有学术素养的陈东升相信“创新就是率先模仿”，“要做拍卖，就得像苏富比（全球最大的拍卖行），对一流企业就要跟踪它、学习它、追随它”。到了1996年，嘉德已经成长为国内首屈一指的大型拍卖公司。就在这一年，陈东升又募资创办了泰康人寿保险公司。

民营企业的第三代，即从 2001 年到现在，实际上进入了一个“创富时代”，这个时期最重要的创富加速器是资本市场。这时很多公司从业务和规模上看已经不是一般的公司，它们中有许多都成为全国乃至全球行业的领导者，一些大公司和超大公司开始出现。由于这些大公司的出现，加上资本市场的放大作用，大公司的领导者，包括股东，都变成了快速的财富聚集者。他们迅速成为第三代商人，成为市场经济中民营企业的一个主导力量。比如田溯宁和他创办的亚信公司，开启了中国互联网时代的创业历史，并且成功登陆纳斯达克。

这个时代最重要的特征就是这些代表新经济的网络公司，阿里巴巴上市市值达 100 亿美元[①]，百度的市值已超过 60 亿美元。还有几家房地产公司上市，也有 100 亿美元的市值。所以在这个创富的时代，民营企业在某一个行业成为领导者已不稀奇，甚至成为垄断者，风光无限。所以民营经济已经发展到了一个创富的时代。这个时代商人的地位开始提高，商业道德成为主流的价值观。比如现在的小孩，对于做生意很接受，对于有钱也不觉得是什么不好的事情。另外，越来越多的人成为经济动物，整个社会成为一个消费社会，买房、买车和高消费成为一种时尚。

2001 年以后也是阳光创业时代，市场更开放，没有“原罪”了，社会富起来了，海外风险资本开始进入；创业者进入各个领域，特别

---

① 指阿里巴巴 2007 年于中国香港挂牌上市之时的市值。本书数据均为截至作者写作初稿时即 2007 年的数据。——编者注

是 IT（信息技术）领域，公司治理结构比较清晰，财富开始呈现爆炸性积累，中国进入全球化创富时代；参与的人员结构也在变化，大量海归精英和本土知识青年进入，创业成为积极的人生，财富更加健康化。这个时代的财富称为阳光财富，富豪是阳光富豪。不会有人再嫉妒别人赚了多少钱，而是羡慕。靠知识挣钱越来越成为主流，第二代企业必须转化，否则会死在商业技能上，这个时代需要商业人才。

民营企业的进化过程用了 30 多年，几乎 10 年一个阶段，最终得以完成。今天再说民营企业，早先的问题基本不存在，但未来跟政府的关系、外国资本的关系问题还在。第一个阶段靠爹挣钱；第二个阶段靠胆略挣钱；第三个阶段靠战略管理、人才挣钱。靠的东西不一样，三个时代公司的特征和文化也完全不同。市场越来越健全，第三代民营企业将占主流，前两代的会越来越少。面对变化，第一代要学会组织管理，第二代要把模糊的公司变成透明阳光的公司，才能进入第三代。第一代死在不会办公司，第二代死在“原罪”没有根治好，第三代也会死在商业技能上。

总之，改革开放这么多年，民营经济经历了这样三个阶段，形成了三代人，每一个阶段参与的人群又不同。第一个阶段是边缘人口和干部子女；第二个阶段是全民经商，鱼龙混杂，什么人都下海；第三个阶段是创富阶段，实际上最主要的是一些精英，即在商场上筛选出来的行业领袖。这些人相当于来到了水泊梁山的聚义厅。一百单八将，每个人都有绝活，比如时迁偷东西是绝活，张顺浪里白条是绝活。当今大家都身怀绝技，业绩不凡，汇聚一起，成为工商界的主体和民营企业的主流。

商贩、工匠与流寇

从中国改革开放的顺序上来看民营企业，也很有意思。中国民营企业是伴随着改革开放的顺序从一些沿海地区开始发展的，沿海地区的地域特征和地域文化对其也很有影响。最早的民营企业，比较集中的当然应该是在特区，主要是深圳、广东、福建，这些地区的民营企业大部分是以贸易起家。贸易以及由贸易带动的简单加工业，是珠江三角洲民营企业的一种基本形式。有趣的是，在中国鸦片战争之后，开放的通商口岸也是从广州开始的，之后沿海岸线一路北上直到宁波。那时，广州的十三行是国内最大的贸易公司，家族靠贸易发家，成为中国首富，并晋升全球富豪榜。所以在广东的民营企业身上，体现出明显的贸易文化。

贸易文化就是交易的文化。给钱就搞定，给多少钱，拿多少货，一把一利索，钱货两讫，一拍两散，贸易就是最简单的交易。早期沿海（广东、福建）一带贸易企业特别多，民营企业最崇尚的就是拿钱"搞掂"，以至后来"搞掂"一词和交易文化渗透到中国的各个方面。

同时，由于临近香港，香港的制造业大量以"三来一补"形式（即"来料加工"、"来件装配"、"来样生产"和"补偿贸易"业务）在广东、福建落地生根，这使当地的民营企业从公司组织制度上更多地受香港的影响。所以它们更早懂得股票，最先知道炒楼花，然后最先知道怎样开董事会。深圳合资企业最多，那里最早有合资企业、三资企业，所以广东又最先引进了现代企业制度。这样造成了广东最先

“觉醒”了私人财富的概念，也最先“觉醒”了私人消费，因此一开始讲的大款恶性消费都是指的广东大款。

所以民营企业一开始的这三个特点，也就是说贸易文化——交易的文化、现代企业制度，以及私人财富和消费观念，都是从广东的民营企业发起的。也正因为这样，一直到现在，真正治理得好的公司，还是深圳的企业。万科等企业，都是国内各行业中最大的企业，它们实际上都是从那个时代过来的。

类似的好企业比如李宁、康佳、TCL 等，我们还可以举出很多；但往广东纵深里看，有一点就很不同了。广东内地，你看到佛山、中山，然后到番禺、清远、粤北，这些地方的人，就更多地跟传统文化有关了。他们较少受香港影响，更多依赖家族。这些地方出来的草根企业，几乎绝大部分是家族企业。另外，在这些地区，最基层的地方政府，如县政府、镇政府，甚至村委会，都很强势，它们孵化和扶植起一批后来很有影响的、似国企实民营的企业，像容奇镇、三水镇，政府就是代表，科龙和健力宝就是它们的私生子。

江浙地区一向有两种文化传统。一种传统是在历史上，即清朝以来的习惯，这个地方做小买卖的特别多，犄角旮旯任谁都看不起的买卖他们都做了。浙江的许多民营企业仍然沿着这种传统在发展，如现在什么“纽扣大王”“打火机大王”。浙江就有很多这种小的制造业，而这些小的制造业发展成像现在讲的“长尾理论”中的“长尾”，你看上去小，汇总起来就是巨量。所以这边的民营企业有制造业的文化，是传统的小作坊式的制造业。他们不是“三来一补”，一开始做的都是很土的小东西，他们的制造业文化中就没有办大企业的文化，都是做小企业、小制造业。这类小型作坊式的制造业，几乎百分之百采取了家族管理的方式。

浙江的另一个传统就是从海上往外跑营销。在历史上，也是自清朝以来，他们一直有出海的习惯，尤其是温州地区，国际营销的能力很强，他们在国际营销史上一直都是主打欧洲，所以意大利、法国，现在都是浙江人在那营销。民生消费品当中完全放开竞争的是小商品，目前主要是江浙的企业在做。电饭煲大王、豆浆机大王、皮鞋大王、衬衫大王，他们一直有这种很好的营销传统。这些“大王”几乎无一例外都是从营销起家，然后延伸到上游的制造业。

由于长期是这样的传统文化，所以就闷声发大财，基本上这样的民营企业都不怎么声张，慢慢做，也不借钱，或者只是民间借贷，信用还很好。去温州那些地方借钱一定要当地大佬出面。我跟他们的商会领导经常见面，听说过那儿的信贷方式：比如在温州有 10 个大哥，这 10 个大哥坐下来喝茶，说我们要做个事情，需要一家拿多少钱；第二天大家就把现金拎过来，签个名就走了。这种信用关系非常好。

浙江前些年有一个吴英的案子，一个 20 多岁的女孩集资，实际上也是这样的，很有意思，她被抓起来了，可没有一个人来挤兑。这从一个侧面也反映出当地民间的信用关系一直很发达，农村信用社一直是管理最好的。所以，浙江的民营企业体现的是制造业的文化、出海营销谋生的文化和家族管理的文化。浙江商人非常务实，吃苦耐劳。在温州的宣传部，包括温州当地的商会领导都一直在讲，当地企业是千方百计、千辛万苦、千难万险、千里迢迢，诸如此类，反正一大堆顺口溜，就是讲他们民营企业的精神。

中国还有一支民营企业大军是在海南，海南的民营企业更多的是流寇。海南最多的时候有将近两万家民营企业，泡沫经济结束以后全都黄了。当时聚集到那儿的是全国各地最失意、最有梦想和最不安分的人。因为要建海南省，所以这些不安分的人，包括我们，全都跑过去了。当时我们就开玩笑，说到海南的全是“三不幸”女人和爱折腾男人。“三不幸”就是不幸婚史、不幸恋史、不幸情史。失意的女人和爱折腾的男人，成了当时海南省内市场的主体。这部分人在 1993 年房地产泡沫破裂以后就流散到全国了。所以他们来自全国又回归各地，事实上大量的是流寇型的民营企业。

在 2003 年“非典”的时候，我回海南一趟以后特别有感触。那时，为了躲“非典”，有很多在外边跑的人又回去了。一天晚上，我们被中国城老板邀请，弄了条大木船，漂到海上。这时，原先认识或不认识的、分散在各地的老板、兄弟、哥们、朋友，几乎被共同的文化记忆唤醒，立即陷入江湖啸聚的亢奋之中，赤膊挥汗三天，大块吃肉、大碗喝酒，放浪形骸。最有趣的是大伙都把中国城老板当成共同的精神偶像，他坚守海南 10 多年，而且从未易帜，始终守着“中国城”，守着娱乐业。

海南的民营企业数量很大，但是散得非常快，流寇习气严重，江湖味道浓厚。但是它也有两个优点。

第一，海南不相信眼泪，海南不承认历史。你不要说你过去干什么的，反正到这儿来的都是穷光蛋，你也别诉苦，因为大家都挺穷。所以这些人心理承受能力特别强，像这两万家公司没了，海南全省人口中没有一个跟政府要工资的，也没有企业找政府麻烦或者闹事的，所以海南的生命力非常顽强。

第二，海南这批民营企业最先经历了泡沫经济的打击，所以生还者的风险控制相对来说比较好。比如像现在，包括从万通出来的易小迪、潘石屹，大家都知道什么叫泡沫，所以对风险的控制都有一个比较清醒的认识。

我觉着民营企业的江湖，最明显的实际上主要就是这三部分：一是广东、福建，二是江浙，三就是海南，它们真正构成今天中国民营经济舞台上的三股最强大的力量。当然，其他地方，例如北京，也有很好的民营企业，但不管是新经济还是老江湖，都跟这三个地方有关系、有渊源。就像柳传志最初也是在广东那边开始创业的，然后又回到北京；万通和国美也都是这样，都跟这三个地方有关联。因为这三个地方是最早开放市场的，制度环境比较宽松，贸易活动、经济活动比较活跃，于是培养出了中国最有意思、最有活力的民营企业。

汇流与融合

现在，不同行业、不同地域、不同发展阶段甚至是不同代表人物的民营企业的组织状况发生了很多变化，最重要的特征是互相融合，即不同的涓涓细流汇合成一个工商企业的主流。在汇合过程中又产生了互相的影响和融合，使大家有共同的提高，甚至对中国经济发展的变革产生了越来越大的推动力量。

这些大的变化概括起来有三个方面。

第一个变化是：行业组织的成熟度在提升，特别是自我组织维护行业中企业利益的现象越来越突出、越来越明显，而且效果也越来越好。最典型的是大家都关注到的，前几年在欧洲，很多小商品商会在与国际同行的竞争中发挥了越来越大的组织协调作用，并且在贸易摩擦中代表中国企业起诉打官司，维护国内此类产业的利益。

比如温州生产一次性打火机形成热潮，并且逐渐形成一个产业链，占了全球市场的 70%，好多厂家有做齿轮的、有做塑料的、有做加气的，销路非常好。如果这个产业出口受到影响，比如受到贸易制裁、价格歧视或贸易壁垒等矛盾，那么很可能这个行业就在温州垮掉了。欧洲就曾针对温州打火机在欧洲的销售提出了反倾销诉讼，这时候打火机行业商会就到欧洲去应诉，维护它们的权益，最后取得了不错的成绩。

2006 年也曾出现类似的现象。西班牙有一个地方烧了中国的鞋城。中国人在那儿卖鞋，特别便宜（当然也有一些质量问题），使欧洲当地的厂商在竞争上处于劣势，然后政府出面保护，于是出现了起诉，限制中国的鞋子出口到欧洲。在这个关键时刻，奥康就代表制鞋业到欧洲去打官司。奥康董事长王振滔曾在不同场合多次讲过，这个官司不是他自己的官司，而是中国鞋业的官司。正是这些商会的维权，使这些行业的组织在当地的威信不断提高。

第二个变化是：行业内的行业组织及领导人，对这个行业的影响力越来越大，令国内的竞争力格局和市场发生了很大变化。拿房地产来说，刚进入21世纪的时候，中国的房地产行业只有一个组织，就是中国房地产协会，隶属于建设部，简称“中房协”，以城建系统和大型国有房地产企业为主要会员，主要扮演政策解释者的角色。随着市场竞争和房地产行业的发展，大量的民营房地产企业实际上超出了中房协原来的范围。在这种情况下，冒出了两个非常有凝聚力，同时也为行业做出巨大贡献的行业组织，使这些房地产企业得到了非常重要的交流、融合和提升的机会。

一个著名的行业组织是1999年前由万科、万通、河南建业、浙江南都等一系列企业发起的“中国城市房地产开发商策略联盟”，简称“中城联盟”，多年来它创造了非常好的业绩。这个联盟简而言之就是房地产行业中的欧盟，是一个好公司和大公司的俱乐部，它有四项最重要的任务：信息交流、集体采购、财务支援、联合开发。按照这四大任务，目前中城联盟已有42家企业成员，分布在全国各主要城市，它们同时也是当地城市中最有影响力、规模最大的企业。另外，中城联盟还开发了一个重要的产品，叫“联盟新城”，分别在郑州、重庆、济南、南宁、昆明等地共开发了多处产品。

中城联盟内部管理着一个将近10亿元人民币的投资基金，用于帮助联盟成员来发展共同的项目和进行短期的财务支援。比如，各公司短期资金头寸的调度，包括成员单位发行新股票，然后联盟内部的基金来组织协调对新股的投资，这一切都发挥了非常大的作用。中城联盟越来越清晰的一个责任就是帮助成员谋取最大的经济利益。联盟对外并不承担商会的一些职能，它只在内部帮助企业来谋取最大利益，所以它算是一个经济利益的共同体。

中城联盟发展得相当成功，虽然门槛费高达 430 万元，但几乎每个月都有新成员进入，我想它最吸引人的有三个地方。

第一个吸引人的地方是，它学会了有程序、理性和制度化地更换第一把手。中国大量的行业组织、行业协会很困惑的一件事就是，发起的时候热热闹闹，但收不来会费，变成了发起人和会长的事情，最后不了了之。中城联盟一开始就制定了很好的规则，用制度化的、有程序的方式来更换第一把手。第一任轮值主席是王石，第二任是我，第三任是胡葆森，第四任是王若雄，两年一轮换。怎么轮换，这个程序规则非常清楚，比如说 2 月份马上要换届的时候，首先所有的成员都可报名。报名时要有承诺，第一你要花多少时间，第二你要做什么事情，第三你在项目、信用、资质上有什么优势。大家机会均等。根据报名情况由提名委员会提出两个人作为大家投票选举的候选人，然后在换届的会员代表大会上进行举手投票，得票多的人自然当选。当选后马上就办交接，三个月内决定是否留任原秘书长和专业委员会，完成他的行政执行班子的一整套调整。

联盟不是少数人的，是大家的。而且每个人都可以来管理这个联盟，那么联盟形成了三套机制。第一套机制是董事长联席会和总经理联席会，负责制定整个联盟的游戏规则，然后我们有一个联盟协议，每个人都要签署并按照协议履行职责。第二套机制是有一个仲裁委员会，当大家不按规则做的时候，我们有一整套制裁办法，比如道德谴责，比如信用等级降低，或者通知所有联盟成员统一抵制他，不跟他做生意，甚至可以集体起诉。第三套机制是，我们设有秘书长和各专业委员会作为执行机构。专业委员会包括培训委员会、财务委员会、资格审查委员会等，这些委员会在秘书长的领导下开展经常性的活动，比如每个月的培训，包括对秘书的培训，也包括采购、工程、客户服务等方面的培训。

第二个吸引人的地方是，它有一套救助机制，帮助成员企业渡过危机，比如可以企业托管，或者把陷入危机的企业卖给联盟的基金，由基金掏钱让企业得以运转。

第三个吸引人的地方是联盟基金。联盟基金按照现在的发展速度，三年之内会超过 50 亿元人民币，如果这个基金有这么大规模，那么联盟成员在联盟内的发展就可以获得很多的资源。除了以往优秀企业之间的交流，更重要的是得到一些财务上的资助，使这些成员能够很好地发展。这样的制度化、程序化，成为中城联盟得以很好发展并且持续吸引人的地方。中城联盟这几年影响力越来越大，内部凝聚力也越来越强，这是一个非常少见的策略联盟，在行业一些重要的发展方向上有一定的影响力。

另外有一个目前影响也非常不错的行业组织，它就是中华全国工商业联合会下属的房地产商会[①]。房地产商会形式上跟其他商会类似，但它有三件事做得非常好，目前在行业当中也起到了融合和提升的作用。第一，它代表行业与政府制定政策的部门之间架起了通畅的

① 全称为“全国工商联房地产商会”，即全联房地产商会，这里简称房地产商会，成立于 2001 年。——编者注

沟通、建议渠道。针对这几年房地产政策出台，房地产商会给予了及时的沟通、传达、建言和推广，做了大量的工作，而且卓有成效。第二，房地产商会积极推动房地产行业绿色科技建筑的标准，把科技和生态的标准在行业中大力推广，成绩斐然。第三，房地产商会积极参与、推动不动产金融的创新，在它的联系下，其成员联华信托获得了中国人民银行的批准，可以在国内开展不动产投资信托的试点。这就等于打开了一个试点的窗口，为行业资源的扩大做出了贡献。另外，房地产商会一直在推动一个叫 RECORD 的研究报告，这是该行业内最权威的一份研究报告，被很多领导关注，也被很多研究机构所应用。

由于中城联盟和房地产商会积极的作用，房地产行业的领导人、企业家之间建立了非常好的联系，同时也为政策的发展提供了很多好的建议。我觉得这是行业组织的一个进步。

第三个变化是：区域性的工商团体和行业工商组织发育良好。目前发育最好的典型是浙江。

其一，温州商会走遍全国，哪里有温商，哪里就有商会。温州商会隶属于温州总商会，温州商人在全国各地做生意遇到问题，当地的温州商会就会出头；如果还不行，总商会就会出面。现在，全国几乎没有一个城市没有温州商会，这是一个非常具有标志性的商业力量的扩大趋势。

其二，每年在杭州举行的浙商大会规模之大让世人惊叹，全世界、全中国的浙江商人都会回到那儿去开会，杭州旅馆都住不下了。浙商大会每年把大家聚集起来，共同交流，创造商机。

其三，浙江商会比温州商会所包含的企业力量更大，比如阿里巴巴的马云、复星的郭广昌、银泰的沈国军等重量级的企业家都在浙江商会。浙江商会在上海有分会；北京也成立了浙江商会，会长是沈国军，浙江商会光在北京就拥有 50 万名浙商成员。

商业力量开始聚集、融合。商会和区域性商会大会实际就是未来的商业力量，它们对社会各方面的影响力会越来越大，保护商人利益的方法也会越来越多。

再补充一个方面的变化：跨行业的工商团体的活动也越来越多。跨行业主要有这样几种形式：定期性论坛、同学会、非政府组织、企业家之间的横向联谊等。

跨行业的第一种形式是“定期性论坛”，它成为一种重要的社交和交流方式，特别是提供了企业家之间见面和建立私人关系的重要场所。一般来说一个论坛有三个功能，即意见超市、社交舞台、休闲放松。国内几个特别固定的、时间也比较长的论坛有如下几个。

“中国企业领袖年会”。每年 12 月在北京举行，每年的主题都比较具有前瞻性和总结性，它每年还发布中国企业领袖的影响力排行榜。实际上这个排行榜又推动了大家对于企业领袖的认同感。譬如说 2004 年是张瑞敏、任正非；2005 年是柳传志；2006 年是王石。大家不要管这个榜在全国到底有多大，但这个榜非常独特，由于它的发布，大家对于这种企业领袖的认知、追随、效仿与支持自然越来越多，于是就推动了中国企业领袖之间的交流和聚集，以及提升了他们的领袖影响力。

“亚布力中国企业家论坛”。亚布力中国企业家论坛是由田园和陈东升发起的。这个论坛是中国企业家的一个草根论坛，目前已成为中国企业家论坛中的中流砥柱，很多年轻企业家想进入中国的企业领袖层或者重要的企业家圈，一般都是从参加亚布力论坛开始的。

“博鳌论坛”。博鳌论坛是官方的一个非正式的民间外交舞台，它也慢慢地演变成了一个商业性的论坛，我们俗称为草尖论坛，即有政府背景或海外背景。在亚布力论坛，中国企业家是主角；但在博鳌论坛，中国企业家往往不是主角，比如 2007 年的博鳌论坛，比尔 · 盖茨去了，自然成为主角。在这个论坛上，中国企业家会和全球著名的企业家有一个同台交流和讨论的机会。比较有趣的是，在博鳌论坛中，像房地产这样专业性的论坛非常亮眼。

还有一个论坛性的机构，叫作“数字中国”。由 IT 界的一些精英企业家组织的这个论坛，团结和影响着一些新的 IT 界的创业人士。

跨行业的第二种形式是同学会。现在工商界的培训，特别是商学院的发展很快，培训非常多。那么各个商学院的同学会就变成了工商人士和企业领袖之间交流的最好平台，比如中欧商学院、长江商学院，纷纷开设了 MBA（工商管理硕士）班、EMBA（高级管理人员工商管理硕士）班还有 CEO（首席执行官）班。我参加过长江商学院的 CEO 班，在 CEO 班的这些同学就结成了一个同学会。长江商学院和中欧商学院的同学有很多是交叉的，于是我们又组织成立了华夏同学会，将近 50 人，每年有两次同学会活动。这种同学会成为中国最有影响的商业领袖认真研讨商业竞争问题和公司间合作的重要形式。华夏同学会探讨的问题比所有媒体、商学院讲的都要深。比如，2007 年 9 月的华夏同学会讨论时，把现在所有最重要的 IT 企业的 CEO 们，如新浪的曹国伟、百度的李彦宏、腾讯的马化腾、阿里巴巴的马云叫到一起，让他们来谈 IT 企业的未来趋势。而在中国目前的 IT 商业活动中，能把这四个人聚到一起是不容易的，他们平时有竞争，搁在一起老撑胳膊踢腿。这次活动的主持者是柳传志。

这个同学会有一些很好玩的规则，比如你不来要罚款，罚的款都捐给华夏慈善基金会。每次的同学会都同时汇报一下慈善基金会的工作。这是一个很重要的同学会形式。

跨行业的第三种形式是 NGO，即非政府组织。最典型的非政府组织就是“阿拉善 SEE 生态协会”，阿拉善 SEE 生态协会有将近 100 个企业家会员参加，几乎囊括了国内目前最活跃的企业家，一部分是大陆本土企业家，一部分是海归，还有一部分是台湾企业家（有 20 多位）。在阿拉善 SEE 生态协会这样的非政府组织里，我们通过共同的公益事业，扩大大家横向的联系，也促进了融合，在公益事业的舞台上互相借鉴、相互学习，通过考察，思考并探索如何回馈社会和推行企业社会责任。

此外，平安保险集团董事长马明哲成立了一个明园基金，他邀请王石、马蔚华等企业家来做理事。不同的企业家通过大量的非政府组织和公益慈善组织，建立他们横向的、在公益上的联系，同时也增加了很多企业家私人之间的沟通。

再有一个就是刚才提到的华夏慈善基金会，由王兵、李东升、朱新礼、虞锋、李家杰等企业家发起，经过三年多的运作就被国家民政部表彰为国内最好的私募基金之一，目前它已成为亚洲救助先天性心脏缺损疾病的最大的民间基金会。华夏慈善基金会目前已募集了将近 3 000 万元，全部用来帮助治疗先天性心脏缺损、孤贫白血病等患者。通过非政府组织的公益慈善活动，企业家在履行社会责任、回馈社会方面找到了共同语言，同时也增强了他们之间的合作和相互了解。

跨行业的第四种形式类似俱乐部，它是企业家之间横向的联络和联谊组织，比如“泰山会”。泰山会已超过 10 年的历史，会员不到 20 人，但是私人感情非常好，每年在国内聚一次，同时在国外有 5 天的集体休假。泰山会原则上不怎么发展会员，有时候两年才发展一个。

还有一个“金鼎俱乐部”，是由海航董事长陈峰、科瑞董事长郑跃文发起的，是一个以学习和交流为主要特征的俱乐部。这个俱乐部由将近 30 位中国最有影响力的企业家组成，他们每年有固定的活动形式，成员之间也建立了非常好的私人感情。

再有一个叫“中国企业家俱乐部”，由刘东华的《中国企业家》杂志发起。这个俱乐部成立于 2006 年，理事会和参加的人员也都是中国目前最有影响的企业家，这个俱乐部未来也将会是一个中国企业家横向交流、切磋、探讨问题和共同发展的很好的舞台。

总之，就目前来看，中国企业界特别是企业领袖，通过自觉地参与公益慈善事业以及通过政府的渠道来积极配合政府发展、维护行业及市场竞争秩序，已经逐渐形成了他们各自的风格和影响力，并发挥了越来越大的作用。

筑梦踏实

中国经过了改革开放30多年，民营企业、民营经济已占到了GDP（国内生产总值）的50%以上，就业人口也超过50%，在国民经济中影响力越来越大；建立起了很好的机制，同时也创造出越来越有影响力的工商企业领袖代表。尽管如此，面对中国庞大的社会经济以及中国社会的制度转型，我相信作为工商企业，未来的发展还面临着非常大的挑战。要使工商企业能够成为一方推动社会持续进步的积极力量，我觉得有几个方面的事情要特别注意。

第一，工商企业一定要与社会大众和多数人群有一个很好的合作，拿出更多的时间和精力投身到公益活动中，因为公益本身就是关乎大众的事情，比如环保、安全、治安、教育、医疗等。在长期竞争中，工商企业有效率并且有一定的财力，能通过公益组织、公益基金回馈社会、表达善意，对其他人群进行扶助、关爱，使工商企业更好地在社会上扮演一个积极和正面的角色。

第二，更多地关注弱势群体，参与慈善活动，不应作秀，而应是真诚的、持续的、认真的；不光是捐钱，更重要的是捐时间和精力、捐个人的经验和能力。很多商人做慈善只停留在捐钱上，我觉得是不负责任的。因为对商人来说拿钱是最容易的事，但社会其实最需要的不完全是商人的钱物，而是商人的时间和精力。所以我觉得华夏慈善基金最大的好处就是持续地要求大家捐时间、捐精力，而且每个人都要负起具体的责任。比如我负责西北片，我每年都要负责筹到至少 100 万元。有一次，我从中午吃完饭开车一直到晚上 8 点才到达一个农民家庭的窑洞，看望他家生病的孩子，等我摸黑回到西安已是半夜一点多，那一天我差不多十几个小时都是在车上。我认为这种亲身参与非常重要，能为社会更多地付出，来帮助弱势群体，关注目前社会、国家还没关注到或关注得不够好的地方，改变他们的生存状况。

第三，工商企业应该更关注自己的环境。因为工商企业一方面是建设者，一方面也会成为破坏者，比如造成污染、产生建筑垃圾，包括发生交通事故、生产事故。我们推动经济发展的同时，也造成了一部分社会环境的恶化。在这种情况下，我们要更多地关注社会环境，不要因为我们的发展、我们的建设、我们的经营、我们的利润，而使生态环境、居住环境恶化，这样我们才能赢得更多的社会理解和支持，以及我们周边环境的配合。所以，关注环境和生态，对于企业家来说，是赢得未来良性发展与社会尊重的最重要的一个方面。

第四，我觉得要关注社区。一个企业家，即使再伟大、再有贡献，你毕竟要回到一个地方，要居住在一个地方。作为工商企业的领导人，你居住在一个社区里应该发挥很好的作用，参与社区的建设，包括社区的绿化、自治、选举，包括对物业、安全、保安、社区医疗、社区教育进行管理等。如果一个企业家能够在这几个方面都很好地去努力，那么我相信工商企业在经济发展中会得到社会越来越多的正面肯定，也会得到社会各个阶层、各个方面的积极支持。我觉得这是与社会很好的一个合作。

第五，工商企业要更积极主动地与政府合作，以此来保证经济发展，跟国家经济战略合拍，以保证国家安全、宏观经济的稳定以及整个国民经济的健康发展。

第六，随着中国的社会管理体制逐步民主化、法制化，与政府合作实际上已经成为未来社会进步的主流。在这种情况下，不同类型的机构、组织，从村、镇、县等各级组织的选举也会比较多样化。那么在各类的选举中，工商企业会有一部分人能参与到基层选举，通过基层选举扩大它们对公共事务的影响和管理。这是与政府合作的第二个方面。

第七，民营企业，特别是工商企业领袖，在未来应该更好地去建立财富的合法性与道德优势。过去第一代民营企业在社会生活中，一方面创造财富，另一方面则受到社会各个不同角度的责难和批评，这实际上是比较正常的。其中的原因我在前文已经讨论过了，是因为所谓的“原罪”。

全世界都有这样的现象，在第一代创富阶层中，他们财富的合法性总是会受到社会质疑，以至他们在道德上是个矮人，对社会责任很难承担更多，而往往要用几代人的时间来改变这种状况。

中国已经改革开放 30 多年了，工商企业最有影响的领袖现在已接近 70 岁，甚至更大了。未来的工商领袖和工商企业领导人应该已经克服掉最早这一代企业家的先天不足，第一没有“原罪”，第二他们会在一个法制的环境下积极纳税，创造阳光的财富；而阳光的财富容易得到社会和未来政府各方面的支持，从而让他们在社会生活中起到重要的作用。随着改革开放这 30 多年，参与财富创造的企业家的人格特质、文化素质都有了非常大的提高。在这种情况下，企业家的人格特质有很大改变，道德上有很高的修养，人格上也越来越趋近了

创造阳光的财富

正常和完美。我觉得未来第二代、第三代新的企业家，特别是他们中的企业领袖，在拥有财富的合法性和道德优势之后，在社会政治、社会经济、社会生活和社会文化方面，将会成为社会发展的最重要的一股力量，将会塑造和影响中国的未来。

04
投资

聪明的投资并不复杂，尽管也绝非易事。

——沃伦 · 巴菲特

为什么会有投资？投资是一个什么样的行为？经济学上的解释是，投资就是用钱去生钱、以盈利为目的的一种花钱方式。用老百姓的话说，让钱去生钱，这就叫投资。

所以经济学上有时候把它列成一个公式，即从 money 到 money，由钱到钱，这就是一种投资行为。投资的冲动来源于金钱本身，那就是人们对财富的占有欲望引致的冲动。人类社会由钱到钱的行为，实际上有三种：第一种是赌博，赌博也是由钱到钱，押着钱，又生出钱；第二种是投机；第三种就是投资。这三件事情都是由钱再生出钱来，但它们又是不一样的。从时间上划分，赌博是最短的，基本上放进去用不了一小时，就看出结果了，知道赚了还是赔了，所以由钱到钱，赌博就是瞬间的事，非常快。一般在经济学上分析说，把钱放到股票或其他投资产品上，不超过一年，然后再把它卖了，多数被理解为投机；但一年以上才卖，往往被理解为投资。所以从时间上比较，赌博是最短的，其次是投机，一年以上叫投资。比如我们做房地产，时间非常长，项目前期都得 18 个月到 20 个月，然后等到全部做完得 5~7 年了。在北京 20 万平方米以上的项目都得 7~10 年，这个行为就是投资行为。但在这个过程中，也有从事房地产投机的，比如买了块地，不到一年，来了一个人要，就又把它卖出去了，所以人家就会说他是投机。

这是从时间上划分。另外从对象上划分，投资的对象多数是一个企业，或者一个物业，或者一个工程，所以投资的对象是一个比较确定的、很具体的、看得清楚的东西；投机呢，往往针对一个短期的机会；而赌博呢，这个对象往往就更不确定了，比如有各种赌法，你赌一个大小点、赌一个二十一点、赌一个轮盘赌，各有不同的赌法，所设计的风险是不一样的。

更重要的是，这三种方式在预期上有很大差别。赌博是最没有预期的，就是你没有办法预期你的收益能覆盖住你的风险，因为每一次你都不知道结果如何，所以赌博这件事情是最不能够确定预期收益和你前面押的钱的关系的。但是投资就不同，你的预期一开始就很清楚，你是知道每年要赚多少的，而且这个收益是一定能覆盖住你的风险的，只要你按照投资计划做，80% 是可以实现这个预期的。

投机是介于赌博和投资两者之间，它的预期有时候确定，有时候不确定，所以投机有一定的赌博成分，但也有一定的投资成分。

目前重要的是研究投资。在投资当中，有很多的理论方法和人物故事，在这里我不讲这些，教科书上有的，不是我要讲的重点。我只讲一些跟人类行为关系比较大的投资活动，亦即把投资的概念引申到一些社会行为和人生态度上去观察。

玩时间于股掌之中

在时间的投资上有一个理论叫作排挤效应，这是个二律背反。时间这个东西特别有趣，它既是生产资料，也是消费资料；它既是资本品（投资品），也是消费品。比如说我们到欧洲去，看到欧洲人很悠闲，一瓶啤酒就能坐在那儿泡一下午，对这些人来说，时间就是消费品。人家已经活到那份儿上，生活质量高到了可以消费时间了。同样，在海滩上晒太阳，那也是消费时间。但对我们来说，每天加班加点，那时间就是资本品，相当于是一种资本，我们是要靠这个时间去换取金钱的。在这个过程中消耗时间就是生产。所以，在人类有限的一生当中，有一个互相排挤的效应，也就是说，你拿多少时间用来生产，它是挤兑你的消费时间的。就比如我们通常说的，一个警察天天抓坏人，然后不能回家，小孩儿上学也没人管，这就属于将大量的时间用于生存和工作，但不能大量享受和消费自己的时间。所以在时间的投资上，你可能得到的回报是金钱，但也可能就是时间本身。当温饱不成问题的时候，时间本身就变成了特殊的消费品，甚至是奢侈品。

所以如果我们在有效的时间内，尽可能地去做好一件专业的事情，用持久、专注的办法来对待，我们可能会得到很多的金钱，同时我们又能省出很多的时间来。而省下的那些时间，就相当于投资的回报，我们可以拿出来消费——可以去度假，可以去画画，以及去满足个人的其他兴趣。在人的一生当中，时间作为消费品和作为资本品是互相挤对的，你有这个就没那个，有那个就没这个。因为人一生的时间就这么多，而且对每一段时间内享受的层次要求和品质是不一样的。时间转瞬即逝，过去了就回不来了，比如孩童时的那种欢乐，待你到 50 岁的时候，就再也找不到了；你那时候会享受，但同样给你一小时，能找到同样的童年快乐吗？绝对不可能啊！

所以在时间方面，要特别细分出你自己作为投资品的时间和作为消费品的时间，然后，用做事情的专业化、精细化，提高你在生意上的金钱的回报，同时，提高生产效率，腾出更多的时间去满足你消费时间的欲望，你就能够很好地支配时间、享受生活。我们身边有很多老板，在这方面都做得不够好。但是你看王石，他现在就是在大量地消费时间，时间对他来说，越来越多地成为消费品，因为他前面的事情都做对了，这个时候就可以消费时间。如果没有做对呢？那你可能还在拼命奔忙，为了一笔贷款、为了一个是非、为了一个公司的法律纠纷，天天请法院的人、公安的人，不是在酒楼茶肆泡着，就是在歌厅桑拿生磕。一个企业领导人，如果一生都把时间作为资本品的话，那就变成了资本的奴隶，就变成了事情的奴隶。

投资在时间上，会有几种有趣的规律。第一，在时间的方向上，时间是单向的、不可逆的，所以人在时间选择上具有唯一性和不可替代性。相反，人在空间的选择上就可以重复，比如我们今天来这儿，明天还来这儿，空间上是没有变的；但像有句古诗写的，“去年今日此门中”，一年后“桃花依旧笑春风”，时间却已经完全不一样了。所以我们每个人行为的选择都是有限的。正因为时间本身是一维的，所以你就必须在有限的时间里去做一些特定的活动。但究竟怎么做才能收益最大化呢？我们想一件事时往往自作聪明，好像能做这件事也能做那件事。但是即便你是聪明人，由于时间有限，假定说大家都只活 80 岁，你做 10 件事，你就是从小开始，每件事也只能用不到 10 年的工夫去做。而一个比你笨的人，可能一生就做了一件事，他就是在这件事上花出多你一倍（20 年）的时间还富裕出好多年呢！所以他连玩带做，一定很轻松，他实际上在这件事上面的收益会大于你每件事做 10 年的收益。为什么阿迪力走钢丝掉不下去，而我们走一下就可能摔死？他走钢丝这个活儿练了 20 年，所以艺高人胆大，他不仅摔不下去，还能靠这个挣钱。也就是说，如果专心在一件事上花时间，花到足够多，你既可能成为这件事情的主宰，又可能因此而获得收益。更重要的是，时间还游刃有余，你还会有很多闲暇去消费时间，做别的事情。

就像在万通的历史上，曾经有过一段困难的时候，我们有很多旧的事情：怀柔的项目是件旧事，新世界商城是件旧事，当时的新城国际、理想世界（后改名新城国际）也是件旧事。这几件事堆在一块儿确实困难，大家都不愿意做这些事，都想去做新的事情。但实际上，最后我们恰恰是因为做好这些旧事而获得了最大收益。所以就一件事情持续地用功，按一个方向投资，在时间上不吝啬，把时间往同一个方向去追加，就能把事情和时间按量搭配好，收入才能不断提高，边际收益会越来越大。过去的老话叫“只要功夫深，铁杵磨成针”。十年磨一剑，也是讲这个道理。

所以，想在人生的路上投资并有所收益、有所回报，第一件事就是必须在一个方向上去积累，连续地正向积累比什么都重要。比如一个企业，你一会儿做这个、一会儿做那个，和你朝一个方向、连续地正向积累差别就很大。连续地正向积累，你哪怕是做少一点、慢一点，一件事花 30 年，也比那聪明的人做 10 件事、每件事做 10 年效果来得好，结果也一定证明你比那个“聪明的人”聪明。

因此，这几年我们强调专业化，跟万科一样，专业地做一件事，做到现在，实际上就比过去从容很多。

所以，时间决定一切是个真理，你不爱听真理也是真理。打个比方，我拿着一杯水，马上就喝了，这叫喝水；如果我举 10 个小时，叫行为艺术，性质就变了；如果有人举上百个小时，死在这儿，这个动作还保持着，实际上就可以做成一个雕塑；然后如果再放 50 年，拉根绳可以卖票，就成文物了。所以不是行为本身，而是时间会决定一件事的性质。你如果苦练一件事，朝着一个时间方向去努力，会不断提升这件事的价值。你想喝水是几毛钱的事，而一个行为艺术最多挣个几十块钱；如果变成雕塑，放在一个好位置也能卖点钱；但成了文物，那价钱就大了。你看，时间越长，东西越金贵、越值钱。

再比如，18 岁的天真少女可爱，80 岁的天真女人是活宝，800 岁的“木乃伊”女人就是文物了。显然，时间越长，价值就越高。所以关键就是要把时间掌握好。我们做公司也同样，做一天房地产人家说你投机（如炒房、炒地）；做 10 年，人家说你是一个正经生意；你能做 100 年，人家叫你伟大的公司。所以时间会让你有很大的回报，让你有一切机会伟大、光荣、正确而流芳。

第二，从财务回报上来看，时间越长，回报也越高。这就像我刚才讲过的一样，一个瓷器，你埋地下一万年，它就是个文物。全世界做投资最牛的、最受推崇的，是沃伦 · 巴菲特。巴菲特从小学的时候，就用 300 美元开始做投资。现在他是世界第二大富豪，由 300 美元发展到将近 400 亿美元身家。他投资的方法非常简单，以至所有人都能懂，但很多人不这么做。他是一个简单的人，在一个小镇上，非常简朴，住的是 20 万美元买的房子。他怎么投资呢，他就是买一只股票，买一只他认为好公司的股票，然后就放在那儿等着，就这么简单。多数人都不断地在挑股票，买了卖、卖了又买，进进出出个不停。他都买了什么呢？他买了可口可乐，买了吉列、纽约时报，还买了保险公司。他成为“大师”以后，总结出很多诀窍。他特别强调的是两个环节：一个是买对，一个是长期持有。长期是多长呢，他都是20年不动。可是一般来说，做投资的人，特别是华尔街的人，没有人能搁20年的，但他老爷子就干这一件事，所以他居然成了世界第二大富翁。

当然他买股票有很多方法。比如说，他买股票非常简单，就是看公司的现金流，他认为一些看上去很好的公司，实际上是没有现金的公司，比如首钢、宝钢是很好，但照巴菲特的观点不能买它们的股票，因为宝钢每年都要技术改造，每年都要折旧，折旧吃掉一部分现金，技术改造再吃掉一部分现金，研发还要再吃掉一部分现金，哪有现金利润呢？账面上看上去利润很多，但这笔钱已经没有了。可口可乐为什么好呢？可口可乐永远都是现金流，它的品牌就不说值多少钱了，它永远不需要技术革新，你说这包装厂每年需要技术革新吗？所以这类企业不吃现金，光出现金，投资它风险很小。可口可乐的罐装厂很多都不是它自己投资的，是别人投资的。

另外在中国，又一个投资的神话故事发生在万科。万科在发行股票的时候，有一个香港人，当时跟万科一块儿做录像机生意的，当时买了300万元的股票，没留神买成了法人股。买了以后，长期不流通，他又去做别的生意，他缺钱的时候，好几次通过关系，想把这个法人股换成流通股，或者换成香港的B股尽快卖掉。但由于不好卖，就搁下了，从上市到现在一直搁着，搁了17年。到2007年上半年，300万元变成了20亿元。结果回过头来看，这个钱比他十几年倒腾所有其他生意挣的钱加一块儿还多好几倍。

我们去香港置地访问，香港置地在中环，有 5 栋大厦。我问过他们的 CEO，怎么计算短期回报和长期回报。他说算短期回报就是每年来估值算它的回报率，即物业的回报率，实际上每年也就在 8% 左右，即 6%~8%。这个回报率并不高，因为香港是不断估值的，有时今年估值高、明年估值低，差距很大。可是，他们做这个楼已经快 40 年了。当时花了大概 5 亿美元，盖了这几个楼，如果当时就卖掉，能挣将近两亿美元现金，那也不错。不过用挣来的这两亿美元就算不犯错误，继续投资来赚钱，到现在，也最多能变成 10 亿美元。可是他们没有卖，而是拿来出租，到现在为止，收到的租金已经将近 200 亿美元，每年的租金有 4 亿多美元。38 年收获将近 200 亿美元的回报，这就叫长期的回报，显然远远超过短期的每年 6%~8% 的回报。

所以，他们公司一贯坚持的就是长期增长。香港置地有 120 多年了，它的母公司怡和有将近 200 年历史。时间的长短，对投资回报的影响是非常大的。所以在投资的问题上，投资时间实际上就是朝一个方向做一件有价值的事情，把时间和事情的价值重叠到一起。另外，还要坚持的时间长，越长，这个回报率就会越高。

在时间投资上的第三个规律，就是要看你投资的对象，或者说是你在一个时间段上所确定的对象是否正确。如果是对象选错了，你投入的时间带来的收益就成了负值，时间越长，灾难越大。所以，事情的性质一方面是由时间决定的，另外一方面也是由投资的对象决定的。

时间投入的对象不同，事物的性质也不同。就像我，曾在牟其中那儿打工，如果一直跟着牟其中，花同样的时间，跟他在一起，叫参与经济犯罪活动，肯定被抓起来；如果是跟柳传志在一起，那就是做一个职业经理人；但我们自己做呢，叫创业。所以在同样的时间下，你跟什么人在一起也很重要。

就投资来看，当时间是一定的时候，投资回报的多少就取决于你投资的对象。举例说，我们在 1992 年买过两块地：一块地在北京的怀柔（庙城），一块在海南的三亚。两块地前后脚买的，三亚是 1992 年的八九月份买的，北京是1992年年底和1993年年初那段时间买的。但是 2006 年年初，我们把三亚这块地卖了之后，才发现北京的地涨了 20 倍以上；但三亚的地，放了同样的时间，只涨了不到 3 倍。显然，同样的时间，放在不同的地方，差别非常大。今天我们懂得了这个道理，如果我们仍然准备拿 10 年去耗一块地，那我们就一定要先选地方，而不是强调时间了。

花相同的时间及同样的钱，要想有更好的回报，一定要选对你的投资对象，去发掘被投资对象的价值。

当人成为投资品的时候

如果是相同的企业、相同的钱、相同的时间，你要怎么样保证你的高回报呢？那实际上就是要看所投资的是什么样的人。这时候，人决定一切。大家都说人特别重要，但在做的时候往往又重视钱、忽视人。个人的价值实际上表现在很多方面，但人们通常容易注意的是人的技能和外在的身世背景，其实更重要的是人内在的价值观，他的理想和信念，以及他过去的信用记录。

西方的风险投资特别重视人（包括管理团队）。有一次王功权给我打电话，说最近他们在国外要路演，争取拿到3亿美元，投资人正在考察他，所以会跟我打电话问几件历史上的事，核实一下他的履历。我说没问题，往好里说就完了。他说不是往好里说，得往真里说。他说有几件事你帮我回忆一下，比如某年某月某日，我们做过什么事情，当时投资到哪儿了，我大概什么职务。他说你仔细回忆一下，别到时候你忘了，说再想想，你这一迟疑，可就把我给毁了，人家会认为我现编故事。

但是别人也可能不打这个电话，为什么呢？这是个方法，投资人会首先问，你允不允许调查。如果说允许（一般谁都不会说不允许），人家会觉得你可能没事儿；你一说不允许，人家就判断你肯定有事了，也就不投你了。但你说允许后，他们会接着让你提供5个人的电话，你认为哪5个人可以如实地介绍和证明你所说的那些是真实的。他们拿到这5个电话，可能打也可能不打，而被考察的人就会很紧张，他会想：跟这5个人说还是不说呢，万一说了，人家又没问，那不是就露怯了；万一不说，人家真要问了，答得不周详，可怎么办？

投资人时刻都在考察你，他们的问题看似都非常简单，但经过这么三问两问，他们对你的能力就有了一个判断。最后，投资人终于还是没给我打电话，王功权也把钱拿到了。这个例子说明，对人来说，考察他的诚信记录、他的价值观、他的信念非常重要。

王功权还给我讲过一个故事：有一个项目，他们考察完了，什么都挺好，最后决定投资的时候，发现地球上没这个人。这是他认为最荒诞的一个投资案了。为什么地球上没这个人呢？因为跟他要身份证，没有；身份证明，没有；户口本，也没有。那是哪个学校毕业的，毕业证有没有？回答仍是没有。后来那人老实说了，他当时到学校不到18岁，没办身份证。开始有户口本，迁到学校以后，他家的户口本上就没他了，他变成集体户口了。毕业的时候，他拿着手续到地方，觉得工作不太好，不想干，就自己折腾了，没想到把放口袋里的毕业手续给丢了。他到学校去补，学校说，你不能说丢了就丢了，丢了得有人证明。他又嫌烦，没弄，稀里糊涂地五六年就过去了。所以在中国所有有文字记录的档案里没有这个人了。功权说法律上根本没这个人，怎么投呢？最后确定不投了。投资者认为这个人连自己这点事情都管理不好，怎么会相信他可以把这个企业管理好？

所以，对人得仔细考察，在时间、地点、金额、企业相同的情况下，人就是最重要的考察对象和决定是否投资的唯一条件。华润这几年的并购非常成功，在啤酒业里已经成为全国第一。我跟华润的老板聊，发现他们特别重视原有企业的人力价值，而且把被收购企业的高管安排在合适的位置，同时再给他们一个很好的激励，让这些企业在同样的钱、同样的机器、同样的产品的情况下，改变人和体制，使整个企业彻底改观。

那么，投资于人，主要投资于人的哪些方面呢？这有很多种投资法，有很多种动机，但总体来说都是希望有回报，金钱的回报或者其他（安全的）回报。

第一，投资于人的才能，投资于人的才能最典型的是投资艺术家。有一天晚上，我到一个收藏家家里闲玩，发现他是这么投资于人的才能的。他说他把一个画工笔画的人给买断了。那个人从五六岁就开始跟着家里学工笔画，现在四十七八岁，已经练了40年了，在中国没有一个人比他画得好，他画出来的羽毛，看上去跟真的似的，比拍的照片还真，他能画出那种感觉。收藏家把这个人买断了，买断15年。今后15年里，这个画家所有的画他都收，每平方尺4 000元。买断以后，就开始包装和向市场推广这个人。现在，这个画家的作品已经到每平方尺1万元了。但他不需要先给画家钱，画家画完一张才给一次。他说这种画画得特慢，一张画，大一点的要画两个月，太精细了，所以产量也不会大。那么15年以后，这个人为什么就不值钱了呢？他说，画工笔画的15年以后手就哆嗦了，功夫就不好了，所以15年以后的价值一般要往下掉。这就叫买人的能力。又比如说现在的球星，为什么转会费很高，这都是要买断他的能力。所以投资于人的能力是一个基本共识，投资于人的特殊能力是有唯一性的，而且市场的价值空间也比较大。

第二，投资于人的政治前途，通过投资于人的政治前途来获取经济利益。这方面，历史上有两个人是最成功的。一个是吕不韦，投资于皇帝，就是后来的秦始皇，当了皇帝他爹，经过曲折的故事，最后成为最牛的商人。另外一个就是胡雪岩。胡雪岩从投资王有龄到左宗棠，帮朝廷打理钱粮之事，最后成为江南的巨富。他们都是通过投资于人的政治前途，然后通过与权力的结合来获取财富。投资于人的政治前途风险就非常大，比如说张荣坤投资陈良宇，结果就成了负数。因为投资于人的政治前途，容易变成一种不正常的权钱交易，形成种高风险，因而是高收益、高风险的投资。

第三，投资于人的关系。这是指投资于某个人的某一层关系或关系网，以寻求一个安全的作用，不一定是牟利，只是一种保险、安全的做法。这有两种投法。

一种是成批量地投，叫公关。这个投法呢，就是让你拥有一个标准行为，然后花必要的钱去做那些形象推广，或者进行特别的沟通，以获取投资者或社会的认知。中国往往会把公关变成“私关”，明明是公关的事，最后变成一对一的私事。跨国公司的公关部门中有三类人最重要。第一类是数理统计专家，这些专家是干什么的呢？设计问卷、选择样本、发放问卷。数理统计专家拥有社会调查当中的技术，他们负责施行这项技术，保证每次调查抽取的样本和访问的人数是合理的。第二类是社会心理专家，是专门研究社会心理问题的。第三类是经济或者法律专家。这三类人是怎么合作的呢？假如说现在中国有百姓对日本有抵触情绪，那么他们就会去设计一个问卷，发出去进行调查，然后把问卷拿上来，这几个专家坐一块儿分析，为什么会排日，大概有几个要点。比如说日本政要参拜靖国神社这件事很敏感，那么他们就一起来设计一个什么事件，让民众改变看法，把参拜靖国神社这件事软化。也许他们会设计一个事件、搞一个活动，然后再发一轮问卷，看大家的状态改变没有。这是一种很科学的做公关的方法，跨国公司都是这样做的。

美国的华盛顿有一条大街叫 K 街，整条街全都是专门的游说公司，他们的主要工作（业务）就是公开地游说这几百个参议员、众议员，通过游说来改变公众和一部分人对自己的看法，来使自己获得安全感和发展，这是一种公关。

另外一种，就是重点投资某个人，通过投资这个人获得一些安全感。这方面有句古话叫“宁打一口井，不挖十个坑”，其实说的是你认真结交一个县令比跟十个州官混熟脸要强得多。

在正常情况下，人一生交往的关系人是10—30—60。什么意思呢？你遇到危难的时候，能借钱的对象不超过10个人。每天你都可以想一遍，谁能够借钱给你？就算是把亲戚、朋友、父母都加上，你到那时候能张口借钱的对象也不超过10个人。再一层就属于熟人朋友，经常打交道的、做过点事的，大概不超过30个人，这30个人还包括我前面说的那10个人。所以虽然你电话本里人多，但其实你多数都记不住，有时候干脆忘了。最外一圈是所谓的熟人，也就是打起电话来记得住这个人，而且也大概了解他的背景，可能很长时间都没见的那种“朋友”，最多也就是60个人，这60个人还包括了前面说的30个人。所以，人这一生，其实不需要太多的关系就能应付得了。需要花精力去了解的人其实很少，不会很多，不超过60个人。只要把这60个人的名单每天都盘好，就够你一生用了；不需要像有些人那样，一天到晚在外面忽悠，忽悠的结果其实大多没什么用。投资人的聪明之处就是重点做极个别人的长期投资，他们可能得到的回报要大大高于泛泛地交往。

历史上有一个最成功的例子，就是袁世凯做李莲英的投资。在戊戌变法前后，有一天慈禧召袁世凯在颐和园议事，袁世凯看到慈禧身后站着的李莲英不时地在老佛爷耳边嘀嘀咕咕，对她影响很大，于是他就知道这个李公公很重要。但是他不便直接去接触，于是就开始在李公公身上投资。怎么投的呢？非常简单，逢年过节送点礼，再简单不过了。开始李莲英也不知道，说也不大熟悉这个人，怎么会送礼呢？但是他也习惯了，因为巴结的人太多了。关键是袁世凯坚持若干年，不断地送，越送越大。终于有一天，李莲英觉得不安了，心想这个人怎么送了好些年礼，而且越送越大，为何就是不提要办什么事呢？于是他就老想见袁世凯，心想见了以后，帮着办件事，这事就算平了。但袁世凯就是不见，说没有什么事，只是对公公表示敬意。这时间越长，李莲英就越不安，就觉得一定得帮袁世凯办事，但越这样，袁世凯就越不提办事的事。时间耗了很久。终于有一天，袁世凯主动通过人来约，要跟李莲英见面，李莲英特高兴，说终于能见了，见了就把事给平了，把这么多年欠的人情给还了，而且想，估计是个棘手的大事了。袁世凯约的时候，手下人都不解，都说，那么如日中天的大总管李莲英，咱跟他也没什么往来，咱能约出来吗？袁世凯很自信，就吩咐手下去传话，几点几时在哪儿见面。下边的人说，那不行吧？袁世凯说："你别管，肯定行，就这么办。"

李莲英一听袁世凯约见，心头既不安又高兴：憋这么多年了，赶紧得见。见了以后，以为肯定有大事，结果没想到，袁世凯又给了20万两的银票，意思就是这银票是管这次帮忙，前面的人情你还欠着。李莲英收了这个银票后问："大人有什么事情吗？"袁世凯说："很简单，下官也没什么事情，就是想请公公费心，在宫里散布点儿消息。"也就是在宫里造个谣。造什么谣呢？造袁世凯政敌的谣。具体就是印一份假的报纸给慈禧看（那时候宫廷里有一份报纸，专门给皇上看的，叫《邸报》），在这份作假的报纸上造谣说袁世凯的政敌要下坏事。这活儿看似简单，其实一般人还干不了。但这对李莲英太容易了，不就放个小话，然后拿一张假报纸嘛！反正每天这些报纸就是给老佛爷一个人看的，外面也没发行量，就偷梁换柱拿着给看一下不就完了。

后来李莲英就用这种办法，借慈禧之手帮助袁世凯把政敌给扳倒了。所以投资于人这件事情，时间越长、越隐蔽，回报就越高。批量投资的投资方式，是一个改变公众看法的过程；但是真正有效的投资实际上是投资于极少数人，而且时间既要长，又要隐蔽，不为人知。

所以投资于人的回报，特别是在安全上的回报，远高于一般的投资或者银行存款。比如我有 60 万元存在银行，遇到麻烦会是个什么结果呢？第一，兵荒马乱中到银行去取钱，银行可能说不上班；第二，真出事了，要吃粮食，银行不能变出粮食，存在里边的钱也不能变成粮食；第三，这个钱还贬值，还收利息税。但如果投在 6 个人身上，一人 10 万元，只要有一个人相对比较成功，或者一直关系不错，那么遇到危机的时候，他肯定先打电话问有什么事，或者冲过来直接帮忙了。万一他发达了，10 万元或者 50 万元对他也不是大事，不用你到银行，他就直接给送过来了。所以投资在人身上是值得的；而把钱都简单存在银行，或者说把它变成一个死的东西，是很短视的。好的企业，一定要在人身上投资，要不断地发现优秀的人才，并且能很好地培训他们。一个好的经理人，除了做出一个好的产品、管好一个公司，更重要的是不断培养出很多人。

那么，投资于人，到底投资在他的哪方面呢？是投资在他的技能上，抑或投资在他的价值观上，这点非常重要。一般来说，学生家长（也是投资人）多数都投资在孩子的技能上，为了应付考试，可能三天两头经常逼孩子做作业，但很少拿三天五去跟孩子谈价值观的问题。这说明通常人们比较愿意投资在技能上，相信技能能够转换为一种能力。但事实上，技能是最容易学的。一个人天天被你逼着写作业，他就会写。可他这个技能，最后往往没有竞争力，因为大家都被这么逼，结果就都差不多，谁也不比谁强。比如被逼学会上网了，但大家也都会上网，这就不算技能。所以最重要的还是应当在价值观的培养上下功夫。在价值观上的投资相当于给人生装上一个 GPS（全球定位系统），人生观就是人一生的卫星定位导航仪，有了它，这个孩子在人生的任何时候都能找到方向，找到方向他就有生存能力。这就相当于在沙漠里或戈壁滩上，有一个 GPS 能正确使用，你就知道往哪儿去，就能活下来；但你没有这个 GPS，或者定位定错了，你就会走错方向，甚至死亡。

投资于人的价值观，就是要考察清楚人的世界观、人生观，最重要的是要花时间去了解、去发掘、去研究、去塑造他正确的价值观，使他的人生有一个好的 GPS。我们身边有很多朋友，因为所谓“道不同不相为谋”而走散了。所谓“道”就是价值观，就是你人生的一个 GPS。这个东西会决定每个人的行为方式，比如说有的人就愿意投机取巧，他总是想不劳而获，这是他的价值观，那这种价值观就决定了他会跟哪些人在一起以及他会做哪些事情；另外一些人希望做长期的事情，往好里做，那么这些人就会在一起。所以不同的价值观最后把人做了区分，人一生的幸福和方向就会有所不同。

不同的价值观带来的福利是不一样的。例如“小姐”和良家妇女的福利曲线就是完全不同的，“小姐”的福利曲线是刚开始大起大落，随后一路往下或在低位平着走。她的价值观就是及时行乐、捞钱。她16岁就不上学，出来混，18岁收入就达到了峰值，20岁就开始生病，也开始介入是非，马上曲线就往下走了。然后开始不断地遇麻烦，一会儿劳教，一会儿折腾，老了以后贫病交加，也嫁不到一个好男人，最后就把自己毁了。

但良家妇女呢，研究生毕业都24岁了，才挣3 000元，之前全是花钱；二十八九岁了，找个老公，两口子大概每月挣2万元，开始供个房子；到45岁的时候，小孩儿也慢慢大了，上初中了；到50岁的时候，小孩儿上大学了，两口子可能房子也供完了。这时候老公的收入不错，自己的收入也不错，越老收入越高，保险啊什么都有，又体面、又安稳。退休后还可以继续兼职挣钱，社会也尊重她。总之，她是越老越好，人生曲线是喇叭口朝上的。

女人的人生观、价值观不同，造成了她们一生的福利曲线是不一样的；男人也是如此。一个人如果在公司创业时想捞一把就走，那他后面的故事就没有了；但如果不急，踏踏实实跟着走，即便三四十岁没挣到特别的大钱，但实际上他的福利曲线就像良家妇女，越往后走越高。就像王石，前17年，每年挣的钱连10万元都不到；下海第17年以后开始挣钱，到现在挣的钱多得挡都挡不住。他不仅成了打工皇帝和亿万富翁，而且还有名誉、地位和自由。跟他同时做的那些人，希望在三五年内就挣很多的人，都离开他了，而且当时肯定都比他挣得多，但今天却没有一个比他更富有。越老，挣得越多，挣得越体面，这就是王石的福利曲线。投资于人，实际上是要选择人的价值观，不同的价值观带来的福利曲线是不一样的，回报也是不一样的。

站在未来，投资今天

人在一生中，究竟是投资“机会”，还是投资“趋势”，这也是个大问题。趋势是大机会，机会也可以说是短趋势，但这两者的差别还是非常大的。机会往往是可见的，比如说有一杯水马上能喝，大家分歧不多；趋势往往是不可见的，每个人所看见的都不一样，并且人们会用不同的方法来看未来。一个人怎么站在未来看今天、站在未来安排现在，关键就在于他怎么看未来。聪明的人、成功的人、获得巨大成功的人，都是看清了这个趋势，并且这个趋势，最终是按照他的预料变成了现实，而他又能预先做了应当做的事情，所以取得了成功。

在十几年前，有很多人坚信互联网一定能在中国成为一个主流（趋势）。但是当互联网泡沫破灭以后，也有人认为不可能，说中国的互联网有三大难题：第一是缺乏信用，没办法解决支付问题；第二是没法解决物流的问题；第三是中国用网的人太少，因为平均文化水平低。所以很多人就放弃了互联网。但是你看，凡是坚持做的、相信这一趋势的，今天都火了。因为现在这三个问题全解决了：中国上网的人数已经跟美国差不多了；支付问题早就解决了；配送的问题，中国人用笨办法，中国人力便宜啊，骑个自行车就给你送过去，中国有中国的土招。2007 年在全球 100 个有影响的杰出人士中，中国有个马化腾（腾讯的）。腾讯为什么火？腾讯黏度大，有两亿人在上面。马化腾就是站在了未来，站在一个趋势上，他先做了，所以成功了。当时有些人认为这个趋势是不可能的，很多人跑了，剩下的一些“傻瓜”就扛着。所以现在互联网成功的人，都是赌未来这个趋势赌对了的。

传统行业也是一样。我记得 1993 年，海南房地产泡沫破裂，我们回到北京，很多人劝我们别做房地产，因为中国的房地产不行，没法做，赶紧改做这个、做那个，这儿是个机会，那儿又是个机会。但是我们就是坚持做，也活过来了。1999 年以后，房地产又变成了一个主流，变成了一个支柱产业，于是我们就水涨船高地随着发展起来了。这就是赌对了趋势。另外我们为什么能活下来呢？我们一直都认为要学好，就是说在市场经济下，我们要强调好人、好事、好钱，鼓励自己学先进、傍大款、走正道，总之就是要学好，因为这也是个趋势。我认为市场经济这么搞下去，最后好人应该能有最多、最大的机会。现在市场上给好人溢价的越来越多了（道德溢价），资本市场上也已经开始给好人溢价。你到证监会去批东西，万科可能三四个月就能批完，金地、万通四五个月能批完，而通常的平均时间是 7~9 个月才能批完。万科比我们快的原因是它上市早，在资本市场和证监会有信誉，是个“好孩子”，有些审核步骤会省去。我们和金地也还不错，瑕疵少，通过审批也快。但要是一家历史上曾有污点的公司，证监会就要甄别，审批拉长个半年一年，有的可能根本通不过审批。比如有

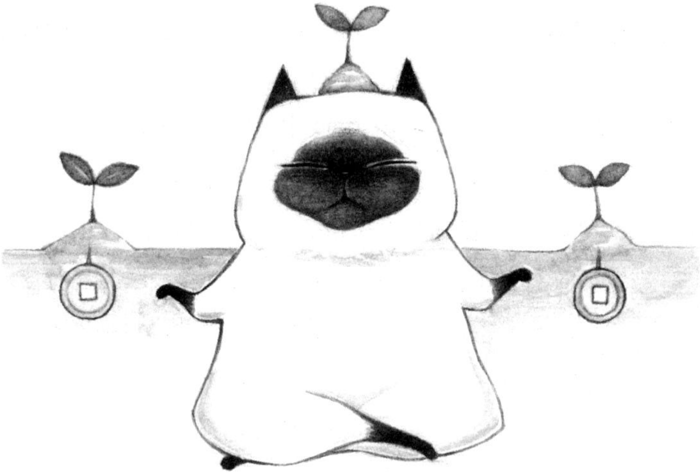

投资“机会”，还是投资“趋势”

一家公司，已经三年不能募集资金了，证监会一看它有不良记录，说只要还是这个老板，就不能办了，不能给他机会。

现在，随着时间的推移，好公司在市场上发行新股的时候，投资者、基金公司买的时候愿意给你个高价。根据国际上的经验，好公司（治理结构比较清楚的）大概溢价都在 5%~10%；换句话说，如果做好人、办一个好公司，你的股票会比别人贵 5%~10%。

我们作为一个公司，最应该投资的就是趋势。投资趋势，就意味着要投资战略，因为你的战略是根据这个趋势来定的。所谓战略导向，就是按照一个方向持久地努力，来累积你的核心竞争力。机会导向就是今天做这个、明天做那个。古人说“君子立恒志，小人恒立志”。立恒志就是战略导向，恒立志就是机会导向，今天干这个、明天干那个，今天说从军、明天要学文，一天到晚倒腾。根据历史的经验，投资回报高的是投资趋势。换句话说，一个公司必须要有战略，用战略来引导我们，按照一个趋势去发展自己的业务。

然而，关于趋势的判断，难就难在你怎么看未来。我看未来有三种方法。一是把别人的历史当作我们的今天和未来。北京现在的人均 GDP 是 6 000 美元，纽约是 60 000 美元，那我们就把人均 GDP 从 6 000 美元到 60 000 美元之间别人走过的历史，当成我们的未来。这是一个最简单的方法。二是去做逻辑研究和推演，按照人类历史发展已有的知识进行逻辑上的分析，从经济学、政治学、法学方面去研究，得出一个对趋势的判断。三是去感知，用知觉和经验去感知未来。最好同时运用这三种方法，最后综合起来，形成一个对未来的总看法。

要想看清未来，我们必须勤奋，必须知道别人的历史，必须有丰富的知识，同时还要有很好的经验和正确的价值观。只有这样，我们才能看到未来，才能站在未来安排今天。现在房地产市场有调控，这时，我们就得分析什么是趋势、什么是未来。我认为在未来，人均 GDP 到 20 000 美元的时候，商用不动产将会是一个更重要的产品市场，而且不动产金融将会很发达，房地产的直接融资将会成为一个主流。过去房地产市场的集中度大大提高，A 股市场的房地产公司前 10 位的市值已经从过去 20 亿 ~30 亿元到了 700 亿元以上，第一位已经超过了 2 000 亿元，集中度变化非常快。这些都是未来的趋势。我们针对这一趋势来制定战略，就一定能赢。总之，最后几年，一定是聪明的好人活下来，这就是趋势。所以我们绝不做那些容易犯错误的事情，过分地取巧、过分地投机、过分地变通，这些事情绝对不能做。我们要争取今后 10 年内不要有诉讼，哪怕是我们诉别人也不要。让别人诉你，你是“坏蛋”；你诉别人，说明你是“笨蛋”。在这个世界上，我们既不做“笨蛋”，也不做“坏蛋”。

投资的最高境界，实际上就是在于发现别人没看到的东西，比如趋势。一块石头是璞，你没有看到里面的玉，聪明的人会把这块石头拿回去，自己凿出玉来；一件文物埋在地下，你没发现，别人发现了，拿回去，它就变成了有价值的东西。所以投资的最高境界就是看见别人没看见的那个价值所在，也就是发现价值。当你发现有价值以后，第二件工作就是创造这个价值，让这个价值在市场上凸显出来，让实际的价值能够被市场认可。最后给你一个很好的价格，你因此得到很好的回报。

投资的最高境界就三句话，那就是发现价值、创造价值和实现价值。所以要把投资这件事情做好，就得修炼所有的功夫，就得能在别人看不见的地方去发现一个事物真正的价值，比如说趋势的价值、公司的价值、人才的价值、时间的价值等。只要你能把这些价值发掘出来，最后就一定能在市场上获得很高的回报。

05

管理

公司死了，管理还活着。

——冯仑

管理是当今中国最频繁使用的词汇之一。管理是什么？按照“形势法则”（The Law of Situation），应该给事物的本质进行定义。比如，窗帘是什么？通常的回答会说是布，或者是百叶窗。但是按照形势法则这种说法是不对的，应该说窗帘本质上是换气调光的设备。所以我们讲管理不应在行为管理、科学管理这个层面去理解，而应把它看成是如何使人的行为在一个组织当中按照最有效率的方式去活动，从而达到预定的目标和绩效。

显然，管理的第一个要素是目标，经营概念讲绩效，非经营概念讲目标。第二个要素是组织。一个行走在沙漠中的人，一旦不属于任何组织，就没有了管理问题，除非把对他自己的管理也叫管理。所以谈管理离不开组织，只有组织才需要管理，这是由特定的目标和资源的稀缺性决定的。任何目标都是在有限的人和资源条件下达成的，目标确定就需要管理，目标不存在的时候就不需要管理了。第三个要素是规则，要设定人在组织中的活动方式和游戏规则，如激励、约束和惩罚等，这始终是管理的重点。管理人的行为，目的就是要用最有效、最经济的资源最快、最准确地达到目标。

所有的管理书籍无外乎三个大类：目标、组织、人群行为；管理学流派也大多由这三个方面派生。

从过去 100 年来看，平均一年一个新学说，且很快流行全球，比如：平衡记分卡、纵向一体化、核心价值、核心竞争力、愿景等。然而众多的理论也给企业经营者带来很多困惑——照着做不对，不照着做也不对。管理之父彼得 · 德鲁克说，管理一定是有效的，管理学是有价值的。他写了很多著作，做企业的人知道他相当于中国人知道诸葛亮。我见过加拿大教授亨利·明茨伯格，他也是管理学大师，可他认为完全没有读 MBA 的必要。

和尚与庙

管理是一件既简单又复杂的事，既有看得见的条条框框，又有许多看不见、摸不着的规则。如果对一件事情，能把它的潜规则说清，应该是智者和圣贤的工作。为什么？通常的人都只能看见、看到、看清楚、看明白；但只有圣贤和智者才能做到看破、看透和看穿。所谓看破、看透、看穿，就是能从事物的反面去看，而非只从正面去看。举例说，如果你能看到生，这叫看见；如果又能看到死，就叫看透。我看见人，叫看明白；但我还能看见“兽”和“鬼”，这叫看穿。所以，如果这本书能给大家揭示出一些潜规则，不仅看见正面的，也能看到反面的；不仅能看到阳光的一面，也能看到阴暗的一面；不仅能看到大家认为“是”的东西，也能看到大家认为“非”的东西；不仅能看到“似是而非”的东西，也能够看到“似非而是”的东西，这样一个“掰开了揉碎了”的过程，对于所有管理企业的人来说，无疑是打开了另一个天地、展示了另一种境界，从而为大家开启了另一条发展的道路。

我非常尊敬企业管理这门学问。现代管理据说是从彼得·德鲁克开始，是他把管理作为非常重要的学说进行不断研究。目前关于管理的书籍汗牛充栋，但是我很遗憾地看到一个现象：企业管理越来越接近于爱情的游戏规则，即到处都是爱情的教材，却到处都是不幸的情史；满街都是企业管理的书籍，可到处都有破产企业。关于企业的书籍出得越多，好像企业的问题也越多；管理的书籍出得越多，现实中管理的问题也越层出不穷。所以说，这是一个互相激发和成长的市场，如同人越多，对人的研究就越多，而人的问题似乎就更多。现实生活就是这样有意思，永远在解决问题的同时激发出新的问题，永远在试图解决问题的过程中因发现一个新的角度和视野而发现更多的问题需要解决。在企业管理中，出一本书并不能保证办一批好企业，垮一批好企业或垮一批坏企业也不能保证出一本好书，这样才使得企业管理和出书这两个市场都繁荣。所以，不幸是幸福的开始，幸福是不幸的市场。

大家乐此不疲地讨论管理的目的，是希望多出好企业，所以我也在考虑，怎样才叫作一个好企业。以我的观察，好的企业就像一座庙。在庙里，常常能看到有位不幸的妇女正在跪拜。她家里还剩 10 块钱，老公要病死了，她拿 5 块钱去庙里下跪，拿了一把灰、求了一个签、磕了几个头、听了几声木鱼响、看了几眼晃动的蜡烛，然后带着希望回了家。这叫什么？这叫客户。庙里那个小和尚敲着木鱼把烛灯点亮，把收钱的箱子收拾好，晚上把箱子拿走。他呢，就是职业经理人，他传达了大和尚和佛给客户的希望，具体标志是敲好木鱼、点好蜡烛并把箱子收拾好，别让客户把钱扔错地方。企业家是谁？就是小和尚后面的大和尚，企业就是那座庙。大和尚你永远看不到，他经常去建新的庙，到晚上等着小和尚把钱柜子抱进来数布施。客户拿走的是一包香灰和 99% 的希望；大和尚卖的是 1% 的产品，给人的是 99% 的希望。这中间传达信任的使命是由职业经理人来充当的。之所以还有客户，比如这个妇女第二年儿子快死的时候还会来，是因为她相信你给她的希望是真诚的，相信你给的这包香灰是灵验的，尽管回去以后老公和儿子都死掉了，她还是无怨无悔。这就是客户忠诚度。所以我说，一个好的企业就是一座好的庙，一个好的企业家就是一个好的大和尚，一个好的职业经理人就是一个好的小和尚。我们给客户的永远是 1% 的使用价值和 99% 的希望。管理，不管你千变万化，只要能做到给客户 1% 的使用价值和 99% 的希望，就是最好的企业。我觉得，现在企业家最终都是为了办这座庙。我以为，管理的最高境界就在于不仅能把明确的规则搞清楚，而且也能把潜规则搞清楚，最后办好自己的庙，成为一个伟大的大和尚。

管理的五大悖论

刚才说到有一个颇为好玩的现象：满街都是管理书籍，却到处都有破产企业；满书店都是爱情教程，可满大街都是不幸婚史。管理和爱情一样，都清楚又都不清楚，都有道理又都没道理。每个个体都有体验，整体又有经验，总结成学说，还是解决不了问题，只能在有限的空间理解整体的概念。所以，即使在目标确定、组织稳定、行为清晰的情况下，管理当中仍然存在许多悖论。

第一个悖论是变革与稳定。比如有人说，组织一定要变革、创新学习，另一个声音说必须稳定，一个建立了两三年的组织连旧版都没有夯实，变什么？有研究结果说稳定的价值超过变革，变革会毁坏财富。变革和稳定是考验企业家的平衡木，绝对变革和绝对稳定都行不通，拿捏好不容易。典型事例是联想，由制造 PC（个人计算机）的联想转向服务的联想，变革后原有的发展放慢，因为资源是有限的，我们必须记住管理是在有限资源下的管理。资源稳定的时候虽然增长缓慢，但不会出现大问题。如果联想拿 50% 的资源用来转型，而服务这件事又不确定，就是有风险的。服务没有建立，原有的业务萎缩，上市公司允许这样状况的时间是有限的。这时要么破釜沉舟，把股份收回来，要么退回原来的状态，把服务全部卖掉，增加 PC 制造，以并购为扩大规模的主要战略。不是说转型不行，也许几年后，联想的服务也做成了，但资本市场的压力太大，没有那么多可消耗的时间。创新的胜算是靠时间的，是要看环境的。所以哪个理论更好，很难说。变革还是稳定、转型还是发展，这是企业家的智力抉择，也是外部环境和资源约束的结果，管理理论分不出对错来。

再举个自身的例子。我们有一项定制服务，从传统房地产开发转向以客户为导向的新型服务。这项服务连续三年没赚钱，也没有客户，公司内外都反对——团队满脑子都是传统思维。服务算的是资本回报，人工、组织、支持系统、品牌是我们的资源，但我们老是以货币资本核算方式算账，财务报表也不好。公司上下反对，就看我一个人要。要知道我以阿拉法特为偶像，我固执，坚持做。头一年赔 1 000 万元，第四年打平，第五年增长 500%，2007 年至少增长 400%，大家都认账了，这个业务成了公司最好的业务。举这个例子不是表示我们比联想做得好，而是想说明我们的约束条件比联想宽，我们没有上市后资本市场的压力。在管理理论上专家会告诉你谁对谁错，我希望大家不要相信专家。管理决策是在既定资源下做出的，如果第一年亏 1 亿元，我可能第一年就投降了。不要轻易肯定和否定某个决策，拐大弯必须缓行，要变革就要有耐心忍受阶段性的衰退，准备付出你能承受的成本，还要重新训练团队。

第二个悖论是集权和分权。集权是自上而下的管理，分权是自下而上的管理，或者是平行机构之间的互动。自古以来很多书都对这两种组织效能进行比较。军队原来是集权，但自海湾战争以后军队采用一种现代化的混合型方式，互通互联，一个特种兵在前线相当于一个连的战斗力。特种兵可以调动飞机，他身后是强大的服务系统，相当于一个完整的供应链。万科 2007 年开始分权，因为它平均论证 5 个项目才做 1 个，全国一年上 80 个项目，意味着要讨论 400 个方案，总部不堪其苦，所以必须分权，由各区自主决定项目。我们公司京津两地还是集权，因为我们东西少，追求单位价值高，经营模式不一样。公司内部组织上讲集权，文化和人的行为讲轻松，最后对不对还是要看绩效。如果绩效都不错，那就说明两种理论都对，也都不对。

第三个悖论是个人价值和集体价值。有的人强调个人创新价值，鼓励给予每个人发展空间，活跃其思维；但也有人说整体目标和个人目标不一致，个人要涨工资，集体要讲发展。个人价值和集体利益如何平衡？过分强调个人，一个面袋子里放 10 把锥子，面袋不是变布片儿了吗？过分强调整体，布袋里空无一物，要袋子有什么用？所以底线在于布袋里的东西不能戳破布袋独立存在。即使这样，我们依然不知道哪种方法更好。文化人、知识分子创立的公司，比较偏重个人价值；制造业偏向集权，大目标小个人。这些都有道理，也都没道理，二律背反。

第四个悖论是利润最大化和社会责任。企业是商业组织，以盈利为目标，追求利益最大化是无可厚非的。如果企业侵犯到公众利益，不承担社会责任（诸如环保、社区、公众的道德理想、弱势群体等），不关心公共事务，会影响企业的发展。有社会责任感的企业就像一个人，血肉丰满而富有正义感，对自身的完善很有好处。但企业应该承担多少社会责任？天天承担，社会信誉好了，公司却可能不赚钱了，或者因为承担得过多而伤害到企业的财务制度、收益，伤害到股东的权益。要实现社会责任就可以不对少数人负责吗？这方面做出抉择最终依靠的是领导人的价值观，看他做事的动机是出于牟利、道德良心，还是因为外部压力。一般情况下道德良心最弱，外部压力最大，牟利排第二。安利做善事主要围绕健康，最终落脚点是产品，长远看对企业有好处。

第五个悖论是破和立。与第一个悖论程度不同，发展与转型基本上还是在“改”，而破和立是兼并和重组。卖掉还是留下？破和立都有道理，领导者目标是不变的，就是要生存得更好。一般情况下，如果市场空间有限，国家政策不支持，那么甩掉可以；而如果大家都卖了，我能在有限的市场占一席之地，那么不卖也有道理。

五大难题，都对，也都不对，考验管理者的水准。验证看绩效，过程是煎熬，管理者们必须在五大极端之间找平衡。

人的管理与管理的人

关于人的管理。一个管理者容易犯错误的地方在于弄不清楚管理自己还是管理别人。一个人印了名片当上总经理之后，你会发现他开始抱怨别人，似乎管理就是管别人，让别人按照自己的想法做事，而且只要管理不好就是别人的错，炒人、骂娘、与同伴钩心斗角，反正自己没错儿。实际上，一个人群行为的发动者是它的组织者，也就是董事长、总经理，目标是他们订的，组织架构是他们订的，他们牢牢把握主动权，所以所有的责任都应该归在他们身上。管理者的行为是第一重要的，就像发牌者和接牌者的关系，发牌者有责任，发牌者出3，接牌者出K，不能怪后者打得大。所以，伟大的人是管理自己而不是领导别人。

步步高老板段永平讲了两个例子，很有意思。

一个例子是，经常听到一些领导抱怨公司没人，但查看他的日程表，几乎没有和猎头公司、潜在可以挖来的人的见面时间。问题究竟在哪？一边把自己忙得够呛，一边抱怨没得力的人，如果把精力放在找人上面，管理好自己就会有人来。起初我也这样，近几年我和猎头公司保持联系，没事就找人，就当交朋友。企业家、高级管理人与猎头的交流时间必须在日程表中安排出来，优秀的人需要自己去找。

还有一个例子，应能分清什么是重要的事和紧急的事。比如，客户投诉是紧急的事，但员工没有权力，只有老板可以做主；虽然问题一下解决了，老板很有成就感，他却做了别人的事。重要的事是建立制度，设定服务章程。管理自己，就是做重要的事，也就是管理自己的事；紧急的事，通常都是管理别人或代替别人管理的事。学会管理自己，就会变得很从容，因为把重要的事（公司战略、员工培训、制度建设）都做好了，剩下的事员工自己就能处理了。我们公司几年前客户投诉比较多，局面很乱，后来下决心建立了三个层次的客户系统，顺利分流，现在 80% 的问题在部门以下就解决了，到经理层面的也就 20%；需要我直接处理的客户、紧急事件每年也就一两件。

公司领导者管理自己永远比管理别人重要，行为管理、行为矫正的关键是校正自己的行为。我和王石曾一起去北海道滑雪，我说要滑单板。他说，不行，你得摔 300 跤才能滑成我现在的样子。这 300 跤就是管理自己，不必强调身体素质，不用说时间少，不必埋怨教练教得不好，教练不可能代替你摔跤。

还有一个在组织里比较难管理的事情，就是“中国特色”“地方习惯”。这是我们剪裁西方理论最难的地方。为什么很多学说到了中国就要改，实际上是在行为习惯上做了妥协。以前我讲过生人原则和熟人原则。中国是“熟人文化”，酒楼解决的事情超过律师楼很多。之所以在酒楼或洗浴的地方解决问题，就是为了超越规则，目的都是变通。在中国，做房地产出租铺面，大部分都出租给餐饮业和娱乐业。在这里，中国人个人享受的成分绝对是一小部分，通常在这里是把公事当私事办，把私事当家事办，充分软化对方的心灵，目的还是变通。在中国是把人与人之间的中间地带消灭掉，互相“侵占”，我的是你的，你的是我的，私密化程度低。

我的朋友王功权遇到过一件有意思的事。万通美国公司的秘书是个美国人，功权初去美国，让她接机。在中国接老板很正常，下面的人还巴不得去接呢，但人家不接。功权只好叫朋友来接了，之后非常生气，要把秘书炒掉。结果美国人不干了，她说她没有错，与公司签订的雇用合同里没有说明接老板的事情，这不是她的职责。如果要接也可以，但必须谈清楚接机的次数、每次的油费和轮胎磨损谁来支付。美国人与人的界限、事与事的界限界定得非常清楚。中国人把私人空间和公共空间混在一起，人我界限不清。所以在中国，大多数企业制度管理的约束力弱，感情因素的制衡作用很大；除非是在制造业，流程规定非常清楚的时候，相对来说好一点。

这样就涉及另一个问题，组织结构中员工的积极性和创造力靠什么激发。在中国，有时道德激励比金钱激励重要一点，或者老年人用道德激励就可以了，而对年轻人来说，金钱激励就更为重要一点。观察我们全国的客户投诉资料，60 岁以上的人喜欢用阶级斗争方法处理，演讲、聚众、贴大字报；30 岁上下的基本上是算账、打官司、要钱；40~50 岁一拨除了打官司还会打架，甚至找黑社会。代际不同，特点不同，管理的时候必须要有针对性。年轻人讲绩效、讲利益，年长的讲感情、论辈分，文化、习俗在很大程度上制约着管理。代际的变化过程中会面临文化观念的转变，或者说由政治文化向商业文化、法律文化的转变非常难。如果有不同种族的人、不同文化背景的人、不同年龄段的人存在于一体，这个组织会非常混乱，这也是跨省、跨国大企业生存困难的原因。所以企业文化不要多元化，习俗尽量不要多样。企业领导要关注企业文化相对的单一性，有利于人的行为的引导和训练。高层董事会，经理人文化需要开放，因为他们需要决策，开放和互补有利于减少片面性、提高正确性；但执行层面多样化带来的是协调性差，所以应当避免。

特种部队与基地组织

思考一下未来的组织。企业的领导研究管理，自己都很清楚应该把精力放在组织和人事上，也就是组织的变革和人的解放。未来组织变革的走向是什么，观察历史可以看出，组织变革效率最高的是军队，它是在变动环境下的对抗性博弈，而管理学说大部分是假定环境下的对抗博弈，所以将军是最好的管理者。这也是为什么西点军校出来的 CEO 多过哈佛商学院的原因。

军事组织的变革是商业组织变革的先导。今天从全球范围来观察，军事组织在朝两个方面变革，即正规组织、合法组织“特种部队化”和非法组织或非契约性组织“基地化”。

所谓“特种部队化”，美国前国防部长拉姆斯菲尔德主导的新军事变革就是这种做法。现在所有的国家都在增加特种部队，减少常规的海陆空军。特种部队中又着重增加信息战部队和心理战部队。增加之后，它的成本和收益会发生什么变化呢？简单地说就是大后台、小前端：70% 的钱用来找目标，30% 的钱花在直接摧毁目标上。前端的组织变成全能的，后台变成系统的支持力量。以前前线的连长指挥不了炮兵，要报告师部请求支援，师部下命令炮兵才开炮；现在系统的支持力量超强，前端功能全面，特种战士一封电子邮件炮兵就开打。部队在哪儿、每个队员的位置，在总司令的指挥屏幕上显示得十分精确。很难想象解决阿富汗塔利班的是仅仅 123 人的特种部队，三人一组，每组支持系统是 5 000 万美元。三人小组包括一名信息情报专家、一名火力炸弹专家和一名战斗专家，他们相互了解一点儿对方的领域，在紧急救援、包扎等方面都经过训练。我们来看它的成本收益的变化。过去战争成本主要用在军火、死人身上，轰炸目标的成功系数低，70% 的成本浪费掉，30% 的钱正中目标。现在使用巡航导弹，70% 的成本在找目标、卫星定位之类的，30% 是炸药成本。现在的战争条件，用于找目标的成本加大，直接针对敌人的费用少了。

这三个人怎么作战呢？北方联盟一开始很怀疑。特种部队的人说，你们很快就能看到我们的力量，并计划第二天装备一个团。北方联盟的人都傻了，心说这怎么弄啊？特种战士拿出笔记本电脑，开始输入人员的身高、体重，配备的军装、皮鞋、军帽、枪支……一封电子邮件发出，全球的供应链就开始调动。第二天下午，各种物资通过飞机直投下来。装备好之后，北方联盟的人还是走在后面，前面是塔利班军队栖身的山谷。特种部队拿出红外线扫描仪，用“死亡射线”

寻觅，锁定目标。假如有 400 人，他们会计算出相应匹配炸弹的数量。炸弹太少杀伤力不够，太多又浪费成本，而且血肉横飞国际影响不好。最后选择一种炸弹，基本能把他们闷死，而且保持尸体完好。这些炸弹所需费用也同时明确计算出来，美国总部根据这些信息核算战争经费。飞机上的哥们儿听着音乐早已等得不耐烦了，收到电子邮件，输入参数坐标后开战，几秒钟之后山谷里悄无人声。这几个特种兵在北方联盟军队眼中犹如天兵天将，立即被奉若神明。所以，现代战争成本是精确计算的，前台是全能的，主要靠强大的支持系统，保证有效使用战争资源，战争更加伦理化。

所谓“基地化”，是用价值观、文化、情绪协调的自由分子运动，成本是分散承担的，收益是巨大的。“9 · 11”的成本是 22 万美元，而美国的直接损失 2 000 亿美元，间接损失 4 000 亿美元。基地组织比较分散，没有层层的管理，很多行动并不是拉登直接布置的。他们只是用价值观和宗教情绪统率。中关村有很多虾米公司，也属“基地化组织”，这种组织形态成本分散且低廉，利益统一，回报巨大。

特种部队以精确打击为专长，基地组织是跳蚤，最后就变成二者之间的较量，上演精确打死跳蚤的剧目。

在这种形势下，企业也面临着选择，怎样使组织变得更有效率？怎样把前台做精做专、把后台做大做成系统？

民营企业怎样进步？很多人都说民营企业管理水平低、治理结构不合理、血汗工资、腐败等。其实从管理学角度看很简单，就是组织和人的问题。民营企业创业者一般都有个转型，即由自然人转成商人、由商人变成领导者的艰难过程，这期间需要让游戏规则也朝这个

特种部队是精准打击，基地组织是情绪鼓动

方向转变，所有的思想、情感、行为方式都朝这个方向变化。

民营企业最大的问题是组织架构，要在不同的阶段用不同的组织形式。一开始是合伙制，继而变成股份制，有可能上市后又会有国际资本介入。组织有时像一件衣服，应当先做衣服后长肉，业务量和组织的大小要相应变化。初创业阶段私人家族绝对占便宜，成本低，协调性好。挖完第一桶金，私人家族就不行了。前些年见李嘉诚，他强调长江实业不是家族公司，李泽楷回港创业是在别的公司打工，几年之后才回和记黄埔从很低的薪水一点点干起来。我理解他的意思，他的公司是一个正规的组织。15 年以前，新世界和李嘉诚公司的规模差不多，但新世界完全是家族化，不用职业经理人，现在业务萎缩得很小了。这就是组织的张力造成的两种结果。

民营企业一定要提前布局，让组织提前发展，甚至超越业务发展。民营企业初期有活力；而当全社会都有活力的时候，自我约束就很重要了，有动力、无约束反而成为劣势。然而很多国企是有约束、无动力。我们公司把资源和体制做了一个调整，保持动力，把国企的约束力给自己加上。

民营企业能拷贝的组织形式，一类是机关，另一类是家族和江湖。有的民营企业发的文件和红头文件一样，老板写的文章和杂志社论一样。另一类不知不觉中把公司办得像家族、江湖，这是不自觉地组织拷贝，过分中国化。我经常看到一些公司的标语紧跟政治气候，落款为“×××公司宣”，完全是机关作风。现在民营企业可以拷贝外国的商业组织和非营利组织，拷贝的同时也可以去创新。以往的民营企业领导人特别忽视这一点，只对卖东西感兴趣，对组织架构却不重视，很晚了才想起来引进战略投资人、股东。

引进资本的意义在于改造组织、改造人的行为模式，修正目标，加快发展。前些年，几家影视公司遇到一个好的机会——外国资本进入。光线传媒老怕卖便宜了，觉得亏，错过了机会；两家卖得便宜的，一家是华谊兄弟，一家是中博影视。外国资本还帮助我们搞活了很多大中型民营企业。其实组织变革的意义大于1 000万元、2 000万元的斤斤计较。挣钱是一辈子的事情，不要指望一次赚够。一口气呼吸不完一生的氧气，民营企业是否能够发展壮大、是否能进步，重点在于组织变革和公司肌体的保健。

民营企业应管理好自己的欲望，明确好自己的目标，合理架构组织，认真追求绩效。无论什么行业，只要做到这几点，这个民营企业都会发展得很好。

06 金钱

挣钱是“本事”，花钱是“艺术”。

——冯仑

人们为什么会有钱？什么是钱？因为做生意，我们花很多时间跟钱打交道，“钱”这个词汇使用的概率现在是最高的，也是最容易让人做梦的，但也容易让人陷入极度痛苦之中不能自拔。关于钱的评价有很多，过往历史上有很多书籍也专门说钱的事，从中可以体会到什么人认为钱对自己好、什么人认为钱对自己不好。

什么是钱？

实际上，史前社会人们以狩猎为生，那时候人们打来猎物后一般都会马上就吃掉，吃不掉也没有保存的方法，只好任其腐烂。所以那个时候需要和物质之间保持着一种平衡，人们实际上没有财产的概念，也没有钱的概念。当猎获了太多的野生动物，没有吃完，同时又找到了保存的方法，就出现了剩余，加上后来人们又学会了农耕、学会了种植，生存方式就起了变化。比如说捕获了 10 头野猪没有办法吃完，人就会把剩余的驯养起来。谁来驯养？主要由一些妇女来驯养，所有的野生动物变成家畜是妇女的功劳。妇女把野猪养成家猪的同时，就创造了第一个剩余财产。

然而这些东西怎么来支配就成了问题，于是就出现了私有财产。谁支配它？不可能每个人平均地分配，而是由一个人或者两个人来支配它，支配的人就变成了拥有者，这样就出现了私有财产。随后也就出现了一个过渡的问题，就是将财产从自己的手里让渡给子女，或者从自己手里让渡给别人，于是出现了财产的交换问题。

随着财富越来越多，交换关系变得越来越复杂。开始的时候只有麦子和猪，有麦子的人和有猪的人交换；然后又养了羊、种了玉米，有羊的人跟有玉米的人交换，有玉米的人要跟有麦子的人交换，于是这个交换过程越来越复杂，复杂到最后拿东西来交换（以物易物）已经不可能了。如果有100种东西，彼此之间交换的组合就很难计算了。当物质丰富到一定程度的时候，这种满足每个人意愿的物物交换已经完全没有可能实现了。这个时候就有人提出一个中间的东西，我们大家都换这个东西，然后用这个东西换所有东西。这样就使交易、交换变得非常简单，从而发现了充当中间交换的媒介概念。这个媒介在不同的民族和社会先后有过很多形态，有贝壳、有金、有铜、有布，还有动物的皮，比如牛皮、羊皮，都充当过交换媒介。最后这个媒介慢慢被固定为金或者银，因为金和银比较不容易变色，另外它又不容易腐蚀，同时又容易切割成不同的等分，容易计量，使它变成了一个标准化的交换媒介。不同的民族和国家都逐渐把制造这样一个形态标准化的交换媒介的权力赋予了政府，这时这个东西就变成了“钱”。

所以钱产生的次序很有意思，先有私有财产，后有民间的交换，再有类似于钱这样交换媒介的产生，然后再由政府赋予这个钱以法律的形式。最初应该是先有钱，后有政府，但是后来变成只有政府才能印钱，钱又从黄金逐步变成现在的纸币，纸币下一步的衍化是电子货币，最后大家看到的是一个数字、一个代码。但是不管怎么样，数字也好，代码也好，金钱本身还是有两个传统的功能：一个功能就是我们讲的交换的手段或交易的媒介；另一个功能就是一个价值尺度，衡量每件物品到底是五块还是两块，哪个比哪个更值钱。

了解这样一个过程，对于我们了解财富非常有帮助。我们今天打交道、做生意，每天遇到的这些钱本质上就是起一个推动交易的作用，并且在交易过程中被用来衡量财富的多少。

钱的是非

通常我们对“钱”的认知比较简单，其实“钱”本身有很多很多的特性，它跟人是一样的，有性格、有年龄、有气味、有性别，另外有是非、有短长。我们做生意的人特别要知道钱的是非。很多人因为钱坐牢，很多人因为钱光荣，所以作为一个企业领导人，甚至作为一个公民对待钱都要特别小心。

我做生意以来实际上每天都要碰到钱的是非。在电视上看《新上海滩》时，我想起公司创办初期功权也组织大家看《上海滩》，那时候看许文强、丁力这帮人。后来在海南的时候，有一个很好的朋友炒房子，他想到把一幢房子卖给我们，我们再把它炒给别人，中间有一系列谈判。这时，他希望跟我们做一个交易，就是他可以压低一些价格卖给我们，同时他要一些回扣。我们面临一个选择，对方老板和派来谈事的手下都是朋友，但手下要回扣，我们给还是不给？如果我们给，可以花便宜大概 5%~10% 的钱买到这幢楼，但同时我们等于欺骗了我们那个老板朋友。那时候，如果这个来谈事的人不是这个老板的手下，也就是说我们跟他老板不是哥儿们，我们通常会毫不犹豫地给回扣。但眼下却碰到一个问题，一个道德问题，一个是非的考验，我们要接受了这个交易我们就坑了那个老板朋友，可是坑了他我们的利益是增加的。那单生意，我记得我们当时讨论了好多次，后来也没做，我们找了一个理由，说我们不想买，觉得这个不合适，这样我们谁也没得罪，放弃了占这个便宜的机会。

从万通最早的时候我第一次碰到钱，就碰到道德是非的考验。我们第一单房地产业务就是买卖别墅，成交后，我去拿说好的回扣，全是现金。当时为了把这个价钱谈下来，我跟那个老板讲你一定要给我好处。然后我回来就跟我们的合伙人商量，就说我以回扣的形式再拿回 20 万元来，这样等于我们又把价钱往下压了 20 万元。就好比已经谈好是 100 块钱，我再跟对方说给我 5 块钱回扣，就这样成交，对方会有积极性。给了回扣以后，我把这 5 块钱如数交回给我们最初的合伙人，那么这件事情就等于我们用 95 块钱买进，如果不交回就是 100 块钱。当时我拿一张报纸到对方的办公室包好 20 万现金，那是我第一次拿到这么多钱。可我拿回去以后没有任何犹豫，交给了我们几个合伙人，当时杨雪峰（王功权妻子）管账，我就告诉她这是拿回来的钱，充公用了。第一次手捧那么多现金，没心动，没产生贪念，而是想到这是你为公司集体争得的利益，并且第一时间交回公司，于是就没有是非。如果你没有交给大家，你拿走了，麻烦就开始出现了。所以懂得钱的是非是非常重要的。我们做了16年的生意，而且从海南出来，主要是对钱的是非把握得比较好，整体来讲我们比较平顺，没有出事。

现在来看钱的是和非区别在哪儿？在国外非常清楚，合法的钱就是“是”，非法的钱就是“非”。合法的钱就是我们说的依法交易劳动所得或资本所得，利息、馈赠、遗产，这都是合法的钱，这些钱都是“是”；那么“非”的钱就是贪污、逃税、洗钱、贩毒、绑票、诈骗所得，是非法的钱，这个是非很清楚。我们现在也说黑钱、白钱，像贩毒这类的钱都是黑钱；我们的工资所得、投资所得这算是白钱，算干净的钱。在中国的改革时期要区分钱的是非难就难在制度在不断变化当中，昨是今非，今是昨非；此是彼非，彼是此非，有些钱有时候你不知道该不该拿，拿了它可能对，也可能不对。例如公司曾经给了我一个股票的凭据，就是当时潘石屹说以股票形式给大家发的奖金，实际上也给了我。我想起这个钱当时我就没拿，我把它放在信封里让董事会秘书处保管，我说别搁我手里，我不敢要。为什么不敢拿？因为照理说你把公司的钱通过股票送给员工，得董事会提议、股东大会通过，可是那笔钱是因为当时（1993年）募股很成功，应该给员工些奖金，那时也没概念，潘石屹就办了。他跟我说过，我也没有太明确地说行或不行，反正他就办了。我想这个钱我要拿了就面临一个问题，我可能会涉嫌侵占或贪污；但我一个人不拿，员工们怎么办？所以我就想了个折中的办法，把股票凭据交到董事会秘书处，我嘱咐王连翔（董事会秘书）一定保管好。后来我们处理遗留员工股份的时候，股东会做了一个决定，就把这些钱给大家算了；那次股东大会做了决定之后，我才可以从秘书处领回股票的凭据。这事其实一开始是“非”，但是这个非又不是很明确的“非”，也可以说成“是”，算发奖金。潘石屹当时就说发奖金，但是你要以股票形式发奖金这件事情应该是通过股东大会，可是当时连《公司法》都不清楚，所得税也没有那么清楚，所以属于是非的边缘状态。但是大家就这么做了。后来《公司法》以及《所得税法》，关于怎么激励这些东西都清楚了，清楚以后如果你不做一个股东大会决定、不按这个程序做完，对于员工来说是没有错，但对于你这个领导来说这就叫渎职，你把股东财产随便就发掉了，而且发掉了以后没有经过必要的程序，将来员工手里拿的这个东西有可能还会发生争议，最后也许不得不再拿回来。所以作为管理者来说就面临是非的一个调整，后来我们就经过股东大会走了正常程序，经过了差不多 12 年，这个钱才拿到手里。可见这个是非过程是变化的，在中国难的就是在这段时间，是非拿捏不好就可能栽进去了。所以处理这种状态下的钱，亦即在是非中处理钱的是非，难上加难。我们正处在是和非之中，商场是是非地，商人是是非人，钱是是非物，所以得格外谨慎。

今天，管理者必须面对很多是非很含混的钱，比如说企业之间拆借的钱，借了 500 万元，按照法律可以不给利息，但是我不给利息他就不借给我。我同意给他这个利息，他又提出来最好给他现金，500 万元的借款，一年按 10% 付利息，给 50 万元现金。我明知道他是逃税，对于我来说这件事就面临一个是非问题，我借钱没有什么不对，是“是”，但是利息被他拿到了。我给他时是假定他要交税的；至于交没交，那是他的事。大量的问题是介于是和非之间的问题，特别是昨是今非、今是昨非的问题。以前我们没有税收概念，在海南炒房炒地赚点钱，当时绝大部分人都不交税，我们交了一部分，但是按照今天的标准来说肯定没交够，可是在那时就算是好人了。今天来看，没交够就不是百分之百的好人；但是从法律上来看，过了追诉时效了，也不够刑事责任；可是从道德上来看，你不能严格要求自己，还是有些瑕疵的。但反过来如果都严格要求自己，心理就多少会有些不平衡，那时候别人都不交我还交了呢！总之，领导者要非常清醒，必须要懂法律，一定要知道钱的是非。

我之前碰到一个曾经帮助过我们的人，坐了5年牢出来了，岁数很大，70多岁了。见到以后他就一直感谢，说当时离开北京的时候我曾经给他送过一次钱。的确有这个事情，但是我送钱的时候做了法律上的咨询，所以没有问题。为什么呢？他曾经是我们的董事，我们董事是每年要发工作经费的，我当时给他的钱，就是预借的董事经费，因为那个时候法律上没有说他有问题，既没有通缉，也没有撤职，只是他感觉不安了要走。在这种情况下，他相当于把前几年没领的，加上当年的董事经费一块儿都领了，我是中间人，替他领了后写了个收条，专门飞到他在的地方，给他钱以后我告诉他怎么签收，然后把他的收条交回给董事会，所以这件事从程序上讲没有问题。

类似问题我还碰到过很多次，陈希同案子出来之后有一个人要逃跑，跑之前给我们打电话，要30万美元，给是不给？我们看了一下，他在我们这儿有股份，有股份我们就应该给他分红，所以就批了这笔钱，作为分红给他，我们也没问他具体干什么。最后他跑到洛杉矶，前些年又回来了，事儿也没了。但就为这事，有一天我在车上的时候接到一个电话，让我过去协助调查，要我必须马上到。我想了一下，给公司和律师打电话，我说好像我跟这个案子没什么牵扯，你们律师去吧。后来田宇去了，去了以后对方就问这笔钱，说这个人跑的时候拿的钱是你们汇的，为什么给他钱？我们说他是股东，给他分红，不是单给他分，别人也分，我也不知道他要跑。而且关键是那个时候谁也没说他是罪犯、他要跑，那你该分红的就得分红。律师说了这个道理，这事就算没了。

还有一件事也挺有趣，前两年有一个著名的公司出了事，当事人的兄弟来找我，希望给点钱，一方面去“营救”，另一方面还有其他事情。我见了他以后，当时就说可以，没问题，大家都是兄弟，反正出来混不容易，出这么大事能帮就帮一下。可是接着他说要借钱，这事到底应该怎么处理？我跟一个好朋友讨论了一下，决定给钱而不借钱。为什么呢？在这种情况下借钱给他：第一，明知不可能还还借，分明是糊涂。第二，你借钱要利息，给人感觉你不仗义；如果不要利息，你会觉得不舒服；还有就是借多长时间，借短了你知道收不回来，借长了什么时候收回来也没谱，总之你借出去之后就会对这件事有一个念想，和给予的心态是不一样的。第三，如果是借，他就可以理直气壮地多借，反正给利息，借 1 000 万元也是借，不会心存感念。后来我对那兄弟讲，也别借钱了，干脆拿点钱过去就完了，然后我们就说了个数，我说你明天下午来拿吧。这么一来，就转化成另外一个问题了，就是说从哪儿拿这个钱？是从万通拿还是从我个人处拿？最后我是预先提的工资，我等于把半年还是几个月的工资先预支了，因为工资是税后所得，我在公司预支我的工资最多是利用职权，占公家一点点小便宜，但问题不大，我想可以解释得清的。但我清楚地知道这个钱应该由我自己出，不应该从公司出，因为他不是万通的朋友，万通也没有这个预算来支付这个钱，并且法律上也不允许支这个钱。我个人花自己的工资，别人不会有什么意见，所以首先这就是个是非的判断。另外，你给他钱，用什么方式给？你明知道给他这个钱他就有可能去行贿，如果行贿被抓住了那你就得跟他在法律上兜圈子了。所以为了不惹这个麻烦，我让律师写了一个东西，表明我送他这个钱只能用于合法目的，不能做违法的事情。我让对方来拿钱时签字，做出承诺，我再把签字收起来，这事才算办妥。

所以钱的事很玄，一不留神就变成了陷阱。你光顾仗义了，不问是非，钱一给出去，麻烦就来了。一般来说在所有的公司，你如果是这种创业者身份的董事长，你蛮横不讲理非要这么做也就做了；但是不能那样做，这里头是有是非的。

所以，目前最难处理的全都是这些处在法律边缘上的问题。如果不清醒的话，随时都可能被扯进去。从万通最初开始，我在金钱的是非上就特别在意，所以到目前为止，就像王石说的，万通的人不管是离开的还是留在公司的，没有一个是因为钱被抓起来的。其实这是一个很好的经验，就是要在中国特别复杂的社会制度变革当中弄清楚钱的是非，不清楚的时候宁愿不要，或者把它放在中间状态。

在开始由全民联营变成我们 6 个人的合伙公司时，我们就做过很多决议。决议说当时我们按照现行的制度变成了私人合伙企业，如果未来的法律政策不允许或者有出入，我们就把公司再还给公家。我们还把这些决议做成了文件，大家也都认可。因为我管这个事，每次文件都加一条这类的话，就是说如果怎么着就怎么着，这就叫不欺暗室。虽然是合伙人，但你做的事将来拿到桌面上要没有问题。所以，从那时开始到公司正常运营，一直到现在，我们在每一次的钱的问题上都很费心思。总之，钱的是非要特别在意，千万别光看钱不看是非。

钱的是非有两种：一种是法律性、政策性是非，这是比较刚性的；还有一种是道德的是非，属于软性的是非。比如说碰见弱势群体，你个人又力所能及，帮助不帮助，这就是道德上的是非。不帮助其实也不犯法，但是你会被别人认为麻木不仁，面临道德的压力。所以道德的是非在中国也是一个很大的挑战，你怎么用钱、怎么花钱、怎么看待钱，在道德的取舍上往往有非常大的一个空间。一个人在这个空间的位置决定了他一生怎么把握金钱和自己的关系。

有很多人把钱放在口袋里，但也有人要给爹娘修个坟，他没错，法律上都是对的，但是别人指责他恶性消费，道德压力就很大，尽管在中国尽孝本身也是一种美德。所以我觉得作为一个领导人、一个管理者，特别是民营企业的管理人，你在金钱上要特别考虑到道德的是非，就是必须做到你所有经手的钱，出去的和进来的，要在道德上经受得住各方面的质疑。比如说有一些民营企业的领导人有很多慈善之举，捐了很多钱，可是他在企业经营当中又不断在坑人、坑害股东，大家就会说，你不能对股东诚信，怎么能相信你对社会的回报和慈善的捐款是出自真心的？反过来，你如果特别认真、特别诚信，工作特别好，但是你从来不捐钱，也有人会说你对社会公益不热心。所以，企业在这个问题上，特别是你——管钱的人要平衡这件事情。我们平衡这件事情的方法就是制定一个公益的战略，每年有一个预算，这个预算跟我们的营业收入有一定的关系。我们开董事会就曾讨论这个事，究竟是跟利润挂钩，还是和营业收入挂钩？有人说用毛利，要是没有毛利，说明公司不赚钱，那就不用捐什么钱了；有人说我们应该用营业收入，只要有营业收入，就说明我们跟社会有一个交换关系，我们就应该给社会一个回馈；也有人说是根据公司的管理费用成本，确定可以承受的一个幅度。总之，你要根据公司的一个合理的指标确定一个比例，然后每年坚持做这件事情，这是我们的一个战略。

另外，我们把它纳入公司的文化，把它当作价值观来坚持，这样的话在道德和企业经营上就取得一个平衡。如果你不这样平衡，等于在金钱的道德是非上特别受牵扯，扯得你很难受。曾经有一个基金管理人给我打电话，说到另外一家公司的事，他说现在不跟这间公司的人打交道，说这些人在资本上老让别人脱裤子套进去，人家拿他也没办法；他却还在装好人、还在捐钱等。钱的是非，除了法律政策的是非，还有道德的是非，这一点要特别注意。

人一生的三个钱包

人（扩大说也可以指一个公司）一生会有三个钱包，他可以使用三种钱。一个钱包是现金或资产，这些东西是物化的，可以看到。比如在银行存了 100 万元，还有 100 万元房产、100 万元股票，这是一个钱包，是可以计算的钱包。多数人每天在算的就是这个钱包。第二个钱包是信用，别人口袋里的钱你能支配多少。比如我给某某打电话借 100 万元，结果下午钱就到账了。虽然这个钱在法律上是不属于我的，但是我能支配的，这种钱比较难度量，它是抽象的、虚位的。在你急难的时候，你可能借到这笔钱，这是信用的钱包。第三个是心理的钱包，有人花 100 万元，觉得挺少的，因为他有一个亿；有人只有 10 000 元，花了 9 999 元，心想完蛋了，要破产了。同样一种花钱方式在不同情境、不同心态下，你感觉钱的多少是不一样的。比如，在困难的时候，一块钱对你而言可能顶 100 万元；当你有一个亿的时候，就觉得 100 万元也似乎不是钱，尤其是在和平环境、生活无忧的时候。

所以，人一生就在不断翻动着这三个钱包里的钱。第一个钱包里的钱是最容易度量的，也比较易于管理，就像煤球，踢一脚就踢一脚，脏了、烂了反正都是那么一堆。第二个钱包是最难管理的，信用资产是飘在天上的氢气球，它可以飞得很高，但也很脆弱，一扎就爆了。所以越伟大的公司，越害怕被投诉，越害怕有人扎它的“气球”。好的公司、好的人用了别人的钱，用得多了也自然有人要监督你，所以第二个钱包轻易不能打开。但是不打开调动的资源又有限，资源调动得越多，信用越大，你也越脆弱。所以，公众公司容易被丑闻打倒，而私人家族公司反倒不怕。第三个钱包实际是心理感觉。有两种感觉决定钱包的大小：一种是情境的变化，顺利和困难时支出钱的多少会让人有心理反差；第二种取决于钱的稀缺程度和它在你心里实际占的比例，而不是绝对花了多少钱。同样都花 100 块，一个占 50%，一个占 10%，是不一样的。人一生在调配钱包的时候，实际是每天都在算这三个钱包。做一个好的企业，是要放大第二个钱包，调整第三个钱包，守住第一个钱包。守住第一个钱包是根本，放大第二个钱包来促进第一个钱包的增长，最后是调整心理预期和实际的风险控制，不让自己处于高风险的地方，让心理钱包总是很平衡。如果预期脱离实际，你的心理钱包老是不稳定，就会做出急躁的决定。

我们看一下第一个钱包是怎么鼓起来的。我算过人一生赚的钱大概有三个三分之一。第一个三分之一就是我们讲的现金和资产，它是怎么挣来的呢？就是在专业化领域里慢慢积累，贱买贵卖，寻找价差，通过管理慢慢增长，赚的量取决于所占市场份额、整个市场的增长。第二个三分之一是全国人民给你发的奖金，所以你要做守法公民，等待人民发给你。什么时候发呢？我算过李嘉诚在 1993 年港币兑换人民币时赚的奖金，原来人民币 4 毛钱兑 1 元港币，1993 年、1994 年做了一次汇率调整，1 元人民币兑换 1 元港币，港币升值了一倍。在这之前李嘉诚挣的现金资产如果是 100 块的话，一晚上就变成了 200 块，第二个 100 块没有再付出劳动，这 100 块钱就是全中国人民帮他挣的。但要拿这个奖金必须做好人，要熬得住不违法，发奖金的时候你得在，如果人民币升值的时候你在坐牢，这事儿就没办法了。一个国家的经济腾飞要用二三十年时间，如果你能熬上十五六年，基本上可以拿到这个奖金。现在人民币开始小幅升值，每年 4%~5%，再有 10 年涨到 50%，我什么都不干，守着现在的钱包，10 年后我的钱包也涨 50%。国民财富不断增加，人民币不断升值。第二个三分之一的得来在于第一个三分之一的生意做得安稳和能够坚持到发奖金的时候。第三个三分之一是全世界人民发的奖金。如果我有两亿美元的一个公司，符合在美国上市的条件，资本市场会给我的股票定价，以后我把股票卖了就是全世界人民又给我发了一次奖金。像百度，它是个新公司，没什么资产，跨过第二个三分之一，直接到世界上拿奖金。全世界的投资人奖励了它的智慧、聪敏，奖励它创造了一个商业模式。如果一个人一生做得好，这三笔钱都能拿到，就可以变成很有钱的人。当然你必须遵纪守法，每次奖励都是先要接受考察的，资本市场、法律道德都在权衡你，最后才把钱发给你。李嘉诚做了几十年的生意，卖塑花、房地产挣了一些钱，港币升值又挣了一笔，通过不断上市挣了第三笔，所以做大了。多数人只能拿到其中一部分的钱。比如开个餐馆，一辈子挣的就那些钱，汇率的变化对他影响也不大。有的人就上市挣了一笔，由于基本功不好，没把商业模式坚持做好，上市的时候圈了一把钱，但被别人揭穿了，最后就麻烦了，企业破产了，人民币升值也跟你没关系了。有的人笨，押块地睡觉了，因为他笨所以没犯错误，10 年以后这块地升值了也可以得到全国人民发的奖金。当年我们在海南就碰到很多这样的传奇故事，有的人曾经挖个大坑，因为负债逃跑，海南一火又跑回来了，从这个坑里捡起来的全是钱。但这样也只能挣一笔钱，发展总是有限的。做一个好的企业，它可以挣到这三笔钱，第一笔钱靠积累，第二笔钱靠耐心，第三笔钱靠智慧。第三笔一定是靠智慧的，企业创造的商业模式在资本市场得到投资人认可，你的回报就可以预期，比如阿里巴巴，当时没挣多少钱，但人家认为未来不得了，就同样会给一笔可观甚至疯狂的奖金（股票溢价）。

跟钱有关的事无非三条：一是挣钱，二是看钱，三是花钱。挣钱是美国人最有本事，美国在 200 年前 GDP 很低，属贫困地区，当时中国的 GDP 占全球差不多三分之一，现在轮到美国占三分之一了。所以挣钱要去美国学。家族几百年的钱叫老钱，全世界的老钱都在欧洲，老钱都是有气味的，每个家族的气味都不一样。欧洲最早富起来，一代一代家族的传承，变成了看钱的机器，想看好钱要去欧洲学。欧洲现在靠看钱来挣钱，比如卢森堡、瑞士，替全世界看钱，看钱的技术发达到可以借此养活国家。美国是在流动状态下看钱，挣钱中看钱风险大。欧洲是有一套保家族 100 年、200 年稳定的财产的继承体制安排的，这个体制非常科学，比如人死了，遗产想让子女花又不想被挥霍掉，信托机构就把钱分几堆，有的放到公益基金，有的放到投资基金，有的用来养活孩子，孩子每个月领生活费，而不是一次给完；饿不死但也富不了，要想富还要自己挣。奢侈消费、花钱都在亚洲。亚洲有钱的历史短，富起来的时间大概是 100 年。刚富起来的人一定是恶性消费，要过一把瘾。在中国，再高雅的人，就算是北大的教授，关了他 5 年，天天都饥饿状态，放出来的第一件事，是扑抢黑格尔的哲学论著看，还是扑到馆子先吃一顿肉？我想一定是先吃肉——因为曾经太痛苦、太贫穷，所以一开始消费都是先吃肉，肉吃完了喘口气，弄套好房子、好车，接着谈个恋爱，扩大消费范围，旅游、健身什么的一顿折腾；等这些也满足了，接下来该光宗耀祖了，给家里修个坟；高雅了之后玩个艺术品，搞个文化；等这些都弄完了，开始认真投资、做慈善。亚洲人基本都在修坟以前的阶段，肉还没吃上，坟还没修，现在马上做慈善，那是骗人的。亚洲造钱能力超强，私人家族要盖豪宅，政府要盖大楼，在亚洲炫耀和恶性消费很严重。

想挣钱多往美国跑跑，没坏处；想看钱去欧洲；想花钱就在亚洲待着。

人心与钱心

钱是比较有意思的东西，钱是有腿、有性格的，也是有气味的。全球的钱 80% 是在美国和欧洲之间跑，20% 往新兴市场跑，这 20% 里的 50% 在中国。钱的腿为什么会有这样的跑法呢，为什么不都到中国来？中国有些地方搞招商引资，不知道钱的腿根据什么逻辑跑，往往劳而无功。钱要跑有三条指南。

第一，钱自己会判断方向，我的永远是我的，才敢去。所以财产保障制度很重要。钱很聪明，如果进去了就不是我的了，它不会去。

《荣毅仁》传记里写道：1949 年后，荣毅仁留在大陆，他的钱在工商业改造时都合营给国家了。但是，荣智健创业的钱从哪来？他们家在香港有一些股份，30 年没领过股息，30 年以后儿子要创业，荣毅仁让他去算一算，结果算出来还有 600 万港币，也就是说这钱是他的，30 年都没挪窝，30 年以后还是他的。荣智健把这 600 万港币领了就在香港起家了。

钱的嗅觉很灵的，一旦发现有危险，它会扭头就走。要是把钱放到萨达姆那儿，他倒台了，钱就不是你的了，你还敢放他那儿吗？欧洲和美国经过了几百年的私人财产保护，经过多少代人证明，在这个地方钱是我的就永远是我的，所以钱可以放心大胆地乱走。在亚洲这边，钱还在慢慢观察。“你可以不尊重我，但是必须对我口袋里的钱表示敬意。”这是江湖上一个大哥说的话，我不是大哥，钱是大哥。

第二，钱要翻身，要增值，要能让 1 块变 2 块，如果不是这样，傻子才会把钱投过去。钱会下崽儿，钱会创造钱，这种能充分调动钱的创造能力和财富增值能力的地方才能吸引钱去。钱会到处找那 1 块变 3 块的地方。很多企业埋怨贷不到款，但如果你能提供 1 块变 5 块的机会，别说银行，街上的乞丐也愿意借你钱。老没业绩，老不能给股东回报，那肯定不会再得到钱了。

第三，钱一定得灵活，万一有风险的时候得能跑得掉，所以具有流动性。万一风吹草动，一秒钟就能跑。这里考验的是钱的流动能力和瞬间转移能力。

有了这三条，全世界的钱都会跑来。为什么有些地方招商引资，大家都不愿意去？地方上说改章程就改章程，钱到那了，过两天可能就没了，即使你不想做了，走都走不脱。现在华尔街能够一秒钟实现财富大搬家，我们光审批得 3 个月。所以一个地方、一个企业、一个个人，你想找来钱就必须回答这三个问题：第一保证看住钱，不会被剥夺；第二能挣钱；第三有风险的时候随时可以走。如果政府不能做到这几点，天天请人吃饭也没用。钱很聪明，因为钱心跟着人心走。钱本身不说话，揣着钱的人在说话；钱没有判断力，但它后面的人是精明的。而有钱的人往往也是经过多少次博弈，他不一定最聪明，而是在博弈的过程中有很多经验、体会、智慧的积累，使他变得非常敏感。

所以想要运作资金，想要懂得如何让别人支持你、让钱到你的公司创造效益，就得懂人心。而谋人钱财其难度仅次于夺人贞操，从别人口袋掏钱忒难。怎样打动对方呢？要研究人心，要知道人情世故，例如怎么给面子，怎么让人放心，怎么让别人相信你是好人。有时很怪，你去借钱，说自己没钱，别人不借你；你说有钱别人反而借给你。而且你不能说需要别人的钱帮你成功，你必须说这是帮他做事情，他才会把钱给你。在不同的民族、社会、文化背景下，钱必须按照当地的伦理、风俗、习惯、人际关系运作，取得别人的信任，这样才能让钱走到你这边。挣钱的最高境界，不是争，而是让。赚钱的过程中，人的本能都是争，讨价还价，杀价抬价。假定我一次能挣 10 块钱，我跟对方讨论半年才把这事谈下来，从人心上讲他就会很烦我，觉得我矫情。但如果我突然说算了，就挣一块钱吧，他会认为我傻，心想这家伙该挣的钱不挣，脑子一定进水了。所以，让不是送，送就不是买卖人了。我应该在 7 块、9 块之间选择一个点，9 块谈一个月，7 块谈两天，无非在中间找个缝儿；若是谈到 8 块就尽快成交，占了一块钱便宜，对方还很有面子，觉得占了便宜，不好意思，下回还来找我做生意、给我机会。看起来我是少挣了两块钱，但只用一两个星期的时间，半年下来也许有十几次机会，赚的绝对比 10 块钱多。人家觉得能占你便宜，觉得你做生意爽快，在你这儿有面子，就会老来找你。

钱心跟着人心走

钱心跟着人心走，有两个故事为证。“非典”时期我卖了一个公司的股权给一个私人企业，好几亿元的项目。我和那个企业的老板是非常好的朋友，我们偷跑到杭州，住在另一个朋友开的酒店里。朋友也不敢说我们是北京的，反正不出去，吃的喝的都准备好。我就在那谈出让股权的事情。我和那个朋友商量说，我们太熟了，不好意思谈，不如先让下面的人谈，如果谈不拢我们俩再出面。之后下面人谈啊谈，最后我们要的和他们愿意给的还差 4 000 万元。我们就商量在上海见个面、吃个饭，把这个事情说道说道。我一直在想怎么说，如果让他妥协确实不给他面子，还有一个办法就是对半掰，他多出 2 000 万元，我少要 2 000 万元。后来我想了个办法，跟他说：“哥们儿，这 4 000 万元我要不写到合同里，董事会上交代不过去，因为董事会授权的底价就是这么多。你现在不太能接受，你就付 4 000 万元之前的钱，我就给你办过户，这 4 000 万元你爱什么时候给就什么时候给，100 年都行，但是你得给我写上。对我而言是长期应收账款，反正也不是坏账。”这就是我让了。他说“那就没事儿了，我玩去了，饭也甭吃了”，就走了。走到半道，他给我打了一个电话，说：“我觉得占了你的便宜，我付到一半，你先给我过户，完了我再拿它抵押银行贷款，再贷 4 000 万元一块儿给你。”后来就这么办了，一分钱没少给我。因为我卖的时候整个价格还是低的，所以他在这个项目上又赚了几十亿元。这个交易之后我们两人的关系仍然非常好。

还有一单交易，整个金额大概将近 8 亿元。对方买，我们卖。他们面临决策问题，行还是不行。所以我给了个建议，可以先少给我一个亿，这一个亿先放在边上，如果我卖给他的这部分资产他买去做了房地产，达不到每平方米 7 000 元的时候，那一个亿就算了，我让他有得赚；如果超过每平方米 7 000 元，他把一个亿补给我。这样他就有一个选择，风险太大他少支出一个亿；如果市场很好也赚钱了，就再多给我一点。这么一让，马上就谈好了。

让的学问在中国尤其重要，因为中国人讲面子；但美国人不讲，他会当真。我们世贸的项目都是 1 美元、5 美分地争，谈判的律师费却要一小时 800 美元。这也引出一个非常有意思的话题，在中国钱和面子是什么样的关系？一般来说，他跟你要钱的时候有面子，比如买我们房子的都是通过朋友打折，越占朋友便宜越有面子。一套房子 100 万元，我给一个点折扣，他就拿走一万元，这让他很有面子。在西方这是违法的，是不公平交易，因为同样一种东西，对生人一个价格，对熟人一个价格，也就是欺诈了生人，熟人跟你合谋占了便宜。熟人的便宜占的是生人的，生人是高价买的。在中国有面子的人就是占别人便宜的人。这在东北体现得最明显。到餐馆了，一看："啊，张哥来了，都算我的啊。"张哥就有面子，他有面子就"吃"了说话人的钱。从朋友口袋拿钱的人都是有面子的。面子值多少钱呢？看你能从别人口袋拿出多少钱就值多少。经常有人打电话给我，说某某要买你的房，帮个忙，这个电话值多少钱？我说你说值多少就值多少。他说，行啊，那你给他 5 个点吧。这 5 个点就是他面子的价值啊！

什么是面子呢？简单地说面子就是一套程序，一套贬低自己、抬高别人的表演。美国传教士明恩溥认为，中国人看重面子的原因来自对戏剧的喜爱。生活就像戏剧中的场景，每个角色都要体面地上台，在一片喝彩和赞扬声中下台，否则就"下不了台"。陕西人说面子，就说"你就把人尊重一下"。有面子的人总是在你上面，你在下面。在社会上，面子意味着很多的特权、通行证，也是一种可以从别人口袋里拿钱的资格。所以在中国研究面子，最后就是在人情世故中学会找面子，你有面子别人也会给你帮助。面子还有一个特点，它是可以等价交换的，是可以流通的。朋友的朋友的朋友，到我这里也可以打折，就是面子在流通。面子还可以储存，我老给你面子，到时候你也会给我面子。面子最终落实到经济利益上，会跟钱发生关系。

在社会上做生意，无非是要在人情世故上让大家都舒服了。我一般采取的是“6—3—1”的办法。“6”叫情势，是社会、法律强制要求我们遵守的；“3”是经济利益，是算账；“1”是面子，是妥协。比如，我收购别人，一定要变成别人收购我的架势，明明是我很强大，但要说我很弱小，他显得牛了，事儿一下就办了。一般我们都是留10%的余地来处理面子问题，如果做交易我赚了钱，得在某种场合给对方一个好的说法，让他特别有面子。否则，在生意场上你就会变成一个刻薄寡恩的家伙。按照鲁迅说的，面子是中国人的精神纲领。总是尊重别人，把人家放到台上，你在下面，“善处下则驭上”，这样你在社会中就可以比较好地发展自己。

钱跟法律有很大关系。全世界的钱积累起来，一开始只跟道德有关，还没有法律。后来发现钱跑太快以后都是生人交易，这生人和生人的交易怎么保障呢？必须要有一个高于两者的机构制约协调交易。费孝通写过《乡土中国》，里面就讲中国是个熟人社会，方圆30公里人们可以交易，出了这个范围人们就不敢打交道了。但为了赚钱，越来越多的生人在交易，为了保障交易安全，法律就出现了。所以现代法律的出现刚开始是为了保障商人交易的利益，不是为了保护妇女儿童。现代司法制度，除了古希腊是因为政治，从《拿破仑法典》到现在的证券交易法规，最重要的商法系统都跟贸易有关。没有法律，就不能保障创业者的动力和智慧最后能够变现，也不能保证出现危机后资产的分割、重组、流动。现代社会法律制度随着金钱的文明而产生，同时又保证这套制度的完善。所以没有挣钱这回事，就没有现代法律；反之，没有法律的完善，就挣不到更多的钱。

商人在其本质上是倾向于法制的，是特别尊重法律的，是愿意建立一个工商文明的。所以赚钱越多的国家，法制越健全；法制不健全的地方，挣钱的人也很少。

金钱和道德在中国也是件非常复杂的事情。中国现在还没有一个家族超过 100 年还挣钱的，因为制度建设时间太短。这几十年有钱人变穷人了，过几十年穷人又变成暴发户了。大家都崇拜英雄，但是没人相信挣钱是个长久的事，所以在中国钱永远不如道德有力量。挣钱也就几十年，人的寿命可能有七八十年，道德伦理则存续了几千年。在欧洲，一个有钱的家族 300 年后还在，而且经过这 300 年，第一代干的坏事，第二代改一点，第三代改一点，最后都变成社会的道德楷模了。中国基本没到第二代就完了，而第一代人从无到有在道德上又都存在一些问题。所以在中国人的记忆中，有钱人在道德上永远都是有问题的。一个家族最初积累的财富，几十年后因各种原因导致破败，再十几年后新一代又开始折腾，永远都有“原罪”，不道德的事情在中国的文化记忆当中是根深蒂固的。没有一个保障财富积累的制度来保证道德观上的改变，就积累不起来对钱的一个长期的正面看法。所以必须建立一个健康的法律环境，让中国人有 100 年、200 年的时间去赚些钱，最后建立法治社会，改变对钱的道德评判。

在西方宗教观念中，钱不是你的，是你替上帝看管的。你是上帝的子民，替上帝管理钱，你是上帝的职业经理人。还有一个终极宿命，就是有钱人进天堂比骆驼穿过针眼还难，所以有钱人死之前都会把财产捐掉。宗教的观念促使西方人对待钱采取“市场 + 教堂”的方法，没有人太嫉妒，替上帝看管后反正要捐掉的。在中国，有钱人是无所畏惧的，穷人更是无所畏惧的，都没有敬畏之心。没有敬畏之心的情况下，有钱人就不自律，抢钱的人也不自律，于是大家在钱的问题上没有任何恐惧，也没有崇高的感觉，认为钱就是自己的，不是上帝的。中国人进庙是为了把钱拿回家，求安生，保佑发财；西方人进教堂是要捐掉钱。中西方文化的差异，让中国不太容易建立起对钱的正面的道德评价系统。

在现代社会要能很好地驾驭金钱是一个非常复杂的系统，牵扯到人生态度、宗教、法律、道德、伦理、文化、面子、信用等，所以一个通过经营企业变得有钱的人实际要经历所有这些考验，最后才能成为被大家接受的一个有钱人。

我见过索罗斯，他曾经有个经营哲学叫市场心，说的实际上就是人心。财的聚散有个“心”在里面，心和人有关，全世界最聪明的人最终都是先研究人心和制度，反过来才能驾驭金钱。

老钱与新钱

所谓“新钱”都是短钱，“老钱”都是长钱。从全世界来看，老钱实际上是越来越多，新钱也层出不穷，但是每一种钱的游戏规则差距非常大。在中国，民营企业钱的历史都很短，万通也就 16 年；最长的钱是垄断的钱，大概也就有 30 多年。江南春虽然赚很多钱，但也才做了 4 年，所以中国的钱大多是一些“新钱”。今天，我们要跟不同的钱打交道，就得先学会闻清楚各种钱的味道，才能知道怎么跟它打交道。

在欧美，从资本主义初期到现在至少也有 400 多年，这 400 多年它们的私人产权制度、财富的管理制度以及经济社会制度没有什么变化，于是很多钱就一代一代攒下来了，所以老钱在欧洲特别多。这些老钱分成了两类：一类变成了消费，一代一代地被消耗掉；另一类被继承了下来。继承下来的老钱又分成两种用途。一种用于企业的投资、用于经营。像我去过的法国一个非常有年头的加工企业，300 多年了，现在做金融，别的也做，300 多年转型好几次，差一点儿就死掉了。另外一种就是我们今天看到更多的一些老钱，变成了家庭信托基金或者公益基金，这些以基金形式存在的老钱当中，除了用于它们本身社会的公益以外，还有一些是用于投资的，福特基金会、卡内基基金会等就是公益基金。但我们现在打交道更多的可能是一些投资基金，罗斯福基金是罗斯福家族投资的基金，其他还有凯雷基金、KKR 基金、黑石基金等。这些投资基金又根据偏好不同分成很多直接投资基金，还有一种作为股票的间接投资基金，以及一部分做风险投资的。基金的形式非常复杂，每一个基金都会选择自己不同的偏好，然后来到我们面前。这时我们见到的不是金主，不是这些钱的主人，而是钱的代理人。

钱的本性是“懒馋占奸猾”。有钱的人几代以后可能就不被人关注了，他们既不想四处奔波、辛苦打拼去赚钱，可又馋、想占便宜，还奸、很狡诈，且滑，一有风吹草动就想跑，所以这些老钱的本性基本上集中在这儿，用过去贬义词说就是又贪婪又疯狂，还胆小。那么他们要用什么人？第一，要用勤快的人，你懒，那他贪婪的欲望怎么满足？所以得雇勤快的人；第二，得雇有技能的人，会占便宜的人；第三，得设定一个良好的制度，以便说跑就能跑。谁来充当这些角色呢？就是基金经理，基金经理就是又能干、又勤奋、又缺钱的人。这些人代表这些老钱在全世界到处跑。因为看管钱的人很贪婪，这笔钱在其本国如果是 10% 的回报，到中国一定得达到 20% 以上，否则他们跑这么远干吗？在这 20% 以上的回报中，基金经理还要分得其中的 20%；管钱的主人得到总回报的 14%~15%；如果这边是高风险地区，他还要再加高回报。所以实际上基金就成为很贵的钱了，因为中间加了一道勤奋、专业的基金经理，而这些人也很贪婪，两个贪婪的人合在一起玩这个钱，所以他们的回报要非常高，这个钱是特别难用的钱。为什么难用呢？因为还有一个“滑”在后面，他一定要在危机的时候跑得最快，他设计的交易结构会非常复杂，光律师费就很多。所以他一定要上市，上市的目的就是脚底抹油——能溜。这批专业的人在中间设计这套制度，今天你要跟他打交道、跟这些老钱打交道、跟基金打交道，你面临的压力就很大，你的业务必须成长性非常好，你的回报率必须达到每年 30%~40%。

所以房地产行业就面临这个问题，全部股本回报要 20% 以上，国内的地产商都说贵，但我算了一下，也没法不贵。你可以算一下这个钱的来路。比如凯雷基金的董事会，就像一个总统委员会，很多都是退下来的像老布什和澳大利亚的霍克这样的人，钱是从私人那儿拿来的，有利息；美国税收本身就高，到海外投资还有个税的问题；他们雇这么多牛气的人，这又是一项支出；另外中国风险又大，他们必须要打一个量，算的时候先留出 50% 的回报，一旦政策不稳定，一下就变成 30% 的回报。高风险，要的回报的余量就大，中间这个钱一层一层分回去，钱的损耗又加大，所以他们把钱的损耗、时间成本再算上，没有 20% 不行。但是你算一算，其实真正能落到东家的钱也没有多少，这就是远道来的钱，老钱。但是老钱稳定，它在全世界找机会，有本事雇又贵又勤快能干的人。

但“新钱”往往不是这样的，比如说在中国，人家来找你投资，风险都是一样的，自己一看就知道，不需要这么多代理人，而且市场没有竞争到非得要由专业的人员来打理的程度，尤其我们自己的房地产领域，不需要再请基金经理来打理。

此外，钱的时间长短在气味上也有区别。在欧洲，越老越长的钱越有贵族气，就是说它比较稳定，掌握这个钱的人性格也比较稳定。另外，他们会做一些公益的事情，即这些基金会拿着这些钱再去做好事。而新钱往往比较鲁莽，拿下来很快就要折腾出去。所以在欧洲最近有专门的人研究这些老钱。我记得曾经有位朋友到英国爱丁堡做路演，碰到一个基金叫“寡妇基金”，有很多钱。其起因是第二次世界大战以后那里出现了很多寡妇，然后大家去援助这些寡妇；这些寡妇慢慢有了钱，就把这个钱做了基金，交给专业人员管理；后来专业人员管得很好，这个基金规模扩张得很快，于是就变成了著名的“寡妇基金”，很多公司去路演的时候都会见到这个“寡妇基金”。我觉得在公司经营当中一定要非常清楚你看到的每一个人手里的钱的来源与背景，先辨别他手里的钱，再决定要不要花精力去见他。不能听说有钱就要见，一定要判断这个钱跟自己公司的业务有没有关系、可不可能有关系，没关系就不要见了。

比如说美国的养老金、退休金。这些钱跟我们房地产开发没什么关系，基金经理天天来晃，其实都是留学生来找饭吃——一群又穷又勤奋的人。但是你天天跟他谈什么呢？那个钱一定是投资委员会决定的，又不是他决定的。你要跟基金打交道就一定要知道基金的本性，同时还得知道这个人是不是签字就能投资的——有些基金经理是签字就能走钱的，大部分基金经理得“仔细研究研究”，就像土匪中在外面把风的人，这些人转悠一圈发点信息就得回去。所以聪明的人在跟钱打交道时应该养成个习惯，遇见国外的基金，先问清基金是干什么的、是什么钱，你把基金资料发过来，弄清楚其管理规则是什么、谁来决定这个钱，然后告诉我们这个钱跟我们可不可能有关系，没关系我们就不见了。这样可以避免我们在投资工作上花不必要的精力、浪费时间。

花钱的艺术

花钱的艺术是什么？因为有些人在挣钱的时候有是非，花钱的时候有不安，也惹是非，所以现在花钱的难度比挣钱还大，为什么？

我们说的花钱如果光是吃饭穿衣的花钱，难度不大，但这个钱是非常有限的。关键在于花这之外的钱，比如说你今天有 1 000 万元，买套五六百万元的房子、买辆车，再加上杂七杂八，基本上生活开支就这些。但是假设你还有很多钱，其他钱要怎么花呢？实际上，我说的花钱是指一般生活开支以外的花销和用度。

花钱的艺术关键是要把三件事情协调好，这对现在很多所谓首富十分重要。人一生通常花多少钱？据测算，大概 360 万 ~500 万元，对于一生在公司上班的一个白领，基本上也就够了，所谓够了就是说你有一套房子、有一辆车（房子和车还可以按揭），可以教育子女、赡养老人，然后能够每年有一次度假——现在度假也变得很便宜了，一年去一个地方，东南亚也就一两万元，欧洲可能要贵一点儿，这对中产阶级来说压力不大。所谓花钱艺术不艺术的问题，更多是针对中产阶级以上的人而言。

第一件事，就是要找到花钱与幸福之间的平衡。前一阵国内有两个老板在上海不约而同地买了两艘游艇，请我去参观。他们举行了一个聚会，66 尺的游艇，十分豪华，不愧为海上的“豪宅”。还有一次我从海南回来，赶上美国湾流宇航公司来做推广，让我们坐它们的飞机回来。“湾流”就是空中的劳斯莱斯，现在我知道国内有两个朋友订了，这种奢侈消费越来越多。我身边有很多朋友都买了上亿元的房子，有一个到 10 月份就装好了，让我们去参观，也在上海。这种奢侈消费很多，层出不穷，但到底怎样花钱才能找到更多的幸福感，却是一个大问题。有很多时候，花钱跟幸福并不成正比，并不是说经济越发达、花钱越多，你的幸福指数就越高；全世界幸福指数最高的国家不在欧洲，不在美国，也不在亚洲，而是个海湾国家。

那么幸福是什么呢？幸福就是自由、快乐、健康、满足感、成就感、被人尊敬等，这一系列加起来就是幸福。如果你花钱买一架飞机，却没有安全感，这等于花钱却没有幸福。为什么“湾流”的飞机上面有反导弹系统？现在俄罗斯的首富阿布拥有一艘超级潜艇，一旦遇到危机，它可以潜到水下 3 000 米，这艘潜艇相当于一个小联合舰队。这显现出他缺少安全感，尽管是花了上亿的钱，也越发没有安全感，因为太招人注意，恐怖分子什么的都要收拾他，他真就有几次遭暗杀的经历。

所以花钱很多，并不一定会有幸福。花钱的艺术就在于你花了钱能否增加自由、增加快乐、增加安全感、增加被尊重的感觉、增加一种个人自我实现的感觉。所以在花钱与幸福之间要找到一个点，既把钱花出去了，又备受尊重，就会很满足、很有幸福感。比尔 · 盖茨应该说很懂得花钱的艺术，他把几百亿美元捐出去，在全世界花掉这笔钱，但他生活本身并不奢侈。我有一次在博鳌大排档听到老百姓评论盖茨，就像我们评论一个领导干部那样，说：“盖茨这个人真好，人家平易近人，下了飞机也不要政府接待，自己就直接到会场去了。人家这么大个老板（笑），完全可以搞得很夸张啊。因为在中国他有企业、有车，也有人，但是他并没有声张、铺张，很炫耀的那样儿。”盖茨花钱就赢得了尊重，他就找到了花钱和幸福之间的一个平衡，达到了被人尊重和个人价值自我实现的目的。

王石把他的钱——他所有工资以外的收入都捐掉了，比如捐给登山协会，他自己登山的时候会用一小部分，大部分都是别人用的。另外他也推动了中国的登山活动，带动了很多人参与这项运动，所以他有自我实现感，得到了户外运动各方面人士的尊重。他花这个钱应该就能获得一种幸福的感觉，自己也登到珠峰上了，这个过程都是一种幸福，这就是花钱的艺术。

另外，花钱一定要获得安全感。很多人花了钱也没有安全感，比如挥霍、修坟、夸张的恶性消费；比如今天在中国炫耀性的高消费，游艇、私人飞机，包括欧洲曾经还有过私人列车，在 D 字头火车上，哥儿几个专门弄一个车厢，在车厢里头特嚣张，这都是欧洲曾经有过的奢侈性消费。这种消费常常不带来社会尊重，不带来安全感，所以它可能就不是一个跟幸福有关的消费，即花钱不带来幸福，而会带来更多焦虑，带来更多焦虑你就会有很多恐惧，有很多恐惧你就会成为金钱的奴隶。

第二个花钱的艺术，就是要管理好欲望，解决好金钱跟欲望的平衡。比如我想吃肉，没肉我就去买，通过满足欲望的手段和资源扩张后取得一种幸福感；我买到肉了，吃了，我就幸福。但为什么全世界沿着这条路走的人最终都解决不了幸福的问题呢？原因就在于欲望永远比满足欲望的手段跑得快，而且欲望是永远满足不完的。例如当你肉还没买回来的时候，你又想喝酒了，所以肉上来了你又要喝酒，你欲望转移了；等到酒拿来了你又觉得酒不好，要喝洋酒；洋酒来了你又觉得环境不好，得换个好环境来喝。所以，欲望永远比金钱涨得快，在通过金钱来满足欲望这条道路上矛盾始终都是在加大的。我们以前不知道还有游艇，你没有这个烦恼，你认为咱有一辆小轿车就行了；等你订车了，一看报纸，还有游艇，可能车还没来你的新欲望就

挣钱是本事，花钱是艺术

产生了。金钱永远赶不上欲望的脚步，人类在世界上之所以有很多烦恼，就是这么造成的。很少人说金钱有了，欲望停在那儿是不动的。你仔细看看，当我们工资涨了以后欲望马上就开始变，下个月涨工资，这个月欲望已经变了，工资一拿到口袋里就又有不满足感。所以要想使自己的金钱能够买到幸福，就要在花钱的艺术上把握好，实际上就是要驾驭你金钱增长的速度，同时要管理好你的欲望。通常我们挣钱的速度像散步，欲望的增长却很快速，这样你再怎么花钱都满足不了欲望，你怎么都不会快乐。

那么怎么样管理好欲望呢？管理欲望最好的、让人满足感最强的、用很少的钱就能幸福的要算宗教了。政治家、经济学家是教育人们怎样通过让财富的积累赶上欲望的增长；而宗教采取另外一个办法，不管财富积累，而是要你欲望的增长速度慢一点，或者让你欲望的结构发生变化，让你的欲望增长的方向发生变化。比如让你去关爱别人，把这个欲望增长，而把吃肉的欲望减少。所以你不必让你的财富奔跑，而应该让你的欲望停下来，那就要祈求宗教，祈求伦理，祈求你其他价值观的改变，能把你的欲望管理好。如果有一天你能管理好你的欲望，即使金钱增长的速度不快，你的幸福感也会增加。所以，在金钱的社会特别应当学会管理欲望，管理你欲望的增长速度和发展的方向，以及欲望的构成，这样才会使幸福感不断上升。

我们管理一个企业，过去可能几千万元、几亿元，现在有几十亿元、上百亿元规模，这时，你怎么来管理欲望才能幸福呢？我觉得我们这个团队能够合作得好，实际上就是我们欲望管理得好。这么多年我们团队在欲望的控制上是比较稳定的，就是适度的增长，而没有那种极端的挥霍行为。我们几乎没有打高尔夫的，我们还是比较简单，基本上就是吃个肉，也没有什么奢侈性的习惯，公司也不会讲究很多很夸张的东西，比如买辆上千万元的宾利车摆谱儿。我们接待人也很简单、很正常。我们把这个欲望管理好了，所以一旦花点儿钱还是有点儿幸福感的。解决好金钱和欲望之间的平衡是花钱的艺术之一，很多人之所以崩溃就是因为掌握不好这个平衡。

第三个花钱的艺术，就是必须在私利和公益之间找到平衡。钱多了以后你必定要面对一个私利和公益的问题，就是自己的事和大家的事。大家也包括小团队，比如你所在的社区，这算一个大家；公众、城市算大家；人类、地球，这都是大家。目前在国内有相当多的人提到企业公民和社会责任。我觉得要处理公益方面的事情有三件事情需要关注。一是中国的传统文化当中的一些积极因素、伦理道德要求我们要积德行善，如修桥补路、照顾乡里、辅助弱小、关心他人、爱护周边环境等。这都属于道德要求范畴，也是中国几千年文化里面一直有的精神，这些精神都会促使一部分有钱人和多数的公民想到做一些关心别人的事情，哪怕你义务献血，哪怕你做一次公益的活动，做一次奥运会的义工，我们应该在有这样的能力的时候去做。因为不按照这个做，你会有道德上的不安，相当于你有钱但是你没有道德感，会引起内心的痛苦。

第二个需要我们关注的问题是，我们积累了大量的财产，特别是在社会进步以后，相当多的人通过专业、勤劳、智慧以及竞争的方式获得了个人财富的积累，这些财产最终用什么方法回馈社会？美国刚发展起来的时候曾经也遇到这些话题，很多人经过竞争创造了财富，个人有了钱，但是社会存在弱小人群，存在所谓阶级的差别和不和谐。

在西方，卡内基和洛克菲勒提出的方法，就是私人产权、私人企业制度、个人自由，这是不能破坏的。创造出财富以后，财富的拥有者怎样来回馈社会？还是坚持个人主义的原则，就是这些有钱人自己决定怎么样用财富回馈社会，政府不要管，要坚持自由主义；同时，要坚持有效率地来使用这笔钱，就像挣钱一样有效率。比如说盖茨的钱不能拿来就撒胡椒面，到处都有。比尔·盖茨就说他不断地看《财富的福音》，这篇文章非常完整地表达了他们那个年代的有钱人的社会理想，就是钱要有效率地来支配。

第三个需要关注的是，要坚持在自己活着的时候就安排钱的使用，而不是等到死了以后。因为死了以后钱可能落到一些无能人的手里。比如我们死了，财产归到某一个基金会，这个基金会虽然叫社会公益基金会，但若有贪官污吏在中间胡整，这笔钱就给糟蹋了。那么，这笔钱用在哪儿？必须是政府管理没有覆盖的地方。比如交通，虽然这条路不好，但因为政府收了税，会出钱来修，所以不必用在这上面。应该是用到政府管不到而社会进步又特别需要的方面，比如说捐给医院研制新药，因为个别尖端的药政府现在来不及管。

在美国有三大基金会，就是洛克菲勒、卡内基和塞奇，这三大基金会奠定了美国富人使用财富的一个方法。这是我觉得我们要特别关注的。针对目前在中国社会出现的问题，很多人都质疑社会差异、财富两极分化。这个问题怎么解决？我赞成用卡内基讲的办法来解决：

投入公益事业。这个办法既能保持生产领域里的效率，又能解决社会当中的不和谐和社会差别造成的矛盾。现在巴菲特、盖茨选择的方法是沿着卡内基等先辈指出的这条理性的道路在走，这是一条最有希望的道路。

07

政商关系

不识庐山真面目，只缘身在此山中。

——苏轼

政商关系是民营企业长期关注的问题，也是一个难题。作为企业的主要领导人，你必须经常想着这件事。这里所说的政商关系，实际上是分成三个层面。

第一个层面是企业与我们所在的体制环境的关系。比如说我们现在做房地产，“90/70”这个政策（指建筑面积在 90 平方米以下的住宅，要占总建筑面积的 70% 以上）一出台，我们就面临跟它的关系，它是政府的政策，有强制性，不能不应对。再比如规划的法律、建设的法律、税收的法律，以及许多政府部门的审批制度和规范要求，这是政商关系中最基本的游戏规则，也可以说是一种基础性的层面。

第二个层面是企业家跟政治家的关系。

第三个层面是民营资本跟国有资本的关系。民营资本跟国有资本按照一种什么样的方式来打交道，这个也是政商关系的一个很重要的方面。在目前的体制格局下，国有资本是带有很强政治性的一种特殊的财产权利，所以这种特殊的财产跟私人财产之间的关系就非常敏感，如果处理不当，就会变成所谓的侵吞国有资产。但反过来，假使民营资本被国有资本侵占了，并没有什么政治上的麻烦，你也不大容易去起诉它。所以，民营资本与国有资本的关系，也是一个需要特别重视的关系。

“离不开，靠不住”

民营企业跟体制的关系，拿目前的状况来看呢，有两个参照的对象可以帮助思考。一个是跟美国来比，一个是跟台湾地区来比。2005 年台湾地区的人均 GDP 大约为 15 000 美元，美国的人均 GDP 是 50 000 美元，中国大陆现在的人均 GDP 还不到 3 000 美元，处于不同的经济发展阶段，各自的政商关系（跟政府体制的关系）是有不同的。

从基本社会经济制度比较，由于各自的历史背景和基本的财产架构关系不同、政权组织关系不同，各自的政商关系表现得非常不一样。在美国实际上应叫作商政关系，商在前、政在后，是商人利益集团主导政府的游戏规则；中国是政商关系，政在前、商在后，是政府主导着我们的市场交易和企业的行为方式。在美国，商人集团通过法律规定，比如说怎么捐款、怎么游说、怎么选举这样的一套游戏规则，来保证商人集团能够影响政府的公共政策的制定，影响到政府对于商人乃至社会各个阶层的利益分配；在中国，政府通过研究制定一系列政策，然后来要求企业依照政策实行。在政策制定过程当中，商人是不介入的，最多是来听一听你的意见，商人对政府政策制定的影响力不强。有人开玩笑说，商人和政府的关系是“离不开，靠不住”。怎么理解呢？在大陆经商离不开政府政策的支持，想离你也离不开；你又不能完全靠政策养着来发展，想靠你也靠不住。政府在这一领域里跟商人之间打交道，你可以发出意见的声音，但是表达的前提是愉悦的、服从的、快乐的，偶尔夹带出一些娇嗔（所谓建议和意见），因为这也是历史的进步。但你不应该因抵触而变成高声呐喊，这是中美非常不同的地方。

台湾地区就完全又是另外一回事，在这个层面，企业跟政府完全捆绑在一起，关系混乱，有呐喊，也有撕破脸吵架，什么声音都有。在这个层面，企业怎么影响政府呢？台湾没有“献金法”。所谓“献金法”指的是政治献金，就是企业向政府输送金钱的游戏规则。关于这一点，美国是有法律的，台湾地区没有法律。但是台湾地区要选举就得要钱，于是，企业又不断地把钱输送给政治家。政治家要回馈金主，回馈（报）的方式也五花八门。所以台湾地区的政商关系彼此心知肚明，但是缺少法律的明确界限，不像美国。美国是公开的游戏规则，中国台湾地区更多依赖的是潜规则。

目前中国大陆还是政权主导，就是政府发球、企业接球。我觉得，我们要非常理解，社会的进步是逐步的，目前进步到的状态就是政权、政府主导企业，规则、潜规则起了更大的作用。比如说，现在谁都说不清楚房地产政策是怎么制定的，“通知”就管事，实际上可能这个“通知”跟法律是抵触的。像“121 文件”就是一个“通知”，这个通知也没有起止日期，比如说起点，从通知下发之日起生效，什么时候结束呢？没有说明。这一扯就扯得说不清道不明、不规范不完善，以至我们今天有些企业打官司，还用的是毛主席时代的文件、“文革”时候的文件，甚至有一块土地有争议，人们为江青的批示算不算法律证据还辩论了半天。

我们的政策制定程序还不够透明和清晰，这就造成了政府权力的

商人和政府的关系是“离不开，靠不住”

边界跟企业行为的边界发生冲突。在这种情况下，我觉得，企业需要特别审慎地处理跟政府权力部门的关系。应该是谨守分际，尊重政府的管理和所有的政策，听党的话，跟政府走。这就是我们在这个层面必须采取的一个立场，同时也是一个基本的原则，否则你的公司根本没办法发展。

在企业与政府的关系方面，应当说万科是一个成功的榜样。万科由王石完全以民营企业方式创办起家，它不仅成功应对了经济体制变革以来所有阶段的政策与体制变化的挑战，而且越来越稳健成熟和快速发展，始终保持行业的领先地位，进而成为全国最大的住宅公司。万科的生存之道，王石称之为“不行贿”和用国有制造业企业的管理方法建立有效的系统和体制，建立经理人文化，坚持培养经理人团队。这些东西可以看成是守正出奇、阳光经营的价值观的闪光，也可以看成是成熟的专业管理系统和团队应对法制化和专业化的市场竞争与政府管理体制的成功对接。过去相当长一段时间，市场秩序在改革过程中没有建立起来，法制不健全，企业和政府行为都不规范，政府管理部门的专业化能力相对低下，这时动力、信息、资源和人才优势统统在民营经济，特别是那些极富雄心的创业领袖一边，他们往往通过“搞掂”一两个掌握重权的领导就能轻而易举地打开体制缺口，截获巨大的资源，形成爆发式增长。即便东窗事发，也往往能够轻易化解危机，逃过生死劫难。于是，便滋长了用钱开路、为所欲为的思维和行为模式。然而，最近几年，市场经济体制的法制化进程不断加快和完善，政府管理部门不仅体系日益健全，而且专业化水平越来越高，资源、动力、信息、人才和专业化的优势也明显转到政府一边。

因此，以投机和腐蚀干部开路、靠某个人与体制博弈的时代已经过去。目前唯一能够与现有体制长期共存和持续发展的方法，就是以组织对组织、以系统（机制）对系统（机制）、以专业对专业、以人才对人才。换句话说，只有建立科学合理的治理结构，形成专业化的、有效的公司管理系统，才能稳健有效地与政府管理部门对接，获取长期发展的市场资源和政府资源。万科长期以来建立的规范化管理体系和职业经理人文化，恰好适应了政府管理体制和方法的这一积极变化，因此，路越走越宽，公司越办越顺。

纽约世贸重建的美国故事

通过参与美国“9·11”后纽约世贸中心重建的项目，我深刻地体会到中美政商关系的差异。这件事情很有意思。我们的“中国中心”项目，应该说是一个很简单的项目，但是它的背景非常复杂。美国“9·11”之后不久，2003 年我开始研究世贸这个项目，2004 年正式跟美方谈。从那时开始的很长一段时间里，我一直在跟他们讨论世贸这个项目。世贸原来是 120 万平方米的写字楼，是个双塔，炸掉之后呢，要建 5 栋写字楼，四矮一高，加起来 100 万平方米。在被炸掉之前，这栋楼是属于政府拥有，业权是政府的，但经营权是一个商人的。这个商人叫拉里，是个犹太人，他把这栋大楼的经营权（99 年的出租权利）买下来了。买下来之后，调整经营了一段，在“9·11”之前的3个月，他就买了一个特别的防恐怖主义的保险。当时人们认为他有神经病，因为谁都没有买过这个险种。虽然这事很奇怪，但幸亏他这么做了，否则他就亏大了，因为他买了这个保险3个月后楼炸了，他因此获得了巨额赔偿。在争取赔偿过程中，他一直在跟政府和保险公司打官司。这么一个巨大的灾难，在恢复建设的过程中，你能体会到政府有多么尊重这个商人的权利。拉里在这次事件里成为获益最大的一家：拉里跟保险公司打官司，保险公司说“9·11”事件把楼炸了，肯定要赔，对吧？没问题！

“9·11”之后拉里要求赔，保险公司也答应赔；但是拉里说，“9·11”炸了两栋楼，中间隔了十几分钟，是两次事件，你要赔两次。保险公司坚持认为，“9·11”就是一个事件，炸了就该赔一次。拉里说，这本来就是两栋楼，炸了以后它又不是一次倒的，分了两次。又是两架飞机撞的，应该算两次。算两次，保险公司就要赔两次钱。

所以，这样一件事情，这样一起诉讼，拉里一直和保险公司折腾着。如果在中国，一个企业要是敢这样，一定会被说成是发国难财，唾沫星子也会淹死他了。但是在美国，拉里就这么嚷嚷着打官司，打了以后还肯定要赢，首先赔一次是没有问题了，保险公司肯定赔。这起诉讼很快就赢了之后，他又起诉，说保险公司还得再赔一回。这时媒体舆论很多批评他的，但这哥们儿就是这么打，输了就输了，但是不影响他跟政府继续扯皮，因为经营权是他的。所以在世贸重建过程中，他就不让步：我愿意慢慢建，这经营权是我的，我只是按照原来的合同，每年该付多少钱，我照付（地租）。因为保险公司给他赔了钱了，他付得起，他就每年给那个港务局付地租，一分钱不差；他说我只要付了，我爱什么时候盖就什么时候盖，你管得着吗？

这样，拉里就在那里蹭时间，因为蹭时间的过程中，房价也会涨。这样，他先把七号楼建起来了。七号楼是他们家族的，在他和他的孩子名下，全部都是私人财产。拉里决定先建它，因为先建它他可以挣钱。关于另外几栋，他就慢慢跟政府讨价还价，说要建可以啊，你政府要发债券、要给补助，反正你不给我就不建，我没钱。可是政府这边有很大的压力，因为“9 · 11”都 5 周年了，这 5 年，政府在地底下已经花了 102 亿美元搞基础设施，眼看都快做完了，但是上面这楼老不起来，特别是有一个叫自由塔的项目（新世贸中心最高的标志性建筑），高 1 776 英尺（1 英尺等于 0.304 8 米），象征美国 1776 年建国。为什么叫自由塔呢？因为自由是美国的立国精神，以“自由塔”命名，以表示美国对恐怖主义的反击，反击的象征就是我重新建一个，比那会儿还高，叫“自由塔”。这是政府带有意识形态性质的项目，很迫切地要建起来。所以公众对政府施加很大压力，说弄了半天，怎么还不建呢？拉里说没钱，不着急。这种政商关系下，政府拿他是一点办法都没有。

最后，迫于压力，政府又和拉里开始谈判，谈什么呢？就是让拉里把经营权让出来，退还给政府，政府用钱把自由塔和三号楼的经营权买回来，剩下两个项目的经营权还是拉里的。这样，政府就可以先把自由塔盖起来。政府为了从拉里手里把这个经营权拿回来，谈了一年多，给拉里补的钱超过 1 亿美元。

政府也要完全遵守商业合同。因为人家遵守合同，人家没有违约，而且每年付了地租钱哪！人家该起诉保险公司的照起诉。然后在这个过程当中呢，纽约州政府、新泽西州政府、港务局，包括州长、市长，不断在媒体上批评拉里，拉里还是我行我素，政府拿他一点办法都没有。政府只能按商业规则出牌，拉里也按规则玩，大家该谈判谈判，没有任何不平等的，一分钱、一分钱地谈。一直到 2006 年下半年，快到 2006 年年底的时候，才跟拉里谈完了，把钱给拉里付了，拉里才退出来，然后我们才有机会跟政府（纽约州和新泽西州港务局）开始谈自由塔项目。

在谈七号楼时，我们的信用证晚了 7 天时间送到。这 7 天是我们口头约定的时间，不是法律上的违约；但是到了口头约定的那个时间，我们的信用证还没到。如果按照中国国内的情况，事情会很容易解决：州长、市长打个招呼，找个朋友说说，这不就差几天嘛，这事前面都谈了一两年了，而且从 2003 年万通就开始介入了！

2003 年下半年的时候，整个世贸还是一片废墟，没有人敢去，因此价钱极低。我们是第一个去那儿谈的外国公司。我第一次去谈的时候，他们所有人都很吃惊，说："你是第一个代表美国以外的企业来谈，而且居然是中国人。"拉里当时也非常高兴，给我们的条件应该说是不错的。而且我们帮他，当时七号楼很难出租，我们是他最大的租户，一下要租两万多平方米，就这样把市场价格抬起来了。

在上述背景下，我们只是晚了 7 天，而且只是违背了口头约定，不能算是法律上的违约；并且我们费尽周折把相关手续都走完了，字也都签完了，我拿着信用证飞过去的时候，觉得应该没问题，那么多人支持，州长，市长等，就差一个礼拜而已，是不是？这时，州长、市长，很多人都给拉里打电话，还有拉里私下的朋友，都帮忙说合，让他给我们做这个“中国中心”的机会，因为这对纽约非常好，对两国的贸易也有很大好处。可拉里就是不买账，对州长不仅不理，而且根本就不待见，最后干脆一甩手上了游艇，出去玩了。因此，在美国那边的商政关系，商人的力量大于政府。政府拿拉里就是没办法。

但是反过来看，我们为什么会晚呢？我们来看看我们这边政府和政策是怎么管企业的吧。为了拿这个信用证，我们面对的是两个国有银行，两个银行都是部级单位，它们都坐不到一块儿。因为按官场的游戏规则，究竟是你到他那儿、他到你那儿都大有讲究，大家都觉得自己是部级干部，谁都不肯屈驾。去海外投资都需要政府审批，有7个部门要批我们这件事情；可是在纽约，拉里要做这件事，不需要任何人批。他们唯一要批的一件事，还跟中国有关，是“法轮功”问题，听起来有些滑稽。拉里说，我们中间有一个安全条款要谈清楚，涉及“法轮功”，为什么呢？拉里曾经有一栋楼，就在中国领事馆对面，天天有“法轮功”闹事，弄得他底楼三年都没租出去。所以他很恼火，硬要给我们加一条，不得有“法轮功”来七号楼捣乱。我们说，这事我们管不了！双方讨价还价，光律师费至少花了几千美元，就这个条款，我怎么能保证得了呢？万一“法轮功”在那儿举牌子，就算我们违约啦。这实际上是在那里唯一可能扯到的政治关系。最后我们说，这个事情由警察局负责，到时这种事情出现，我们会请警察局提前来的；如果警察局做不到，不算我违约吧？只有我们请“法轮功”来这个地方站着才能算我们违约，否则治安这事儿应该归警察管。

可是在国内，这件事情有好多部门要批。天津要批，北京要批，我们注册在怀柔，批准境外投资需要从怀柔开始批起。

所以我们也不能确定批完的时间，我们只能拼命去讲、去推动。现在这个项目的租金是我们当时要签约时的一倍了，这件事如果当时做成了，我们今天就赚发了。这充分说明了我们当时的商业眼光和商业的创造性，可这也是我自做生意到现在最为我的智慧感到惋惜的一件事。

最有意思的是，拉里曾经提出来：你告诉我，你们怎么批？你是民营企业，为什么还要批呢？我们说，中国境外投资全要批。他说：好，那就画个你们审批的路线图给我。后来，我们画了半天，最后都没敢给他，因为太复杂了，光是画个简单的都十几道程序，怕他弄不懂。

这个“中国中心”的项目，我们没有办法控制审批的时间进程。实际上从我们商业条款签完时的 1 月份，到最后 7 月份，人家给了我们半年时间。我们半年时间都花在项目的报批和信用证的审批上，时间全耗掉了。这是万通有可能取得超级成功的一个项目，就差了这 7 天啊，好可惜。因为我两边跑，对比两边的政商关系，我就觉得咱们企业忒没地位了。到哪儿都求人，政府各部门，不管懂不懂得，其实大部分不懂，却都要过问，非说你这不能挣钱、那不能挣钱的。这事其实是个商业决定，退一万步说，股东都愿意赔钱，那还拦什么？如果说股东认为会赔钱，公司就不会做这个事了。至少我们董事会、股东会都商量过，都认为会赚钱，有关部门却还是迟迟批不下来。

从这件事可以看出，在两个体制背景下，企业跟政府的关系完全是不同的。

虞洽卿与辜振甫

政治家跟企业家的关系，在东方社会，例如中国大陆和台湾地区，同欧美相比也有很大不同。这 100 年以来，政商关系做得成功的有几个人，在这里我就讲讲他们的故事。

1949 年以前是虞洽卿，他是宁波人，小时候很苦，然后到上海在油漆行做学徒。他很聪明，逐步成长起来，成为经理。后来，最重要的是他去了荷兰银行。现在你们去上海外滩看，那儿仍然有栋楼，是荷兰银行。他在那个地方当总经理。从一个学徒，到去荷兰银行做买办，这很了不起。在商业鼎盛的时候，他又从荷兰银行出来，自己创办企业，做运输和一些其他贸易。办了这个企业以后，他当时在上海滩上成为炙手可热、非常发达的一个民族资本家。他的企业由于太红火，以至有一条街道都改成了他的名字。同时，他还是宁波甬商在上海商会的会长。

就在这时，他有过一段特别的经历。蒋介石在日本学军事的时候，认识了浙江的一个同乡，就是张静江，然后还有陈其美这批人。他学完军事以后，有一阵在上海，又通过这些人，认识了同是宁波老乡的虞洽卿，他还在虞洽卿家住过一个多月。蒋介石在虞洽卿家住的时候，闲来无事，虞洽卿便介绍他到交易所，所谓蒋介石曾在交易所混的说法，就是指的这一段。这期间，蒋介石又认识了杜月笙、黄金荣，他们都是一帮码头上的人。

虞洽卿就因为这样一个机缘，和蒋介石、浙江财团，以及上海滩上的黄金荣、杜月笙产生了非常紧密的关系。后来蒋介石到黄埔军校以及北伐，正是第一次国共合作时期，孙中山提出联俄、联共、扶助农工的三大政策。北伐军打到九江的时候，虞洽卿就坐不住了，他心里犯嘀咕：如果都是扶助农工，那我怎么办？于是他赶到九江行营，见到蒋介石以后，就问了蒋两个问题。第一个问题是："你说，联俄、联共、扶助农工，就真要帮助穷人吗？那我这儿怎么办？"蒋介石就说了一句话："穷赤佬怎么靠得住？"他说的是浙江话，意思是说，你放心吧，我是不会信穷人的，穷人怎么靠得住？这虞洽卿就踏实了。他又问："那北伐军要打倒列强，我在洋人那儿干过，我还跟洋人做生意呢。"蒋介石又说了一句话，"洋人怎么打得过？"虞洽卿终于清楚了，蒋并不跟洋人真干，于是就说："那我回去，我怎么帮你？"蒋介石说："我不日就会攻克上海，抵近南京，你跟杜先生、黄先生说一下，帮我维护好上海治安。"

虞洽卿说："行，这个没问题（都是哥们儿），我能干什么？"蒋介石让他帮自己筹集一些经费，因为到了上海要花钱的。这就是后来我们党史里讲的"四一二"反革命政变的背景。很简单，就是杜月笙、黄金荣出打手，虞洽卿埋单。虞洽卿曾三次筹集行动经费，他们叫作"革命善款"。他是商会会长，帮助蒋介石募捐，发动"四一二"

反革命政变完成了清党。

正是有这样一层关系，虞洽卿这个民营企业，在上海受南京政府的关照，发展得越来越大。抗日战争的时候，整个运输都归虞洽卿管；抗日战争期间，国民党政府搬到重庆以后，从缅甸往重庆运物资也由虞洽卿负责。所以虞洽卿的生意一直一帆风顺。而且，任何时候，特别是有困难的时候，只要找政府，宋子文就直接给钱，算是归还“革命善款”；而且批了他一个交易所。没有人敢得罪虞洽卿，抗日战争最激烈的时候，在宁波的一个城防司令，也是黄埔军校老蒋的学生，这个人向虞洽卿募捐，虞洽卿耍了他，答应捐了，回头说没带支票，赖账不给。那个人就把虞洽卿的客船给扣了，结果虞洽卿就告诉了蒋介石，说那个人破坏抗战，把船扣了，到处都是滞留的难民。蒋介石居然下令把那个人给枪毙了。由此可见虞洽卿当时的官商地位。

所以，1949 年以前，所有的民营企业里面，在政治家跟“企业家”关系上最顺风顺水的应该说就是虞洽卿。由于在荷兰银行做过，跟洋人关系也不错，加上跟蒋介石的这样一层关系，他在国民党政府时期，自己的企业一直是最顺风顺水的。

从这个人的身上或可看出，当时企业家与政治家的关系最佳选择有两条：一是要择高处立，只有最高权力者才能成为庇护者；二是要“同心同德，予而不取”“非以其无私邪？故能成其私”。

在中国台湾，处理政治家和企业家的关系最成功的是辜振甫先生，他在国民党鼎盛时期是唯一的企业家出身的中常委委员。辜家和政府也很有渊源，在抗日战争以前，他是一个大地主。后来日本人来了以后，他们开始转向做生意；也有人说，他曾经给日本人带路，是汉奸。国民党在台湾执政以后，搞了一个土改，地主就变成了资本家，他们家也就变成了资本家，发展了台湾水泥等企业，现在的大本营是和信集团（包括台湾中信金控）。

他跟政治家之间、跟国民党之间，有非常好的互动。所以在国民党时期，他的最高地位是海基会会长、台湾国民党中常委，也是企业界最受尊敬的人之一，又代表当局处理两岸关系，同时本人又很儒雅，而且他们的企业一直都做得非常稳定，一直延续到辜启允、辜濂松这一代。

辜振甫一直讲一句话：人生就是个舞台（他喜欢唱京剧），最重要的不是上台亮相，而是下台的时候背影要优雅。所以他一生上台、下台的时候都演得非常好，到目前为止没有传出任何他跟政府的黑幕。和信的企业发展，跟他的政治地位有很大的关系，他的政治地位在国民党中举足轻重，在蒋经国时期，他就是中常委。当时国民党执政，而且相当一段时间里国民党是一党独大，所以能帮助他的企业建立一个很大的发展空间。

当然，在今天的大陆我们也能举出典型的人物事例，然为生者讳，暂且不表吧。实际上在华人社会，处理政商关系，研究企业家对我们会有很多的启发。

目前在大陆，企业家跟政治家的关系还没有完全形成一个很成熟的模式。一方面，大陆的企业家本身的规模还比较小；另一方面，企业家跟政治家的关系更多的还都处于一些低层次的权力和利益的交换上，并没有着眼于重大格局的一种同盟关系。在大陆，早年有一个特别有趣的现象，叫作边缘核心化和核心边缘化，指的是20世纪80年代以来的这20年，由企业进入到核心的人，大部分都是原来的边缘人口，比如说乡镇企业家，原来的民工、包工头、农民，他们是边缘人群，然后进入到政府核心（政协、人大）；原来在政府核心机关的，转出来下海做生意了，都边缘化了，就是往江湖、社会底层和边缘发展。

政治家跟企业家之间，还有工商联这个渠道关系，让一些最优秀的企业家，通过工商联跟政府和政治家形成一个良性的沟通；但现在，一些杰出的企业家，比如马云、李彦宏、江南春、马化腾这些企业精英，工商联也不去找他们，他们也从来不去找工商联。所以目前，中国企业家跟政治家的关系，还没有形成规范化和建设性的一个制度安排。

“混搭”为王

关于政商关系，实际上还要研究和注意的就是民营资本（私人资本）与国有资本的关系。现阶段，私人资本很弱小，而且发展时间不长；而国有资本却非常强大。国有资本是跟政权关系非常密切的一种资本形态，是由政权支持和保护的特殊的资本形态，是具有很大特权的资本形态，也是受上层建筑意识形态保护和在价值体系中具有优越感的资本形态。所以这种资本跟弱小的、刚刚发展起来的私人资本之间的关系，就成为目前政商关系当中一个非常值得注意的问题。

目前，这一关系表现为这样几个特征。第一是补充关系。怎么补充呢？比如电信是政府垄断行业，你就不能做。国家不垄断的，就是自由竞争的。竞争性行业你可以做，垄断性行业你不能做，所谓补充就是拾遗补阙，这是第一个特征。第二个特征是，即使是竞争性的行业，也须是国家资本不干的，你才可以干。第三个特征是说，国有资本干不好的，你可以干；只要国有资本觉得能干好的，你都不能干。

民营资本与国有资本的第二个关系是一种依附关系。所谓依附关系就是主从关系，国有资本是主，民营资本是从。你要围着它的兴趣点、兴奋点转，它要这么干，你就得让；没有它，民营企业也发展不了。为什么呢？大量的资源都在它手里，银行资源、土地资源在它手里，所以你实际上是个依附关系。这就注定了我们的一些行为方式跟别人是非常不同的。

民营资本与国有资本的第三种关系也可以说是一种稍微进步的关系，叫作混合关系，就是混合经济。在一个企业实体里，既有国有，又有民营，就像万通、万科，所有的现在经济形态当中，包括一部分上市公司，国有主导，但也有民营参与，这种混合关系成为最近一些年来比较多的一种经济形态。在混合关系当中，大家都比较遵从商业运作的规则。

那么，在这样一个历史发展阶段，民营资本、国有资本所表现的这种互补关系也好，依附关系也好，混合关系也好，总之在这些关系当中，民营资本是处于一个弱势的位置。而国有资本，一有政权的特别保护，二有意识形态方面的优越感，先天就是好人。所以，在经济发展和交互关系当中，尚存在着事实上的不平等。

举一个例子，早些年我们收购一个国有控股的上市公司，报批的时候，它有一个潜规则，拖了我们好长时间，那就是你民营收购国有，它就算是亏损企业，你也得溢价 10%，因为它不承担政府责任；你要不溢价，用正常价去买或用评估的价值去买，有人会说担心国有资产流失，所以报批的时候，对方会明说，你不溢价我没法批。当时我们问为什么呢？他说："我不承担这个责任。谁知道你们怎么评估的，万一到时候你们弄错了，你占了国家便宜怎么办？"而盈利企业要上浮 15%~20% 他才会批。所以，我们收购这个公司，等于我们多给了这部分钱，才能报批。结果审批时间达两年多，在这两年多里头，如果使目标公司净资产增值很大，又麻烦了，你收购它批了两年，而你把公司弄增值了，它反过来还要把你后来这两年增值的钱要回去，你就还得给它。所以造成我们在实际收购以后，两年没敢干事，为什么？干事，一增值，又得重新去批，它还要上浮，你不知道再给它多少钱，你再继续耗的话，它又给你耽误一年，你还得去不断增值。而且这期间，如果说企业干坏了，在它批准期间掉下来了，它不减价，你还得如数给。就这样，我发现了民营与国有两种资本事实上的不平等。因为它有优越性，永远不能赔钱，永远不能亏损，永远不能流失。

由于出让国有资本是这个样子，那私人资本就必定要吃亏、必定要流失，否则这个事情怎么能成立呢？所以，我们在讲保护国有资产时，民营资本自身的身份地位很尴尬。这些年国有资本、国有经济每年上升一个百分点，民营经济比重下降一个百分点。但是，民营经济也承担着大量的就业和税费。

如果长期下去，不能够解决好私人资本和国有资本的公平对待，私人资本不能够很好地发展时，国有资本就会退回到原来的独家垄断，最后是计划经济，市场经济就不复存在了，我们所有的改革和进步，就会回到原来的状态。所以这也是一件很恐怖的事情。但是，目前国有资本跟私人资本确实存有这么一个现状。为什么积极推动万通的混合经济这个方法？因为我们看到了，最后必须混合经济，除非你就跑到境外上市，完全是私人资本，就像碧桂园，那就是私人资本。只要在大陆，没有一个私人资本力量能做到这么大。所以我觉得需要特别地意识到和认识到这种不平等、不合理的现象。

民营资本从来都是国有资本的附属或补充，因此，最好的自保之道是要么远离国有资本的垄断领域，偏安一隅，做点小买卖，积德行善，修路架桥；要么与国有资本合作或合资，形成混合经济的格局，以自身的专业能力与严格管理在为国有资本保值增值的同时，使民营资本也获得社会主流价值观的认可，创造一个相对安全的发展环境。万通曾响应党和政府的号召，积极引入国有资本成为战略合作伙伴，形成混合经济的格局，取得了不小的进步，就算一个案例。在这一问题上，民营资本最容易被国有资本湮没的，就是擅自闯入国有垄断部门，如电信、能源、金融等，千万不要试图与政府用金钱来角力。现在，国有经济在整个国民经济中的比重又呈逐渐上升之势，国家已经明确 7 类产业为国有资本垄断行业，非请莫入。不仅如此，2007 年中央经济工作会议更是强调国有资本的控制力、影响力和带动力。可以预见，今后随着和谐社会的建立和发展，民营资本将以数量多、规模小、就业广、人数多为特征，其生存空间将被局限在与国有资本绝无冲突或者国有资本主动让出的领域。面对国有资本，民营资本只有始终坚持合作而不竞争、补充而不替代、附属而不僭越的立场，才能进退裕如，持续发展。

认养“立法委员”

关于台湾地区的政商关系，我讲一个故事。我多年前去台湾，台湾建筑工会的理事长坐车来接我，从台北接到台中，用的是辆面包车。我当时琢磨，一般都应该小车接的，怎么用面包车接？但是确实那车开得很顺，一路猛跑，没遇到任何麻烦。在路上，我忍不住就问他：“为什么跑这么快，不怕抄牌吗？”他笑着说，车是“立法委员”的车（他们家一亲戚是“立法委员”），车前头有一个牌子，这车没人敢拦，但“立法委员”都是为老百姓做事的，不能配备豪华轿车，所以一般都是面包车，有时候选举也要用。所以，“立法委员”有很大的特殊性，“立法委员”跟企业家之间有一种“认养”关系。他说在台湾，一个企业家要认养一些“立法委员”。认养费大概得 2 000 万台币（约合 400 万元人民币），就像我们现在认养孩子一样。认养以后，这些人会在“立法院”里面替你说话。“立法委员”通常会有一些豁免权，就像我们的人大代表有司法豁免权一样。

我对此颇为好奇，就跟他讨论很多有关选举的事情。他讲到，在台湾，他很忙，有几次大陆开会，我们邀请他了，他没来，为什么呢？他说他要参加选举。选举时，一方面他必须在场，因为他兼了大概有几十个商会、理事会的头衔，他为什么要兼这么多呢？他说，兼得越多参加的活动越多，这些团体的选票就在我手里，那些政治家就得求我。选举的时候。他们就来跟我吃饭，如果我要支持他，那我就把这些理事会、底下这么多社团都动员起来投票。

另外一次我们在台中吃饭的时候，他公司有一个餐厅，他让我坐在主位上。他说，陈水扁曾经到他这儿来募捐，就坐在这个位置吃饭。陈水扁为了竞选，会专门跑过来跟他吃饭、照相，因为他代表这么多社团。最近我也老问到一些台湾的企业家，他们在选举期间会怎样应对。他们一般采取两种态度，很有趣。一种是必须要参与，必须要押赌，比如说马英九和谢长廷，前者是国民党，后者是民进党，他说我都得押，押了以后呢，还得让对方都感觉到，我只支持你、只押你而没押你的竞争对手。他说这个就很难，难在实际双方都押了，但是明确告诉对方你就押了一个。实际上，竞选的候选人心里也明白，知道企业很难，所以大家就这么含混着走，互相都心知肚明，不捅破这一层。所以他说，大概每一次选“总统”，一个人总得押个三四百万。另一种态度就是躲，躲选举。因为选举太多，有“立法院”选举、市长选举，还有“总统”选举，都要赌，负担太重，所以一些台湾企业家一到选举的季节就离开台湾或者“生病”躲起来，躲摊派。台湾地区在选举上企业怎样把钱给政治家，有一套游戏规则

（潜规则），不像日本、美国都有法律明确规定通过什么渠道、怎么给。所以他们都是私下里给，表面上有一些限制，但私下里给得非常多。这些政治领导人，拿了这些钱，又去通过地方角头（地方实力人物，或者黑社会大哥）帮他来选。这是台湾地区目前企业界跟政治家相处的一种关系方式。

但即便认养和押赌，政治人物也很难面面俱到、一切都摆得平。我见到另外一个台湾大家族的老板，他说，他们家处理的方法，就是四个兄弟，每人押一头，一个兄弟押民进党，天天只跟民进党混，不跟国民党混；一个兄弟押国民党，天天只跟国民党混；一个是专押大陆的；还有一个押美国，在美国留洋，然后在美国做事。他们家现在如鱼得水，而且四兄弟都很专业化。我见的就是押大陆的，守着大陆已经快 20 年了，倒也真的顺风顺水。

所以，在这种政商关系下，企业界实际上很烦恼，是一件压力很大的事情。这些故事说明台湾的政商关系事实上已经由威权统治时由政权来分配资源和决定企业的行为模式，改变成为政权、企业的利益集团和地方势力三方面共同来游戏和分配这些资源。这就是台湾地区人均 GDP 在 15 000 美元左右时的现实。

08
关系

面子是中国人的精神纲领。

——**鲁迅**

在中国，民营企业做生意时特别注重关系、面子和人情，会花很多时间、用很多方式或手段来维护他们认为重要的关系，比如说送礼、吃饭、攀富。我们常常会听到，一些民营企业在介绍自身优势的时候强调享受到的特殊待遇，以及跟什么人是什么关系，也常常会听到很多年轻创业者抱怨："我没关系又没资金，做事难上加难。"以至外商到中国来投资的时候，他们首先学会的两个词，一个是"关系"，一个是"面子"。所以要解读中国民营企业的行为模式，特别需要研究他们对关系、面子和人情所采取的方式，这是一种非常有趣的观察。

什么是面子？

在中国讲人际关系的时候，提到最多的是人情：潜在的是人情，明面上的叫面子。我们通常会说，谁跟谁有面子、谁给谁面子、谁跟谁说话有面子、谁为什么能帮谁是因为跟他有面子。在汉语中"面子"这个词讲的是表面的虚荣和人们之间的情面。它在社会生活中使用频率如此之高，以至100年前外国传教士、旅行者、记者、外交官进入中国的时候，首先学会的就是"面子"这个词以及它背后所对应的行为方式。

20世纪初，一个美国人曾经写道："要想尽我们所能地了解'面子’的含义，就必须注意这样一个事实，那便是作为一个民族，中国人具有一种强烈的做戏的本能……稍微遇到一些情况，他们便立即进入角色，完全模仿戏里的样子，打躬作揖，跪拜叩头，口中念念有词……中国人的问题永远不是事实问题，而是形式问题。总之，面子是理解中国人的一系列复杂问题的关键所在。如果说中国人特性中有许多暗锁还未被我们打开，那么‘面子’便是打开这些暗锁的金钥匙。”

西方人对“面子”的理解是：我的一个行为会使对方备感荣耀，这叫给对方面子；反之对方某个行为使我很不体面或者为我带来负面的评价，这叫顿失颜面。这个解释比较局限。很多社会学家对“面子”的研究也很感兴趣，比如台湾学者黄光国的《面子：中国人的权力游戏》和大陆学者翟学伟的《人情、面子与权力的再生产》都对“面子”有较深入的研究。按照这些社会学家，特别是社会心理学家对“面子”这个词的定义，面子就是甲在众人面前对乙给予积极的评价，而使乙得到一个正面的荣耀。实际上最重要的是甲与乙的关系一定要是公开的，而且要有其他人在场。这种正面评价有两个方式：一个是吹捧某人的才能和门第，一个是吹捧某人的容貌和财富等。

面子的核心运作模式中有三个角色很重要：见证人、施予者及接受者。当事人（在场者或见证人）的分量越重，这种正面评价带来的面子就越大；反之亦然。比如张艺谋当着李安的面夸章子怡，章子怡的面子就达到了最大；如果张艺谋对着一个罪犯夸章子怡，可能李安会觉得张艺谋有神经病，章子怡也会很没面子。一个本身地位卑微的人，在一些很有身份的人的面前被贬损，产生的负面效果会最大化，除了很没面子，甚至可能产生怨恨。

另外，接受者的数量、地位以及与见证人的亲疏程度也会影响面子的满足感和尊荣度。如果我当着许多熟人的面夸你，且这些熟人位高权重，那么带给你面子的满足感将达到最顶峰，这种满足可能会让你在未来某个时候或场合用其他方式回报给我。陕西人很质朴，常说一句话："你把人给尊重一下"，其实就是给面子的意思。

在面子下面掩盖的是什么？实际上是一种人情互动，即施与和回报。面子很有意思，面子和人情配合在一起，才能如鱼得水。面子是熟人之间的通行证，既是一种担保，也是利益交换最重要的一个手段。有了面子，人们之间的人情就可以储存和转换（移）。给面子的一个方式就是送礼物，逢年过节给你送，送 10 年、20 年，最后这个人情就寄存在你那儿，我可以一次性支取。到时候我让你办事，就会让你办个大事，这就是人情的储存。

面子和人情也可以转换。因为我不断地当着众人面吹捧你，然后给你送礼，这样就在你那儿积累了面子；于是我可以要求你帮助我想帮助的其他人，这个面子就转化了。由于我给你足够的尊重和积极正面的荣耀和评价（我给你面子），也使你觉得应该给我一个正面的评价（给我面子），当我提出任何要求的时候，你会给予回报。这个回报并不一定价值相等，可能是我有一个朋友去你那儿旅游，请你接待一下，这也叫回报。由于你位高权重，我提出这样一个要求，你按照我刚才的模式，当着别人的面能接待我的朋友，又当朋友的面说我好话，等于我又有了面子，面子和人情就这么转换了。比如，河南某老板通过当地老胡告诉我他想去哈尔滨，这人在老胡那儿有面子；我找了哈尔滨的冯大哥，冯大哥让他的朋友刘大哥帮我用心安排了。结果这件事办妥了，老胡在我这儿有面子，我在冯大哥这儿有面子，刘大哥又给了冯大哥面子。最终大家就都很舒服，等于那个人吹捧了老胡的能力，老胡吹捧了我的能力，我吹捧了冯大哥的能力，冯大哥又吹捧了刘大哥的能力，面子就转了一圈，相互转移、储存、回报。

西方人是理性人，中国人是情感人、情绪人、关系人、面子人。如果在西方，这事情很简单，出门旅行，需要多少钱，付给旅行社就行了；但在中国，这么折腾一圈，不但省了给旅行社的钱，人和人之间还有了密切的互动，建立了良好的人际关系。

在人情面子的社会，人情相互回报有一个固定模式。古往今来，中国人际关系有个传统：强调角色化的关系。所谓角色化的关系，就将人和人的关系纳入一个游戏规则，这个角色我们过去叫五伦，即父子、夫妻、兄弟、君臣、朋友。针对这五对关系，有一整套的要求教人们应该怎样去做。父慈子孝大家都知道了；夫和妻柔，丈夫要和睦、包容，妻子要柔顺、温柔，兄友弟恭，兄长对弟弟要爱护，弟弟对兄长要恭敬有礼；君仁臣忠，君要仁厚，臣要忠诚；朋友是相信互惠，互相信任帮助。这五伦关系互相依赖、互相依存、互相回报。在这个过程中，将心比心就是中国人际关系维持和谐的模式。你要给别人面子，别人也给你面子；你帮助别人了，别人就帮助你。

中国人把人的关系分成了三种。一种叫家人关系，这是最核心的一层。家人关系里权力和利益保护没有条件，而且不讲回报。家人关系不好的时候，当然会有沮丧、焦虑、愤怒、敌意，但更多是忍耐，因为家丑不可外扬。第二层关系是熟人关系，比如同学、邻居、同事、同村乡亲。熟人关系对人情的回报有一些期待，会通融但也有条件。家人关系是没条件的，家人甚至包庇犯罪；熟人之间是有条件的，要是有熟人犯罪了，要不要包庇？这熟人可能就要琢磨琢磨了。第三层关系也是中国文化中最少涉及的生人关系。公事公办是生人关系的特点。生人之间往往不给任何照顾，只讲利害，对回报和利益要求最高，没有任何信赖和变通，这就是生人关系。关于人情面子的这三种关系通过不同的排列组合，可以产生许多微妙的玄机。家人关系超越制度、超越规则，面子最大，人情至上；熟人关系有选择、有条件，有时好用，有时不好用；生人关系人情最少，面子最少，规则最多。

总体来看，一个民营企业在中国文化背景下做生意，脱离不了中国人的人际关系模式。当外部法律制度不够完善的时候，我们更多地求助于熟人，求助于别人给我们面子；为了让别人给我们面子，我们就得给别人面子；通过给别人面子换取别人给我们面子，最终获取别人的支持。在面子后面是人情，人情后面是权力和利益的运行规则。因此，民营企业特别重视这些关系资源，不断地把生人变成熟人，把熟人尽可能地变成家人，以此拉近距离，获得他人对你的支持，不断超越规则、给予变通。当体制比较僵化的时候，这种变通意味着我们对旧的体制的反叛、瓦解以及对新事物的创新。所以，民营企业的成长过程始终特别重视面子、人情，既有中国文化传统的原因，也有冲破现实体制不合理束缚的实际需要。

面子后面是人情

“成本”与“收入”

我们注重关系、面子、人情有积极的一面，即对不合理制度的突破，对不理性管理的变通，对市场中僵化管理模式的反叛。但在这个过程中，经常会有人把人际关系变成一种权力寻租的关系，通过运用人情面子去运作权力、去谋取本来不该得到的利益，用权力去寻求利润。西方经济学上把这种现象叫作权力寻租。按照目前通俗的说法，就是把人际关系变成行贿、腐蚀、拉拢的关系，以此获取权力对自己的特别关照，然后使自己企业的利益不断放大。我一直在研究这种现象，这种关系在第一次交易时往往有利润回报，但如果从多次博弈和长期来看，撇开道德和舆论以及未来法律的风险，单从财务上看，这种腐蚀、行贿，往往成本大于收入，得不偿失。

我给大家讲一个故事。在贵州有一家上市公司，一度占到全省房地产市场份额的 30%。有一个老板想收购这家公司，也谈好了价钱，但将成交时他还想再压低收购价，于是联系到了省委书记的儿媳妇。儿媳妇就把公公请出来吃饭，席间说服她公公把体改委、国资委的人叫来，要他们都支持这个收购。此人给了这儿媳妇 500 万元，请她帮助运作，最后使他收购时少花了 3 000 万元。从这轮看这个人是赚钱了，之后这家上市公司在股票市场上很活跃，呼风唤雨。后来省委书记的老婆因为受贿被枪毙，然后又查出儿媳妇的事情，结果整个案子浮出水面。这么一个占 30% 市场份额的好公司，省掉的 3 000 万元其实很容易从正规渠道赚回来，但收购它的老板习惯占便宜，最后因为 500 万元葬送了整个公司，自己也进了监狱。如果当时多给 3 000 万元，把时间拉到今天，赚钱就赚多了，人也会很风光。

为什么多次博弈实际上得不偿失呢？道理非常简单。我们还以这个例子来看，这个省委书记的儿媳妇一下有了 500 万元，她会干什么？她会买好车、买豪宅，她会戴很好的珠宝，因为像她这样的状态，嫁入所谓权贵之家，一定很虚荣。另外她不仅帮了这一家，还一定会在别的地方有同样的行为，帮别人办更多的事情，涉入更多的是非。如果一个省委书记的儿媳妇变成这样，在省委机关里一定会有人议论，这样她和邻居的关系、和周围的关系就会不平衡，别人就会说她。群众的眼睛又总是雪亮的，她就面临不断的质疑，上级领导也要来关心和调查。如果有人写信举报，你就得想办法摆平。谁给你摆平？怎么摆平？你无非再拿钱去搞定，除了她自己已经拿的那 500 万元，当有人查她的时候，你会很紧张，怕被牵连，于是可能拿 300 万元搞定这个事情；过一段又有中纪委来查，她又紧张，你再掏几百万元去搞定中纪委。由于送了第一个 500 万元，后面为了掩盖这事儿就得不停地去花钱腐蚀办案人员、查案人员，堵住别人的口，这事儿博弈下去便没完没了。

显然，在这种官场权力关系中，因为你拿了不当财产，你的表现会令你跟同事、跟机构内部关系紧张，于是危机迟早要爆发。当你没调走的时候，这件事就总有人议论；当你离开的时候产生马桶效应——抬屁股臭，因为坐的时候不把马桶里的秽物冲掉，抬屁股以后就臭了。于是有人来撩这个屁股，这时需要不断借助人际关系的链条把这个臭味掩盖住；哪一天盖不住了，这个链条就断了，于是前功尽弃。你在体制外做一个商人，想用钱去协调体制内这么多人际关系几乎是不可能的，这样玩下去得到的结果一定是得不偿失。假定省委书记没出事，为了掩盖500万元的事，吃喝、搞定、请人，费精力不说，没准花得比3 000万元更多，还担惊受怕。

最典型的故事是王怀忠（被枪毙的原安徽省副省长），他本来受贿40万元，听说中纪委查他，很紧张，于是他的情妇帮他出主意说她去北京来摆平这事儿。随后她到北京找到了几个人，这些人说他们可以找中纪委某某领导来把这事摆平，但得要300万元。于是，王怀忠找当地房地产公司老板索要了300万元，200万元给了北京办事的人，其他钱让他情妇在北京帮助打理。人家后来给她看了一个文件，上面有某某领导的批示，她一看很高兴，认为这事就了了。其实这时候中纪委还在安徽没走，可是她回去跟王怀忠说已经没事儿了，结果王怀忠更加大胆，在当地继续折腾，最后两人都被抓了。最大的笑话是，收她钱办事的人是江湖骗子，编造了中纪委文件和假批示。所以腐蚀干部的财务模型，有可能中间损耗更多，甚至遇到骗子。当民营企业陷入这种关系模型时，一定会付出更多代价。

反过来，王石讲他绝不行贿。王石拿地的时候，从不搞任何私下的交易，这样看起来地价好像有点儿贵，但是他在市场上找回来了，而且他因此省出了大量时间去登山，永远不用操心要搞定那些乱七八糟的事情。他的经营成本虽然相对比较高，但市场一直在往上走，他对中国经济发展成长有信心，他赌赢了大势，赢得了尊严，赢得了时间，公司管理也规范了。到目前为止，万科能一路高速增长，王石能有更多时间来关注公益、关注自身发展、关注全社会企业界的走向以及行业建设，靠的是什么？其实简单啊，就是不腐蚀、不行贿、不占公家便宜。所以，我觉得民营企业应当客观地看待在人际关系中花出去的钱能办多少事情，算对成本和收入的账单，这一点非常重要。

熟人的成本

我们常常讲的人情面子，主要是指在熟人之间运作。民营企业很多领导总有一个感觉：熟人多了好办事，要用熟人，用熟人可靠。我算了一下，在市场经济环境下，用熟人实际上也不是都能赚钱的事，用熟人不一定就能给企业带来利益；另外，熟人通常不会给你个人带来很大利益，相反可能会给你带来很多成本上的过度支出，而收入是递减的。

再举个例子。你开车违规闯红灯了，被警察拦住了，你一看那警察是个熟人，他对你说："大哥，你怎么在这儿？"你说："对不起，刚才没看见红灯，打了一个盹儿。"对方说："没事儿，过去吧。"这时候你会怎么样？你会觉得有面子。为什么？别人闯红灯会被警察拦住受处罚，而这个警察当着别人的面管你叫大哥。按照我们刚才讲的人际关系模型，在第三者面前管你叫大哥，是给你面子。你既有了面子，又省了 50 元罚款，你今天就很开心。然后你说："兄弟，没事儿，改天一块儿吃个饭。"他说："行。"

第二次路过这儿，不是闯红灯，而是拐错弯了，一看又是这哥们儿，这回你也不道歉了，你说："又是您当班啊？"对方问："最近买卖不错，要请客啊！"你说："行啊，改日喝酒！"又省了 50 元，面子大了去了！但因为觉得麻烦了人家两次，都被拦住又放了，你会找理由请他吃饭，还这个人情。跟警察哥们儿一吃一喝一高兴，花费肯定超过 100 元。警察这会儿觉得很有面子，因为你请他喝酒，而中国人喝酒时要敬酒、要吹捧，他的感觉肯定好得不得了。两人关系于是由一般熟人变成亲密熟人，甚至是家人那种，更有面子了。于是，吃完了以后，你多问了一句："最近弟妹忙什么呢？"警察说："你这弟妹不争气，一天在家没啥事儿，找工作特别难。要不上你那儿找个活儿干，能开点钱开点钱，别让她在家待着？"你说："没问题，哥们儿的事儿嘛。"因为你不答应是不给他面子，答应了就是给他面子。于是他又敬你一杯，然后散了。过两天警察媳妇儿来上班了，怎么开工资呢？按照当下的标准，工资不可能太低。这工资月月都得开，每月至少 1 000 元，还要上保险，加上其他开支，差不多 2 000 元，每个月都得给。上班 3 个月之后，警察兄弟打电话来了，说："大哥你那公司咋管的，这么乱！媳妇回来见天跟我说，您好好管管您手下，不能老欺负我媳妇，她不就是没上过大学嘛，没上过大学也是人。"第二天你上班，被迫变法儿让人都知道她老公跟你是哥们儿。而这时你可能已经不开车，也不可能违章了。同时你也对这位警察媳妇不耐烦了，对警察说："弟妹在这儿不舒服，干脆让她回家。这样吧，她不用上班，我每月给她开 1 200，一年给她发 24 000。"这就是中国人的博弈，你花了钱，一年搭进 24 000 元，还不好意思停这个工资；

最后钱花出去了，还早晚会得罪哥们儿。但如果当初警察一上来敬礼说罚款 50 元的时候，你就乖乖给 50 元，任他扣分，你当天可能会闷闷不乐，责备自己不留神，并开始小心驾驶。回家后媳妇问你为什么不高兴，你告诉她今天开车闯红灯被罚了，老婆就该骂你，说："你牛什么，你跟警察不是哥们儿，市局又没人，就瞎闯红灯。咱家这点钱不够你罚的。"你会说："行了，别说了，以后我小心就是了。"从此你就变成了好公民，尽量不再违规、不被罚款。

我们公司甚至出现过这样的情况：一个熟人的太太到公司来上班，后来跟别人跑了。结果这位熟人打电话来，质问说为什么把媳妇放你这儿还被人勾引走了。和警察媳妇的例子如出一辙。要维持跟这类朋友的面子关系，就要保证他们托付的人开心和平安无事；而任何时候、任何一个环节出了问题，面子就没了，人的关系归零，回到生人关系，你看合算不合算？

熟人往往能满足你片刻的虚荣心，但会导致你不必要的交往，花了时间、精力，同时又导致你过度的成本支出。有时候为面子支付的成本你是不知道的；只有当你跟警察兄弟掰了的时候，你才知道，为了当时的 50 元，支付了 2 万多元成本，中间搭了这么多扯皮的事，而且警察媳妇来了以后让公司内部关系变得更复杂。很多的故事证明，熟人关系是超越制度而且破坏制度的。

熟人关系是有选择地超越规则，熟人之间有亲疏、有利害，亲密的、利害大的关系超越制度就多一点，疏远的一般关系超越就少一点。熟人越多的地方，越没法遵守制度，结果只能由习惯和传统文化来支配。比如乡村社会，文明制度（法律）是最少的，这时候老爷爷说了算，全部都是熟人与面子关系，最后潜规则占上风。所以民营企业熟人用得越多，越相信内部熟人关系，制度成本就越高，而且制度会被损害，甚至根本没有办法建立制度文明。例如，我们曾让监事会专门对公司内部制度执行情况做过一个定量研究，专门研究哪些制度被执行、哪些制度没被执行。后来发现执行最不好的是报销制度，大概只执行了40%，因为报销是熟人给熟人签字，没有人认真核票，基本上都签了。越是熟人越不好说不签，因为关系太熟。执行最好的是投资制度，因为投资是董事会定，董事会都是生人，跟经理平时没什么交往，关于投资一定要董事会批准，执行率是100%。我因此意识到这几乎成为一个规律：熟人多的公司，执行力度就不好。所以万通很早就提出生人原则，建立生人文化；另外还提出了担保制度，也就是说公司不主张用熟人，都用生人。我们现在大多通过猎头公司和网上招聘，公司现在的熟人已经降到低于10%，这在民营企业中已相当少了，不过按我的理想应该一个都不要，全部都是生人才好。

担保制度是什么？谁要推荐熟人，需要这个推荐人担保；这个熟人犯了错误，推荐人要赔钱；熟人得了奖金，推荐人可以跟着分。从公司整体看来，实行了担保制度后，制度执行得比原来好很多，坚持生人文化、生人原则有利于提高公司的制度化。很多民营企业长期不注意这一点，熟人介入最大的是家族企业。家族企业规则最难建立，比如儿子犯了错误，你能把儿子炒了吗？儿媳妇做出纳把钱点错了，你能扣她奖金吗？所以你的规则就虚设了。于是你们家族成员在公司内部全部超越规则，却要求剩下的人都按规则办，那怎么会有凝聚力？在这方面，我觉得熟人本身超越规则造成的制度成本巨大，熟人在一对一的博弈中也是成本巨大，而人们往往浑然不觉这种隐含在面子下面的成本。事实上，当你算清楚以后，会发现生人比熟人更有利于公司的发展，更有利于公司制度化，也更有利于控制组织当中的成本。

忠诚的成本

民营企业本能地喜欢用忠实的人，强调人和人的忠诚关系，并在熟人中把一部分关系发展成为忠诚关系。为什么要这样做？在早期民营企业发展过程中，由于法律、制度、规范没有保障，只能通过人来获取基本保障。人和人这时候的保障，最高的目标是结成相互忠诚的关系，特别是员工对于老板的忠诚关系，以此来应对制度不确定性和外部环境的不公平性，提高自身的凝聚力和我们讲的竞争力。特别有意思的是，西方的民营企业不太讲究忠诚，它们强调所有员工对公司忠诚，而不是强调少数人对公司老板的忠诚。中国民营企业强调的忠诚并不是对所有员工而言的，而是在所有员工里分出小圈子，然后小圈子里的人变成对自己私人忠诚甚至变成家里人，而把多数人变成生人，让他们讲规则。西方企业则强调大家对企业的归属和忠诚，而不是对企业老板的忠诚，因为它们的法律健全，老板没有不安全感。这和中国不一样，老板有时候强调个别人对他的忠诚，是因为老板个人没有安全感，需要少数人的忠诚来帮助他做一些事情。换句话说，中国民营企业重视忠诚问题，往往是因为对制度没信心、有不安全感而采取的被动防御措施以及企业经营中不得已的手段。但是这种忠诚关系往往被一些老板过分使用，以至公司内部少数人结成特殊关系。这种特殊关系对公司经营到底是利还是弊呢？我认为短期有利，长期不利。不按照制度办，越忠诚的人越容易超越制度，最后会使组织内部发生混乱，组织成本也会不断上升。

另外从中国民间文化上来看，要想让人忠诚，你付出的成本也很大。到底怎样才算忠诚？很多事往往与老板的想法背道而驰。比如有一个很有创造性的老板，创业初期因为对企业有很多不规范的做法担心，于是觉得财务人员的忠诚非常重要。他想来想去，最后想出一招儿，到监狱里找财务人员。他在监狱里专门找坐牢的会计，而且是坐牢还不出卖老板的会计。他通过监狱管理人员打听，这人有没有出卖老板，在监狱里是不是守口如瓶。如果行，他就把这人捞出来，变成自己的员工。这人感念他，同时又因坐过牢，就比较能扛得住；他用过之后也觉得这样的人确实比较忠诚。但是这个做法带来了一个负面成本，即道德成本。大家一旦知道老板是从监狱里找人来做财务，一定会猜想这个老板肯定干了很多坏事。一旦大家对他失去信任，企业的危机就会接踵而至。

还有个老板更有意思，他不断培养的死党对他似乎很忠诚，但是他一出事，这些人被抓起来后，一审就都招了。这个老板觉得很痛苦，因为没有人可以相信。事实上，我问过司法部门的朋友，为什么这些人那么容易就都招了？朋友说：“非常简单，我们一辈子干这行的，他是第一次进来，他怎么能不招？我的专业就是审人，除非你不断进来、不断出去，有反侦查经验。”他审了几十年罪犯，95%都招，只有5%是不断进出或者真的有什么信仰，或者有什么特殊背景的。但是那位老板用的那些忠诚的人，大多属于没有前科的95%，他们是必定要招的。

即使忠诚的人被抓进去以后，他跟老板也在玩囚徒博弈：老板如果还在外面，他怎么能知道自己要是不招老板会怎么对他；而一旦老板也被关进去，跟外部信息隔绝了，他又该怎么来判断这件事情呢？所以当他不能判断的时候，再加上平时受到监狱人员的管理和审讯，以及各方面信息的刺激、诱导，他就会招供。正因为这样，我曾一度跟员工讲：如果你们进去了，那就赶紧招。为什么？第一，你们在这方面不专业，你们怎么可能不招？你们不招就说明司法干部不称职。第二，我也不会犯法，没什么要你们替我遮掩的事；如果我犯了法，你们还没替我遮掩住，我肯定也进去了，也就不可能保护你们了。但是有两条：第一，你们别编故事，是什么就说什么，你们编故事就是害我；第二，我想办法不做坏事，让你们都没有编故事的机会和需求。我知道你们一旦碰到这种局面都要如实招供，所以我绝不违法乱纪；我不指望你们忠诚，你们也别跟我说你很忠诚；我要求自己不犯法，不给你们编故事的机会；一旦需要面对执法人员，你们要积极支持司法工作，和盘托出，只有这样我们公司才能进步。所以我不寄希望于谁对我忠诚，而是寄希望于自己不犯错误。我不相信有人愿意支付这个忠诚成本，且这个成本足以抵抗司法干部的经验。他不愿意支付这个成本，我也没法保证他支付这个成本我会给他回报，所以索性我们大家都实事求是，依法办事，不干坏事。这就是我对所谓忠诚的态度。

正常情况下，忠诚到底会有多大的成本？一个忠诚的员工，他和公司领导的关系是什么样的关系？排在第一位的就是要求特殊回报的关系，因为忠诚一定要有回报。按照中国的人际关系模式，一旦变成了熟人，熟人又变成亲密的人、变成家人，他既可以不要回报，表现为无限牺牲，也可能无限地要求回报。他可能会在心里嘀咕：我跟大哥这么多年，大哥就得管我的事，老婆孩子都得管。当你要给他更多回报的时候，制度不允许，你就得在制度以外处理。于是这个人会形成凌驾于制度之上的优越感。他忠诚了，其余 99% 的人就不忠诚了，组织就会开始分裂。另外，如果他跟随了你几十年，预期特别高，最后发现有落差，于是就会生怨。这种怨恨有两种表现形式：一种是积在心里不说；另一种是经常说，说出来以后也可能被别人利用。当你的对手要加害于你的时候，就会从这些人身上打开缺口。你为什么要用可靠的人？往往是因为要做一些在企业或机构内部不便公开的事情，在企业或机构内部属于保密的事情，而他掌握这些秘密。他离开的时候，因为怨，他可以拿这个事情来要挟你。所以在江湖上历来有一句话：最可靠的也是最危险的。最可靠的成本最高，因为危险也是最高的。中国历史上有很多“大哥”，都是被身边最可靠的人弄死的，如傅筱庵被厨师砍死、张啸林被保镖枪杀。中国历史上无数江湖故事都是这样，因为相随时间太长，厨师、保镖老要求特殊回报，主人有时候没做好或疏忽了，他们就把怨恨埋在心里。

所以一个民营企业的进步应该有一个标志，即老板身边直接对他忠诚的人在减少，遵守制度的人在增加，公司的规范和透明度在增加。反之，不断拉拢身边忠诚的人去做见不得人的事，同时瞒住其他员工，令其他员工变得不忠诚，公司内部就越发危险。因为总会有人打听到不规范的事并拿出去举报，你要是用忠诚的人灭他，结果更多的人会生怨，最后公司就垮了。我觉得一个民营企业进步的最终标志之一，就是老板消灭身边最后一个对他个人忠诚的人，让所有员工去忠诚体制、忠诚于公司的制度。

早些年，听说有些民营企业采用一些手段，比如雇一些忠诚的人，晚上拿着棍子把闹事的客户给打了。我跟王石讨论到这个事情时，他说万科不行，他根本找不到替他干这事的人，他从来不做制度看不见的事情；如果有客户纠纷他们就去解决，解决不了的就打官司。当一个民营企业的老板，身边没有一个人对他个人忠诚的时候，这个公司的制度就成为唯一的行为准则，这个公司才真正是一个阳光下的公司。好的公司没有秘密，唯一保险的办法就是按规则办，按法律规章办，无欲则刚。

关系网的规模经济

民营企业有时候往往把关系的规模弄得很大，什么都用关系，结果为关系所累、所困。做一个企业，到底关系网多大才够用？这是必须要面对的问题。前面讲过，人为什么要有关系？中国人讲关系、面子、人情，这是历史文化传统，也是中国人的人际关系模式。对一个人来说，关系在创业、经商、发展过程中所起的作用有三方面的功能：第一，事业发展的需要，要发展事业没有关系不行；第二，安全的需要，万一有个急难，有一个铁杆朋友能帮你忙、替你说话，家里有点事找个人就能关照一下；第三，情感的需要，总得有一些挣钱以外的情感交流。我有一个朋友说："我现在都在家里请客，不在外面请客。现在我不参加商务应酬，家里请来的都是聊天的朋友，想吃啥吃啥。专门请个厨师来家做饭，每次 500 元，今天想吃扬州饭就请个扬州厨子，明天想吃北京饭就请个北京厨子，做四五个菜，很简单，然后大家聊天。"显然，这中间不存在商务关系，而是情感需要，是倾诉、解惑、求证、益智的需要。越是创业的人压力越大，不确定的环境使他对安全需要和情感需要的强度会比一般人大，从这个角度来说，他对朋友的渴望程度也大。

从这三方面功能来看，民营企业对人际关系的经济规模的强度和范围要求是不一样的。往往出现这样的金字塔现象：如果你发展事业需要的关系对象层次越高、权力越大，实际上你所需要的关系数量会越少；如果你的关系对象比较普通、一般，权力也小，你就要靠数量来补充。

比如我们经常看到一些中纪委反腐败材料里披露的贪官和女人的关系，这是最典型的。一个大官和一个女人的关系，一般人很少知道。比如自杀了的天津政协主席宋平顺，他的情妇徐敏跟官场上的其他人都是泛泛之交；宋平顺管着整个政法口，帮她成了亿万富婆。对

宁打一口井，不挖十个坑

徐敏来说，关系越重要交往就越深，她只要一个宋平顺就够了。

还有一个特别的故事：一个 40 岁的女人，先后腐蚀搞定了 7 个特别高级的领导干部，她光在一单土地上就挣了上亿元。这个女人只在很小范围内活动，有六七个人帮她办事。这种关系是坏的关系，也可以是好的关系；依法帮你、指点你是好事，但谋私利就是天大的坏事。总体来说，你的关系对象，帮助你的人越重要、权力越大，事实上也就不需要很多关系；普通老百姓为什么关系多？因为普通老百姓找的人权力有限，每人管一点事，所以需要数量，每件事都得求人，而且是人求人。关系规模与关系强度、资源控制能力成反比，这是民营企业在发展过程中一个重要现象。当一个人天天在外面忽悠的时候，你应该知道这个人实际上在每一个地方的强度都不够；当这个人不怎么忽悠，但很神秘地就能把事情办成时，你要知道他肯定在某个地方有关系，而且这个关系的强度足够大。

此外，宁打一口井，不挖十个坑。这条在前面已经谈过了，即在一个单位里，其实关系越多，作用越弱。比如一个单位有 10 个处长，你跟 10 个处长都很好，没人会帮你办事，因为他们之间可能有矛盾。你找这个处长，另外那个处长可能会不爽，于是他们内部就会掐，最后谁都不帮你。但是如果这 10 个处长中你只跟一两个处长关系特别好，而且其他八九个处长都不知道，这一两个处长在内部帮你协调，很多事情就都能做成，而且还波澜不惊。这种做法在局部单位里最有效。关系的数量、规模和效果成反比，这是一个有趣的规律。

最后，当你满足情感和安全需要的时候，再结合一部分发展事业的需要，人的关系网大概是遵循“10—30—60”规律。这一点我们在前面也已具体讨论过了。

所以在人际关系网的规模上，一定要仔细研究 10、30 和 60 这三个数字，维护好这三层关系，把握住你一生中每天精力的分配，让你的工作更有意义。有很好的人际关系，既能够依托于关系，给别人面子、建立友谊、获取情感上的安慰，同时又能够发展事业、不违法乱纪，使自己的生活变得正常而健康，这是一种很高的境界，需要很好的修养和自我管理。要不断清理自己的通讯录，把属于“10—30—60”里的人弄明白，大家会越来越自然健康地成长，使工作、生活都变得很正常，而不会陷入无限编织关系网的陷阱里，更不会陷入熟人陷阱、忠诚陷阱、腐蚀干部陷阱、人情面子陷阱，最后沦为人情的奴隶、面子的奴隶，进而毁坏你的事业。所以，我认为一个聪明的人应该对中国文化下的关系、面子、人情做一个客观的理解，从而保证自己的企业能够在关系社会里有更加健康的发展。

09

伟大

伟大是熬出来的。

——冯仑

我觉得一个男人一生有两段时间很重要：15~20 岁立志，决定你想做个什么样的人、内心的英雄目标是什么；20~25 岁扎堆交友，开始进入社会，你跟什么人在一起，最后会决定你的一生。我生活的时代正好是“英雄”的时代，“文革”时期你不做“英雄”就什么都不是，那个时候社会没有明星，也没有我们说话的机会。不管是什么“英雄”，只要能被社会的主流价值承认就很好。

志大才必高

人立志以后，他所立志向的大小不同，处理问题的起点就会不一样。柳传志曾经有一段时间和他的合作者处得很不愉快，看了《联想风云》，大家都知道一些，他说在这个过程中他唯一能做的就是牺牲。把最好的房子、最好的车都给他们，自己什么都不要了，但却得到了一个管理人的权力。有理想意味着敢牺牲，如果当初我们 6 个人没有前几年的牺牲，赚了钱大家都分了，就没有后面更大的收益。我后来发现所谓责任感、理想，就是做好三件事：一是没事找事，天下事不一定非得你管的你去管了；二是把别人的事当成自己的事，救助贫困生、失学儿童，不是你的事你去管；三是自己的事不当事，比如三过家门而不入。我相信柳传志的牺牲精神来源于他非常执着的理想，就是要把联想办成一个最好的企业。王石身上也有这种品质，直到

2006 年他的年薪才涨到 200 万元，所有股票市值加起来也不到 150 万元，还是最初发行股票的时候没人买，他拿存折上的两三万元买了公司的股票。他“律己”到什么程度呢？他所有私人的钱都是秘书管，绝不花公司的钱；哪些钱给家里了，哪些钱自己花了，每年都审计，大家都知道。很多人以为他爬山是因为公司有钱，实际上他 5 年前开始爬山的时候除了自己掏钱，有时候还要我们这些朋友资助他。他去珠峰我一块去帮他找赞助，每次行动前朋友们也总是忙着打电话帮助解决问题。他做摩托罗拉广告的收入一分钱没留，全捐给了登山协会。不是一个志向远大的人不会那么节省，也不会把一大笔钱舍出去时连眼皮都不眨，这种品质非常感人。

立志决定了所有事情的思考方法，志向在哪儿，人就往哪儿琢磨：志向在挣钱，人就会想着如何去斤斤计较；志向在为人民服务，人就会学雷锋做好事；志向在成仙得道，就在装神弄鬼上花心思。立志就是在人生海洋中立了一个航标，不管走到哪里，中间干了别的什么事，顺利或不顺利，都是朝着这个航标前行的。

许多成功的人都怀有乐观主义。乐观来自哪儿呢？主要是有一个信念，看到未来理想实现时候的光芒，就像基督徒看到了天堂。登山途中，甫一看到山顶的时候，脚下的每一步艰辛你都认为是值得的。理想可以转化为男人乐观主义的精神和无限的毅力。比如阿拉法特，他哪来那么大的力量，折腾几十年，天天睡觉换地方呢？我也看过越南胡志明待过的监狱，看过曼德拉待过的监狱，他们都很乐观，因为一个伟大的志向可以让人忍受常人不能忍受的痛苦。如果立志做中国最好的企业，眼前一切困难就都无所谓，你的心态也会很健康。我们经常说，要学会把丧事当喜事办，因为痛苦是男人的营养，一有烂事来了，你就又伟大了一点。

立志可以过滤人生很多是非，做出价值判断，帮助人们决定选择给予还是获取。如果赚到 1 000 万元，究竟是分了，还是再投资，其实都是用理想在做取舍。当时我们如果没有培训、没有计划，可能我们也会选择分钱财。值得庆幸的是，由于我们坚持理想，结果把别人容易触发矛盾的问题和别人不能妥协的地方都过滤掉了。所以我们几个合伙人 15 年后还是兄弟。一个没有共同理想的团队，解决这些问题将是非常困难的。

理想还诱使人做一些自我转化的工作，把自己变得与众不同。首先就是自律。在目标约束下，自己就像导弹一样，盯住目标，目不转睛，坚定不移。我们在公司里一直讲：把大道理留给自己，把小道理留给别人。大道理是伟大的人遵守的，凡是伟大的事不可能是令人舒服的。看看吧，高瞻远瞩、胸怀坦荡、自强不息、含辛茹苦、兢兢业业、坚忍不拔、克己奉公、鞠躬尽瘁……没有一个是让感觉器官舒服的事儿；纸醉金迷、文恬武嬉、花天酒地、吃喝嫖赌、坑蒙拐骗、巧取豪夺、为非作歹……罪恶的事都是感觉器官上快乐的事儿。其次就是反省，凡是志向远大的人都时刻检查自己、提高自己，这种力量也不得了。当一个男人愿意约束自己，并根据外界不断的变化来检讨自己，以便找到新的前进道路时，这个人就变得宽容、坚毅，能够长期坚持做一件事情。当然也会变得非常冷酷，因为目标太执着了，跟“神六”上天似的，一切无关的都可以不要。这是必然的。冷酷就会有牺牲，牺牲的都是身边能牺牲的，比如老婆孩子和自己的身体。阿拉法特在生命最重要的时刻曾经有一次爱情，但这个女人被敌人打死了。之后的老婆一开始是爱慕英雄，后来最不能忍受的就是每天睡觉换一个地方，最后就要离开他，说要过一个正常女人的生活。伟大的人会牺牲掉一个正常人的生活状态。

一个人目标约束非常严谨，行为高度自律，随时自我反省，这些品质会引导他把自己的人生像导弹一样发射到高处（天空）；同时他也会牺牲自己，变得过于勇敢、无畏、冒险、进取、残酷、手狠、心硬。我的职员辞职前来跟我谈话的时候，一般谈三个内容：第一，在公司干了很长时间，做了一些工作，但因为一些原因有很多情况你不知道，我跟你说说；第二，我虽然要离开公司了，但对老板还是很尊敬的，以后有机会还会效力（客气一下）；第三，开始谈要求、谈要钱。基本上都是这么三段论。有时我会调侃说：我原来不知道自己很伟大，听你这么一说才发现我也很伟大，但是要告诉你一个历史铁律：伟大的事业必须委屈三分之一的人，你在这三分之一里。我炒第一个人的时候他在窗户底下骂了我一个晚上，骂我们是资本家。因为当时过年，他抢占公司宿舍，我们把他强行赶出去，这时他的父母已经坐火车往海口来了，面临露宿街头的境遇，我们虽然犹豫过，但最后还是很坚决地执行制度，处分了他。

男人奋斗的过程中一般会表现出很多美德，也会表现出很多正常人认为残酷无情的行为。一个有价值的男人的一生，是践志的过程，以及找到志向相投的朋友的过程。随着时间的推移，这会改变一个人的人格，提升境界，开阔视野，发展事业。柳传志、王石对理想的追求是真诚的，不是蒙人的；牟其中靠的是一些手腕，对自己的理想也不真诚，差别很大。有句话叫真爱无敌，男人爱自己的事业、爱自己的理想，什么都豁出去了，牺牲到这个份儿上还不成功，那天下就没有什么能成功的了。一个奋斗的男人的一生，是雕刻自己的一生，同时也是摧残别人的一生。他像刻萝卜花似的，一刀一刀把自己雕得很好，越从远处看越伟大，越走近越觉得很可怕。我曾经是一个书生气很浓的人，现在表面看很斯文，但内心早已无所畏惧、不怕牺牲、一往无前了。

伟大的状态

伟大是个美学命题，但我理解伟大往往是激励一个男人一生故事的主线，这是一个梦想，所以伟大首先是一个梦想。这个梦想会成为他一生指路的明灯，就像阿拉法特，他的梦想就是带领巴勒斯坦回到自己的家园，建立一个独立的民主国家。他大学毕业以后做巴勒斯坦学生自治联合会主席，然后做房地产、泡妞，成了个小富翁，后来创建法塔赫，最后在法塔赫坚持了 45 年。实际上这都是源于他年轻时候的一个梦想——建立一个民族独立的国家，在这个梦想的感召下他一生都在为此奋斗。而这个奋斗成了一个奇迹，他成了没有国家的元首，没有护照的世界公民。最后全世界的人都认为他是元首，但他没有国家。

所以伟大是男人内心的明灯，是一个梦想，围绕这个梦想展开他一生的故事。如果15岁的时候没有种下这颗种子，那这个人成长的逻辑很难解释清楚。就像小说第一章、第二章情节可以不一样，但逻辑必须是一样的。我遇到的生意场上的人，他们的故事逻辑的展开实际上都与他们15岁、20岁的梦想有关，和他们心目中英雄的影像如何拷贝到他们一生中有关，他们会不断地变，做这个、做那个，但这个逻辑不变。我们那个时候最容易有的梦想就是改造中国，一会儿有个机会让你去改造，然后不行了；但过一阵另外又有一个机会，于是继续改造。我经常会碰到20世纪80年代的精英，不停地从这里那里冒出来，最后又都走到一起了。伟大的梦想会引导一个男人故事的展开，情节会花样繁多，但逻辑是非常一贯的。这样的男人会有一种力量让人尊敬。一个男人有了精神追求，征服的首先是自己，感染的是大家，最后才能做出看似很奇特的举动，甚至忍受别人不能容忍的痛苦。

伟人是一种状态，一种自由的状态。凡是伟大的人内心都是极度自由的，他极度渴望跳出一种现存的格局。很多企业家，你现在看他很伟大，当初他只是想反叛，渴望自由。自由的根本在于掌握自己的命运，自己决定自己做什么、怎么做和跟谁在一起做。自由也有很多微观的具象特征，比如自己决定几点上班、发多少工资，虽然这些都很细小，但这种自由对于伟大的人来说就像氧气和水一样，是生命所必需的。如果没有自由，伟大的状态永远出不来；反过来看，伟大的人都是自由的，内心、行为都在这种状态中。这两个东西到底哪个在前、哪个在后我不知道，但我观察到的伟大的人都是很自由的。王石完成了“7+2”（指七大洲最高峰的攀登和南北两极的探险），出版了新书，他的生活很自由。

没有一个伟大的人不在自由的状态里，在牢里他都能伟大，这个伟大是一种精神气质，是一种精神行为的自由。反过来，自由的状态促使他能够达到一个创造的境界。自由在观念形态上像个化学过程，不知道哪个东西跟哪根线搭上了就出现了一种新东西。人的状态是否自由，从说话上也能看出来：自由职业者说话最语无伦次，他很自由，说话别人也爱听，总有些点或者一两句话让你感到很真实；但进入程序状态的人，比如官场主席台上的人，他是不自由的，语言都很枯燥，你不会觉得他伟大。

有人说人生要修三种境界。第一种境界修吃饭睡觉，修个没心没肺，爹死娘嫁人也照吃照睡。第二种境界修正经正常，人往往是要么正常、要么正经。胡同里的大妈说话正常，但上主席台说话还是胡同那套语言，就不够正经，大家会说这个人不懂事；但要是官员坐在那儿正经，老是那套词，下来跟大妈还打官腔，也会让人觉得这人不正常。所以所谓正经正常就是该正常的时候正常，该正经的时候正经，日常生活的角色和主席台上的角色都能自如地扮演。第三种境界要修善恶是非，不仅按照正常的是非标准来观察问题，还要能创造一个是非标准，这就是极度的自由。比如格瓦拉，能够对抗所有殖民主义的力量，成为拉美世界的“解放者”，他自己制造善恶是非的标准。修到这个境界的人就伟大了。人逐步从生存阶段的自由发展到了角色上的自由，最后达到是非标准上的自由创造，这就是由平凡到伟大的过程。所以，一个伟大的人应该处于一个自由的状态。

伟大也是一种创造的状态。自由一定不按常规，而是会创造一些新的规则、新的是非标准、新的机会选择。所有的人只有两种人生。一种是95%的人按照普通人生存发展的一般游戏规则去做，25岁要结婚，27岁生孩子，当了爹妈以后带孩子学钢琴，配偶下班得回家，节假日陪孩子，这就是正常。按这套规则下来，基本有个安全感，能正常生存。但还有5%的人有第二种人生，这些人创造生活、改变命运、挑战未来，比如大导演张艺谋下班要回家，人们会觉得张艺谋不正常。他们已经过了正常的线，他们的是非标准进入了另一个状态。这些人我们认为是在创造。超越常规造就了张艺谋的伟大。如果他下班回家，他没有创造，还是正常的生活状态，大家会认为他平凡，会说他是人而不是平易近人。我们说一个人平易近人，某种意义上就是承认说他已经不是“人”了。所以在日常生活中，伟大就是不按常规的人生对付日常的生活状态，那么在工作上他才能够有伟大的创造。比如创造商业奇迹、科学发明等，不管哪个，被我们称之为“伟大”的人肯定是做了别人没做到的事。我们把没做到的事冠之为“创造”。

同样，在社会运动当中，也有很多这样的故事：焚书坑儒是个创造，说明秦始皇够伟大；决战匈奴也是创造，说明汉武帝也伟大。至于历史怎么评价，时间自有公断。伟大总是在一种创造的过程中，在不按常规的状态思考和创造未来中。

伟大还是一种荒诞的状态，这个很少有人观察到。伟大的人都有一种荒诞感，都是别人觉得他很伟大，但他自己却认为很荒诞。这个状态很有意思。假如别人认为你伟大，你不认为自己很荒诞，你认为自己真伟大，也就是老百姓说的“你真以为你了不起”“当自己是个人物”，走到哪儿真端着拿着，大家会说你太拿自己当事儿。伟大的人都会有一种深刻的自由状态，都会把自己放在历史长河中观照自己，知道自己在演什么。实际上，如果真按大家给你的角色演，那就是浅薄。所以我真的在小范围见到这样的人时，发现他们其实都是有荒诞感的，都很会调侃，因为他们非常清楚自己怎么回事，别人吹捧没用。

所以，伟大是一种状态，一种自然的状态、自由的状态、创造的状态、荒诞的状态，以及自我观察中的一种喜剧或悲剧角色。

伟大的基因

伟大实质上是一个基因。我们观察伟大的时候往往把因果关系颠倒过来。比如人们通常认为柳传志今天能做出这些成就是因为他伟大；事实正好相反，因为他有伟大的基因，所以今天才会变得伟大。伟大的原因恰恰是他伟大基因发育的结果。伟大之所以具有基因，因为伟大其实是一个理想，这个理想和我们通常说的梦想不同。因为理想有很多，一种是社会价值的取向，这是基因，或者说是社会理想，是社会价值观的一种取向。我们经常开玩笑说，30 岁不结婚人家认为你嫁不出去，你一辈子不结婚就是一种活法，这就是价值取向，社会行为方式的价值取向。你如果有这个基因，你一生就照着去做，就会变得伟大了。所以一种社会价值取向会变成一种伟大的基因。

伟大这种基因也可能是一种意识形态。比如共产主义，又比如宗教狂热。这种意识形态的基因根植于你内心世界，然后会引导你变成一个“疯狂”的人。如果没有这个基因在里面，印度的甘地怎么能成为这样呢？这个基因特别顽强，就能发育出“伟大”。

伟大的基因也是一种情感，比如偏执地对一件事情喜欢、投入。一开始可能是种情感，比如杨惠珊，她偏执地喜欢琉璃工坊，刚开始时倾家荡产，最后变得伟大，被认为是企业家和艺术家，这种情感既不是宗教也不是意识形态，也不是社会价值的观念，而只是一个偏执的喜好。伟大就埋藏在这些基因里，这些基因发育出一个东西，相当于一个导航系统，能够正确地引导自己，比梦想更加具体、更加微观，而且更加精确。

比如柳传志曾经讲过：在早期公司内部人事矛盾激烈的时期，我就采取一个办法，让所有人车坐得更好，房子住得比我还大，钱多多地发。我全都给你了，那我剩下什么？我就剩下领导的权力，我就可以领导你！他为什么会这样呢？因为他追求他的信念，他极其执着的基因就是要实现他自己的梦想，把中间该甩掉的都甩掉。如果他没有这个强烈的成功的欲望、偏执的基因，以及这种偏执背后的社会价值取向，他不可能变得伟大。

伟大的人之所以伟大，从来都是把大道理留给自己，把小道理留给别人。一般的人都是把小道理留给自己，大道理留给别人。比如我们讲的奉献，平凡的人总是让别人奉献，自己偷偷地索取；而伟大的人会真正地奉献。就像柳传志，他什么都不要，但是他要一个可以领导你的权力、领导组织的权力；通过领导组织的权力，他的梦想得以实现。得到更好的车、更大房子的人，也就是得到车、得到房子，仅此而已，最后失去了伟大的机会。所以要想成为伟大的人物或成就伟大的事业，一定得拥有这种基因，具体表现在把所有别人不信的大道理都搁在自己身上，于是你就不跟所有的人争，争即不争，不争即争。也就是说我不争你们要的不伟大的东西，我就争一个伟大的资格，而伟大资格的前提就是我都奉献了，得到了你们都不要的扔掉的大道理，最后结果就是我永远都在你们上面。所以叫作“非以其无私邪？故能成其私”，好像是奉献，但我得到一个“大私”。我不争小利争前途，不争局部争全局，不争现在争未来。当一个人拥有未来、拥有整体、拥有管理领导的权力时，就一定有一个伟大的未来在他手里。而普通的人只争现在不争未来、只争具体不争原则、只争一个具体角色的快乐不争整体的自由度，他就永远处于被领导的状态。所以伟大表现为领导者和所有被领导者争的东西不一样。所以你要做一个组织的领导者，你争的一定是大家不争的。

比如我在做企业的过程中，我对投资者会有很多承诺，其中有一些重要的承诺可能会导致我倾家荡产。普通人会考虑，总得留点过日子的钱吧。我的想法就是 0 和 1，要么绝对的成，要么算了，中间状态没有意义。比如我们曾经有个投资者进来，他非常简单地说：“你只要承诺如果这三年你能做到一个什么状态，而且现在告诉我这些话都是真的，那我就可以简单审计，即很快结束这个事情；但你要签个协议，不仅拿你的资产，而且还要用你自然人的所有财产担保，即承担无限连带责任，只要你说假话，一分钱都没有，然后你还得在这儿干，帮我干三年。”我答应了。三年过去了，没出任何问题。正因为这样，我在团队里就有绝对领导权。我争得了这个以后就赢得了团队、投资人完全的尊重。律师写得很清楚，你的有形股权、资产以及个人名下的包括自然人名下的财产通通都押在这上面。我看到的很多人都能够做这样的选择。我们可以把它理解为冒险精神，但实际上是因为他们内心有一个基因，即一定要成就这个事情。这个基因在身体里不断地异化发展，到这个时候他们就会往这个方面想，不会想别的。这对很多人来说可能是挺难的事，是要商量一下的。商量什么？原来就什么也没有，还商量什么……我住了12年地铺；第一个房子很小，在恩济花园；第二个房子也很小……所以永远都是零的状态，只有这样才能想未来，才有无限的动力。

伟大是管理自己

伟大还表现为管理自己，而不是领导别人。我经常跟王石出去玩、爬山。大家都会很关注王石，一会儿爬这个峰，一会儿到北极点。他爬山大约只用了5年多时间，把七大洲最高峰都爬完了，加上南极点和北极点，就是我之前说的“7+2”。对于当时已经四十七八岁的人，做到这样很不简单。那他是怎么做到的呢？我们发现，在山上我们和他最大的区别在于他能管理自己。比如他说几点进帐篷就几点进帐篷；为保持能量，食物再难吃他都往下咽，而我觉得不好吃就会宁愿挨饿。又比如在山上应该下午5点睡觉，若是聊得高兴8点才睡，第二天肯定爬不了。他在珠峰7 000多米的时候，不管别人再怎么说风景好，他都克制自己不出帐篷，因为动一次能量就损耗一次。当时跟他一起爬的还有另一个朋友大刘，大刘属于兴奋型的，8 000米以下时你在电视直播里看到的都是大刘的镜头，大刘放纵了，没有管理好自己，结果没劲儿了，到8 000米时就打退堂鼓，也恐惧了，知道自己体力不行。王石以业余运动员身份能爬上去，管理自己的能力是非常重要的。而且他每次都认真做爬山的准备工作，比如涂防晒油，要求两层，他一定涂两层，而且涂得特别厚。再比如说他的原则性，我们有一次在成都喝啤酒，要冰镇的，小姑娘半天拿不出来，后来拿出来的不是冰镇的。小姑娘解释，王石马上严肃地说："你说是冰镇的，如果没有，你应该告诉我；如果你说有冰镇的是为了把我们哄坐下，你是在骗我，我不吃了。"说完拍屁股就走。大家说都坐下了，就这样吧。王石说那你们吃，我自己走。我们出国时一起吃饭，王石说绝不吃中餐。大家因为各种因素到了中餐厅，他宁愿坐在那也不吃。他对自己非常负责任，时时管理自己。普通人这么也行、那么也行，王石却是说不做什么就是不做什么，所以万科能做好。多数公司领导者说不做，遇到便宜就会动心。一次三九老板赵新先介绍很大一块地给万科做别墅，对王石说："地白使，你做，做完然后分钱，不要地钱。"王石看完说："我不做，因为万科没做过别墅，不擅长。"万科只擅长中产阶级的郊区别墅，他情愿介绍别人做。

所以管理自己也就是自律，是一种重要的品质。很多企业的领

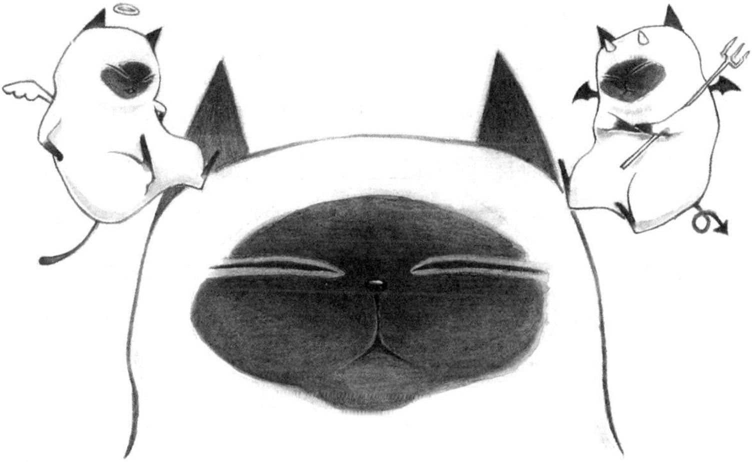

伟大就是管理自己

导者之所以失败，很多都是因为放纵自己，放纵自己的欲望，比如战略上多样化，组织系统和人脉也管理不好。王石在公司，朋友、战友一个没有。他坚持原则到什么程度？曾经有一个原来和他一起做生意的朋友，在北京拿了个批文，要王石做，但是王石已经决定公司不做这种业务了，这个人还是来了，都是男子汉，都是"老江湖"，最后竟然给王石跪下，说就这么一次，王石还是坚决不做，后来这个人真跟他翻脸了。所以据我观察，伟大就是管理自己。过去，我们老以为伟大是领导别人，这实际是错的。当你不能管理自己的时候，你便失去了所有领导别人的资格和能力。当一个人走向伟大的时候，千万先把自己管理好，管理自己的金钱、自己周边的人脉社会关系，管理自己的行为。你管理好了自己，我们称之为自律，称之为守法，很多类似的美德就有了。管理好自己的时候，才取得了领导的资格，在组织中成为最好的成员。其他成员多少有些放纵，而你是最好的成员，所以大家会信任你，大家才敢把命运寄托在你——一个首先能管理好自己的人身上。比如你不占便宜，大家就会相信把钱交给你管理是合适的。比如王石的工资一直非常低，2005 年以前都不超过 100 万元，你很难想象这是一个在上市公司做了 20 年的成功人士的薪酬标准。2004 年我们一起开会讨论薪酬的时候，那时候他是 60 万元。他说如果利润加个零，我的工资就加个零，所以到 2006 年才 200 多万元。他说不炒自己的股票真就不炒。因为这是美德，他承诺的事大家就会相信。所以伟大首先在于管理自己，而不在于领导别人。

柳传志也是这样。我们有一个小团体，十三四个人，十几年来每年"五一"，这些老男人都会找个地方玩一个星期。我们一起在新西兰南岛度假，有一天老柳在车上宣布不能迟到，“如果有人迟到，我就翻脸，一天不理你。”还说要罚钱，迟到一次罚 100 美元。结果第一天有一个人迟到了，他马上翻脸，说“我今天不理你，你别和我说话”。结果大家全傻了，他那天就真的不和那人说话，坚持原则。从那以后，没人再迟到了。

我们一起坐飞机时曾聊天，说起这么多年做公司到底进去（监狱）多少人，联想进去 12 个，万通才进去 2 个。柳传志很有原则，说送进去就送进去，不含糊。但他首先管理自己是成功的。

伟大的力量

伟人究竟是怎样成就的？伟大的力量究竟在哪里？

决定伟大的是两个最根本的力量。一是时间，即伟大是时间的函数，随着时间的推移决定这件事的价值。实际上一件事是不是伟大要靠时间。阿拉法特做了 45 年之后，国家还没有建立，但 45 年已经成为一个成就、一个传奇，所以这 45 年是一个阶梯。所以当你做一件你希望它伟大的事情时，你首先要考虑自己准备花多少时间。如果一年，绝对不可能伟大；20 年就有机会了。在大足石窟，一个老头坐着拿小板凳敲，敲了 70 多年，于是他的塑像放在那儿了；而敲 20 年的都看不见了。我们说坐牢，曼德拉一坐坐了 20 年，不坐 20 年能伟大吗？坐两年的都看不见了。所以做任何一件事情，时间是最重要的。

如果你第三者插足，一年大家说是作风问题，三年叫搅和，30年就叫爱情，赵四跟张学良37年，谁说她是第三者，谁说叫搅和，都说叫爱情。所以时间是决定一件事情伟大的重要力量。作为一个商业行为，一个企业，就是时间。

在时间的过程中，你会发现聪明人和笨人在互相转化。当所有聪明人都会去做一件事的时候，这就成了一个愚蠢的决策。因为所有聪明人都看见了机会，都想赚快钱，这里的竞争就变得超强。而当100个聪明人去竞争一个都看得见、看得清的事情，这里面就没有了成功的机会。反过来一个愚蠢的人做了一个谁都不相信的愚蠢决定，每天都倒腾一点，很慢，直到第18年时竞争对手都不出现，但到第20年就成功了，成功的机会几乎是百分之百。时间使聪明和愚蠢不断颠倒。愚蠢的人靠时间变成聪明人，而聪明人想偷懒节省时间使自己做了愚蠢的事。所以伟大的人常常一开始做了一个被人认为愚蠢的决定，但他用十足的耐心，靠时间颠覆了是非标准。

第二个决定伟大的力量就是跟谁一起做。你是花了很长时间，但不是和伟大的人一起做，这件事就会沦为平凡，和英雄无关。

我在纽约做世贸项目的时候，有一个极强的印象：所谓创造历史，就是在伟大的时刻、伟大的地点和一群伟大的人做一件庸俗的事。具体行为都很庸俗，讨价还价，只是时间、人物、场合是伟大的，结果这些庸俗的事改变了历史。相反，普通人是在平凡的时间、平凡的地点和平凡的人说着伟大的事情。不改变任何社会，也不改变任何人。要想成为伟大的人，就要选择伟大的时机、伟大的伙伴，但是具体事情要非常庸俗地按规矩操作。

比如生意伙伴，是和微软做，还是和万通做呢？你和微软做成为伟大的机会可能多于和万通做。所以我们说要学先进、“傍大款”、走正道。永远找比自己优秀的人一起做事，不要怕别人不带自己玩，我只要天天追着先进走，老师一般不会慢待、薄待学生，这叫学先进；“傍大款”就是总找公司实力比你大的企业；然后就是走正道。你身边如果都是这些人，你也就跟着伟大了。所以伟人的第二个力量就在于你的合作对象。

你选择了好的伙伴，然后以足够的时间做一件常人还看不到结果的所谓不正确的决策，就有机会成为非常伟大的人。所以伟人讲过一句话，一个伟大的领导人不仅仅是敢于坚持原则，而是敢于坚持错误的原则，错误到头了，真理就出现了。讲的就是敢于坚持一个别人没看到的东西，靠时间把这件事颠覆过来，同时团结一些伟大的人共同完成这件事。

伟大的魅力

伟大也是一个不断被增魅和褪魅的过程。所谓增魅，就是增加魅力、被人涂抹的过程，会把原来的你涂抹成你自己都不知道的状态。也就是说，伟大是被人神化的过程，是自己不断发现自己和误解自己，同时发现别人又被别人误解的增加魅力的过程。当我们有一个自由的状态、创造的状态、荒诞的感觉，同时既能坚持，又能不断创造，并且拥有价值追求的基因时，你实际上就已经融入了最具有魅力的状态，睿智、宽容、强大、坚毅、勇敢、自我牺牲，这些都加在一个男人身上，那么无限的魅力就出现了。这样一个增加魅力的过程会被无数人崇拜，就会把自己变成一个神。所以伟大又是一个增魅和神化的过程。但遗憾的是，随着历史的变迁，是非的沿革、社会的动荡、制度的崩坏和重建，使这个魅力的过程又忽然坍塌，成为一个褪魅的过程，使伟大归于世俗。比如萨达姆，他曾经有百分之百的拥护率，成为中东无可争议的强人，第七大军事国家的元首。但当他的头像被美国拉下来的时候，当这个政权被美国的特种部队和现代战争手段摧毁的时候，当萨达姆钻出地洞脸贴着地皮的时候，他的魅力一下子没有了。当他穿着内裤摔倒的时候，当他被审讯者报以老拳脸被打肿的时候，这时候没有任何人会认为他是个有魅力的男人；相反人们看到的是一个邋里邋遢的老头儿，一个没有任何神秘感和威信力的老男人。这个褪魅过程实际上使那个曾经增加他魅力的制度程序以及媒体的放大都顷刻瓦解，使他回归到自然状态。所以增魅和褪魅的过程是在伟大和平凡之间、是在历史长河中翻上翻下的过程，最终伟大的人物在历史上被定格为一个是非的节点，不断被人提到：有人说他有魅力，有人说他不过是普通人；有些人说他好，有些人说他坏。你的想法和所创造的是非身前身后被人抬起来又砸下去，最后历史就被这些伟大的人物不断左右着，这也是伟大的结局。当一个人内心激动而又有伟大的理想在心中展开，他的人生展开的过程就会非常精彩，能够做出多数人不敢做出的决定，奉献出多数人不能奉献出的毅力、财产甚至生命。

我在越南的一个监狱里看到胡志明在墙上写的那些诗和文字时，我理解到一个真正伟大的人是不会被监狱关住、被时空限制住的，他的能量所释放出的光芒是永恒的。

10

企业公民

前半夜想想别人，后半夜想想自己。

——胡雪岩

原始社会时，中国人的生存状况不会影响到美国；但随着科技进步和国际贸易的频繁，人类的利益相关度越来越高，中国和中国企业的责任已跑到地球的另一头，已经涉及大洋彼岸。反之，如果美国产的芯片装到手机里打电话有脑辐射，中国有几亿部手机，几亿人脑子全傻了怎么办？因此，全球一体化的今天，企业公民、社会责任的概念越来越被全社会关注。

责任边界

什么是企业公民？企业和公民是怎么联系起来的呢？公民有奉公守法的义务，也有选举与被选举的权利。现在把公民的概念套到企业上来，企业也应该有企业的责任和义务，而且强调更多的是企业公民的义务。

目前关于企业公民义务的范围有三种理解。第一种也是最窄的理解，即企业只要盈利、纳税，就算履行了企业公民责任。因为企业是市场经济中有效分配资源的一个载体，在市场经济中一个企业承担的责任是最有效地分配经济资源，如果有盈利，那么对股东来说这个资源的分配就是积极正面的。于是按经济学家的理解，只要企业赚钱，实现盈利，能够很好地配置资源，善待员工，依法纳税，这样的企业就算是一个好的企业公民。

第二种理解非常宽，即企业对公民的义务不仅是维护员工利益、纳税、依法经营、建立合理的竞争秩序以及维护社区环境、自然环境、生态环境等，还有承担无边界、无限度的责任。中国观念一向有“均贫富”的传统，所以一谈到企业公民，多数人的期待是“好人好事随便做”，只要是好事你就得做，不做你就不是企业公民，甚至形成全社会对企业家群体的压力，出现劫富济贫，出现了“慈善榜”“纳税榜”等各种各样的排行，总体来说就是指责企业家和社会先富起来的人捐赠太少。但是捐多少是多呢？没有边界，总之是不断地索要。

最极端的故事出现在南京。南京某企业领导是个很有爱心的人，每年都捐很多钱来资助贫困儿童。有一天却突然接到电话说有 20 多人堵住家门找他老母亲要钱，其中还有几个是他发小儿，要钱人的理由是：“你儿子既然在外边捐，这么有钱，为什么不捐给我一些？”结果把老太太折腾得心脏病发作。做好事本是自愿的事，却被社会公众理解为理所当然，甚至用这种粗暴的方式构成一个社会治安事件，很值得人们深省。在全国，类似这样的索捐事情还有很多。

第三种是我个人比较接受和赞成的，也是目前西方比较通用的企业公民概念，即企业公民要承担确定范围的社会义务、公民责任，这个范围就是只涉及直接的利益相关者。比如非洲难民不属于直接的利益相关者，你可以关心，但不关心也不为错；然而如果对直接利益相关者不负责任就一定是错。比如说食品企业将食品卖到非洲，那里的消费者就是企业的直接利益相关者，你要负责任食品安全；员工也是企业直接的利益相关者，现在很多跨国公司特别强调有道德的采购，比如沃尔玛在采购的过程中就坚决不采购由童工或监狱犯人生产的产

在边界内履行责任

品，有尊严的劳动才是合乎道德的生产过程，这实际牵扯的是一个劳动保护的问题；所在社区是我们的直接利益相关者，社区利益、社区生活、自然环境、生态环境，都是我们要关注的；同时，产品给消费者带来的精神、伦理、健康方面的利益也属于直接利益相关部分，比如万通做的房子除了质量保证消费者利益以外，我们还关注业主住得是不是健康、有没有其他生活配套的需求。建立一个长期共同发展的关系越来越重要，企业公民的责任和义务也体现在此；更进一步看，企业公民还要大力配合国家的重点举措与社会法制的环境，比如奥运会，企业应该怎么支持，等等。

归根到底，企业公民的责任范围强调的关键词一是“直接”，二是“利益相关者”。如果企业公民的责任范围定位在非直接利益相关者，或者直接非利益相关者，那么企业公民的边界就会被无限扩大，甚至大到企业自身都无所适从。所以我主张企业公民的边界既不是窄到企业内部，也不是宽到了无限，而是界定得很清楚的直接利益相关者。企业按照这个范围有计划、有步骤地去履行企业公民的责任，这样才能保证公益事业正常、积极、持续、有效地不断推进并发扬光大。

企业公民与公司治理

一个企业更好地履行企业公民责任、企业公民义务是为了什么？

有没有必要？一种观点认为是很有必要的，因为全球化经济、自由贸易使大家相互连在一起，所以你不能光管自己，要注意自己的利益相关者，否则他会报复你。比如，食品不健康吃坏了人，会造成恶劣影响，那么你企业的产品也就卖不掉了。很多研究证明，企业公民责任履行得越好，经营绩效也会越高。

也有一种观点说，很多企业在履行企业公民责任方面做得不错，但是却没看到企业业绩提升，只是看到管理费用不断增加。如果这样，会造成两个方面的问题：一方面公司效益衰退，股东利益没保障；另一方面员工福利减少，使得企业内外部责任都没办法履行。

但前些年有一个特别有趣的研究：摩托罗拉、诺基亚、通用电气、高盛这些企业在中国每年做很多企业责任方面的努力，而且要求员工都要积极参与。研究人员得出结论：很难说企业公民与经营绩效有什么直接关系，但认为没有关系也很难让人相信。这些企业主张公司在管理中要特别重视公民责任，从而提升公司在某地区的业务规模和发展空间。

目前来看，关于企业更好地履行企业公民的责任对经营到底有没有帮助，还没有数学模型来量化，只有一个定性的说法和一个道德的说法。总体来说，履行企业公民的责任不是速效救心丸，而是保健品；不是说吃了马上就活了，但是你经常吃虫草、燕窝，对身体一定是有帮助的。所以建议大家只要有条件还是要经常地服用这些“保健品”，经常放在身边，对公司是有益无害的，至少可以获得心理上的道德安全感，同时获得社会更多人的支持。

但是企业在履行企业公民责任的时候和公司治理有很大关系，而很多人却不重视这个事。比如说在发大水遭灾那一年，很多企业就积极响应。我记得当时很多民营企业捐几百万元、几千万元，有的是上市公司，有的是有限责任公司，它们捐钱的过程没有经过一道法定程序，严格来说这是违法的。为什么违法？你捐任何一份股东财产必须经过股东大会同意。如果股东大会没同意，按照《公司法》，法人代表自己做决定把别人的钱捐了这叫侵占。不能说我为资助希望小学就可以去偷，我问过律师，这照样是犯法的，盗窃罪一定要被判刑的。

有一个贪官甚至也处在这样一个“困境”，他拿了人家的钱去做了好事，于是中纪委就说我只管查案，你去找中宣部要表扬。实际上，在“非典”“海啸”和发大水的时候，很多民营企业捐钱没有经过法定程序，而且很随意。捐了以后出现两种情况：一种是法定程序过不了，股东不同意，最后也没法真的掏钱，大嘴小手；一种是把公司不好卖的积压产品做高价捐出去，然后跟政府提税收减免。把一个善举变成了一时冲动，我们国内的民营企业在这方面有很大的通病。反之，西方企业这时候为什么没有这么迅速地做出反应？你不能说它们不负责，它们每年都出企业公民报告；而我们这些动辄捐了几百万元、上千万元的民营企业从来没有企业公民报告。这些跨国公司对员工平时都有要求，要求有多少时间要用于参加公益事业。我发现差别在于，国内民营企业的善举和企业公民责任都在老板的肚子里、在老板的冲动上，跟公司没有关系，跟公司日常的行为和公司治理没有关系，纯属于老板个人的事情，是老板权衡他的商业利益以及跟周边的关系和道德压力时临时做出的决定。但在西方，跨国公司将这件事情作为公司治理的一部分，是公司整个治理当中的一个内容。在公司治理中包含一个目标，就是履行企业公民的责任。这就带来了几个特别的不同。第一，它们有一个长期的公益战略来确定它们公益的重点、方法、人才和经费，而不是某一个领导人随机任性的事情。第二，它们所有的公益战略的实施都经过董事会和股东大会的决策程序，履行必要的法律手续。比如说每年拿出多少钱放在公益基金里，这得经过董事会和股东大会批准，然后再做出预算，每年按照这样的步骤实施。在这种情况下，突然发生了地震或者突然发生了水灾，这种公司要重新调整预算的程序就相对复杂。比如说东南亚海啸来了，可能很快让你捐，但程序和约束不能随便动，预算不能临时改，是要有一套程序评估这个钱应该给谁，所以跨国企业的善举往往反应稍显迟钝，但它们保证了行善和公益是在合法的情况下去做的，而不是违法行善。第三，它们实施公益的时候强调全体员工的参与，重点是对员工的训练和价值观的培养。它们做了大量的工作，在员工训练层面下很大功夫，同时给员工时间，按照公益战略推动员工自己做自己喜欢的公益，使之成为公司内部员工的价值取向和行为守则，而不是说是老板一个人的事情。在这样的情况下，企业公民的责任能够履行得更好。

国内之所以会出现这样一些情况，也有几个方面的原因。第一个原因，对于私人财产权利这件事情，且不说中国的普通老百姓，包括政府部门和很多私人老板，也对其他人的私人财产权利不够尊重。比如说上市公司的老总只有 30% 的股份，你一下子把钱捐了，也不开股东大会，就等于侵害了其他财产所有人的权利。

第二个原因，中国是一个泛道德的社会。比如说有人做了善举，捐了 1 000 万元来治水，就没有人来追究他的法律问题，包括股东，包括社会对其都不追究了。西方是一个法律社会，不管做什么道德上的好事，法律上首先得合法才是行善；而不是我们常常看到的，只要是好人什么事情都可以原谅，犯了罪大家都同情。然而，事实是定罪的根据，在法律面前是好人还是坏人没关系，只要有事实，犯了罪就是犯了罪。这是两种文化。我们注意到其中的差别，应当更加强调依法行善才好。

第三个原因，政府给我们提供的履行企业公民责任的法律环境目前还不够完善。比如说你去注册一个公益基金，想长期履行公民责任，但是政府在注册方面就像 30 年前批准一个民营企业一样，设了诸多的限制程序。我有一个朋友注册 1 个亿的公益基金，他把钱拿到民政部，民政部蒙了，这个人拿那么多钱想干吗。最后这件事被报到了国务院，最终是国务院副总理批的。这个朋友为了做这件好事花了一年半的时间来注册办手续，就好像做一件赚钱的事一样，要告这个、求那个，最后才批下来。所以在我们的法律环境中这方面还不完善，包括你的公益捐赠带来的退税问题到现在还没有很好的解决。这等于堵住了其他人乐善好施的渠道。实际上法律环境的不完善抑制了大家创办公益基金的积极性，也致使整个社会，包括民营企业对积极推动公民责任和参与社会公益活动的不成熟理解，造成一些行为上的偏差、道德上的误解和社会上的负面评论。

阿拉善的故事

中国目前履行企业公民责任意识最强的恰好是民营企业，而不是国有企业。随着民营企业在市场当中逐步地发展成熟，它们越来越意识到与这个社会休戚相关，而且是直接利益的关系。所以它们特别愿意以各种方式帮助社会改进管理，包括帮助各个族群改善生活环境，帮助教育、卫生以及环保方面不断进步。值得欣慰的是民营企业在这几方面已经有越来越多的投入，而且这几方面也是国际企业参与公民责任最重要的领域，即教育、医疗、贫困人口、生态环境。中国的民营企业目前一点都不落后，虽然我们才刚刚发展不到 30 年，但是在履行企业公民责任这件事情上跟全球的企业相比，正在快步地跟上。

“阿拉善 SEE 生态协会”是 2004 年由刘晓光发起的中国最大的非政府环保组织，有近 100 个中国的企业家参与。2007 年 7 月，阿拉善 SEE 生态协会刚刚完成第六届换届，这是中国企业家承担社会责任意识的集体觉醒的标志性事件。

阿拉善 SEE 生态协会成立后，专门组织了大陆的企业家去台湾考察，听取台湾企业怎样来做公益和履行社会责任。我们在台湾的考察过程中发现，台湾的企业家在经济发展以后，在回馈社会、回报社会的过程中做得非常好、非常自觉，包括青年企业家协会，也包括各种企业的公益基金会都很活跃，而且非常有成效。他们也非常清晰企业公益和商业机构的责任边界以及道德操守。

阿拉善 SEE 生态协会让台湾、香港以及大陆的企业家一起交流、分享，让更多的大陆企业家觉醒、学习、实践。阿拉善 SEE 生态协会在发展和壮大的过程中，也得到了国家非常多的支持，很多媒体都给予了大量的、非常肯定的评论，同时也引起了全球最重要的环保组织，包括大自然保护协会、保护国际的关注。它们不仅关注、交流，甚至来为我们做培训，而且把它们的一部分基金也放到阿拉善 SEE 生态协会，让协会来实施执行。

截至 2007 年 7 月，阿拉善 SEE 生态协会累计募集资金将近 5 000 万元。重点做了三件事：一是在阿拉善地区探索治沙、根治荒漠化以及使当地的农民能够自治，同时改善经济条件；二是弘扬、推动和表彰大量的民间环保组织以及他们所从事的项目，对一些杰出的人士给予表彰和宣扬推广；三是阿拉善协会自身的训练、提高及进步。

回忆在沙漠第一次筹备阿拉善 SEE 生态协会的时候，在一个大帐篷里共有三部分人，大陆的叫“土鳖”，台湾的叫“台胞”，另外还有“海龟”（海归）。大家讨论协会组委会名单，刘晓光本打算大概拟个名单就完了，结果“土鳖”“台胞”“海龟”都不满意。正好手机在那边没信号，大家就开玩笑解闷，说：“刘晓光你这么做不对，你掏出名单一念，大家一鼓掌就完了。”

后来开始重新提名候选人，然后就有人提我。王维嘉入选监事，我入选执行理事，所以我和王维嘉是唯一在那次民选中选上来的。在随后的过程当中，我参与了执行理事的很多工作，了解到 NGO 怎么做，开始跟 NGO 的一些杰出人士打交道。

我们也遇到过很多内部组织、管理上的一些挑战，所以在第二次换届之前，我们就认真讨论，开了很多次会，把我们的章程认认真真反复讨论，最后予以完善。比如说怎么换届、怎么提名、怎么投票、怎么选举；每一个专业委员会做什么；执行理事应该承担什么责任和义务，做出哪些贡献。这就有了非常大的一个进步，首先对执行理事的选举资格做了很多界定，比如说参加协会需要两个人推荐，另外要花时间亲自参与开会，如果不开会，就取消执行理事资格，等等。

这次换届非常顺利，游戏规则非常清晰，最后选出了第二届执行理事会理事 9 人，王石高票当选，得票第一，我是第二，其他还有 7 位也过了半数。在这个选举过程中有个非常有趣的现象，大陆企业家不大会选举，台湾企业家很熟练，结果台湾企业家的候选人几乎都选上了，大陆一些很好的企业家却没能选上。

选举是“卖”你自己，推广你自己，所以必须放下身段，而且要做很多的工作去争取选票。还有一条，选举是有技术的，你一定要知道投票的规则，比如一共选 5 个，你就选 2 个，其他 3 个不写，这不算犯规。台湾很多企业家就知道这么来投票，他们绝不把这票投给不愿意投的候选人。当然这些并不是阿拉善 SEE 生态协会主要的事情，在这里你可以学会管理一个 NGO 的一套游戏规则，包括建立阿拉善基金会，包括非政府组织薪酬管理的游戏规则。我们亲身参与的过程就是一个学习和提高的过程，这会使我们有能力更好地承担企业共同的责任。

我知道的其他公益组织还有很多，最值得称道的是 2007 年成立的南都公益基金会，这是房地产行业的另外一个朋友、南都房地产的周庆治发起的，他自己拿出一亿元，在民政部门支持下注册了南都公益基金会。南都公益基金会一开始就按照国际公益基金管理的游戏规则和国内的法律规定组建了它们的专业管理团队。它们邀请了中国青基会原来的秘书长徐永光去做南都公益基金会的秘书长，这是中国最资深的公益基金的秘书长，所以它们选择了最好的团队。它们目前正在推广一个“新公民计划”，这个“新公民计划”，主要是针对中国农民工子弟上学的问题来提供切实的帮助。这一套新公民计划坚持下去，会有益于改变整个中国城市人口的结构、教育的水平以及建立和谐的族群关系。

南都的周总本身受过非常好的教育，也非常有社会责任感，他目前在公益事业上花的时间远远大于他在盈利事业上花的时间。万科从 2007 年开始有 4 个公益基金要组建，万通也会有两个公益基金会。整个中国房地产行业将会有越来越多的资金用于公益事业。从 2007 年开始，中国企业家更多地投身到中国民间的环保、教育、医疗、救灾等公益事业中，这是一个非常重大的进步。中国的民营企业已经开始从单纯的盈利意识到必须承担社会责任，又从意识发展到执行，拿出时间和金钱来亲自参与到履行社会责任的公益活动当中，这标志着中国改革开放的又一个进步，也是中国企业家对当今中国承担社会责任的一种承诺。

我相信从现在开始，中国更多的民营企业家开始成为社会进步的主流和主体，对社会和更多的人群来说，他们将会越来越被尊重、越来越受到支持。同样他们的善心、责任心和公益心将是一个巨大的推动力量，能够使中国社会在经济高速发展之后，为社会组织体系在法律的规范下、在更多公民自主参与下更加和谐与进步，创造一个巨大的空间。

这一点，也正是中国进步的希望所在。

11
企业家（上）：王石

伟大是管理自己，不是领导别人。

——**冯仑**

王石是一个非常成功的范例，我认为他的成功还没有到头，还有很大的上升空间。他的成功是我们许多人不能企及的。王石是对我影响非常大的一个企业家，也是我非常推崇的企业家。

不当老板

我是在 1993 年上半年第一次见到王石的，那时我们刚掘到第一桶金，组建了万通集团，我们 6 个合伙人之间的权责关系也已明确下来。1993 年年初，我们一搬到新楼办公，马上开展了一轮学先进的活动。我有一个病根，从小就喜欢学先进，在小学、中学、大学都好给中国最牛的人写信，那个时候没别的办法联络这些人，只好写信。“文革”期间，我写过很多信，包括给黄帅都写过信。有的人理我，大部分人都不理我，但我不气馁，报纸上每登出一个“英雄人物”的事迹，我就写信跟人家交流。1976 年夏天，我和一个同学到上海找那些人去学习取经，因为年龄太小，别人都不爱搭理我们，但我们仍然激情澎湃，奔走不停，逮住“先进青年”就学。所以，1993 年，我提出一个计划，把中国的好公司列一下，明确自己的学习目标。我们列了个名单，然后就挨家挨户去拜访。万科这个名字是功权告诉我的，记得功权当时说：“深圳有一帮小子，也是知识分子，开始折腾，做得特别规范。”这个名单中还有联想、四通、海南的兴南集团、港澳集团等。第一次到深圳是我跟功权一同去的。我们在王石的办公室见到他，我们在那里谈了一下午，谈了很多。当时的谈话留给我的印象非常深刻，因为我们是热血青年的谈法，不谈别的，就谈自己的理想。聊的过程中，王石就提了很多问题，归结起来主要是两点：一是质疑我们的理想主义激情，建议我们想清楚，我们 6 个人合作，究竟是建立在利益的基础上还是理想的基础上。我们当时比较相信自己是建立在理想基础上的事业伙伴，但王石说："不可能，你们将来早晚会碰到利益冲突。"二是多元化和专业化的问题，他主张我们专注于房地产。

对于那次谈话，我总的感觉是，我们的想法和王石的想法有很大的不同，因为他已经走过来了，他比我们起步早。今天回过头来看，他比我们足足早走了 7 年，所以他看得更清楚；而我们那个时候刚开始，很多矛盾、很多分歧、很多问题并没有显现。

第一次见面之后，我们的联系并不多。直到 1996 年的时候，公司发生了一些变化，有的合伙人离开了，公司的业务也遇到很大的危机和调整。这时，有一次我给他打电话，他正好在北京，我说要跟他聊聊，于是就约他到京城俱乐部吃饭，在那里聊了很长时间。由于这时遇到了问题，才回想起他当年有些讲得是对的，所以我们聊得特别投机。从那以后，我们便成了好朋友，他和万科成为我随时随地观察和学习的榜样。一晃都十多年过去了，王石作为企业领袖已几近神话；他领导的万科已走过 23 年，成为国内最大的住宅企业，并有望跻身世界 500 强。万科的成功或者王石的成功，究竟反映出一个企业家身上什么特别的力量？我对照其他类似的企业家，还是发现了王石身上的一些特别之处。

第一个很多人不重视或者没注意到的地方，就是我跟王石曾经说的，“你当时做得最正确的一个决定就是不当老板”。为什么呢？在那一代的企业家和创业者中，很少有自己创业不当老板的，王石是唯一的例外。万科是他一手创建的，他没当老板，他追求的是职业经理人的定位。绝大多数创业者创业的目的就是自己当老板，但王石是创业不当老板，这本身是一件很奇怪的事情。由于他不当老板，结果他跟我们走的路子和遇到的问题是完全不一样的，这恐怕也是万科为什么能超级成功的秘密之一。我曾不止一次跟王石提起过这个问题，他有两种解释。一个是当时的背景，他那个公司一开始是国有的，股份化改制的时候，他主动放弃拿大头，而是把大部分股份给了深圳特区发展公司，集体以职工持股会名义拿了一小部分股份（大约 30%）。他个人当时拿了两三万元买了一点股票，这部分股票经过 18 年，市值不过几百万元，连万科总市值的 0.1% 都不到。所以当时在那种格局下，万科走的是一条国企改制的路子，从历史逻辑上跟我们一开始走的民营路子就是不一样的。

还有一个就是他本身一直在想，名和利只能取其一。在中国，得利很危险；若是不甘寂寞，那就得取名舍利。回过头来看，他的确如此：他不是个有钱人，社会上没人说他很有钱；他不是个富豪，富豪榜上从来没有他；但是好人好事榜上老有他，这么着，他在中国社会就容易生存。如果他是个富豪，同时又爱张扬，那万科就会有问题，肯定活不到现在。

另外还有一个解释，就是王石曾经有过当老板的机会，但是他没有做。主要的原因是当时有很多老人和他一起创业，如果他要当老板，那些人也要当，很多事就不容易摆平。所以他选择了经理人的定位，就不存在合伙人的问题，其他人该去哪儿就去哪儿：愿意继续打工就当经理，想当老板就走，他用这种方式妥善地解决了第一代人之间通常很难解决的一个矛盾。反过来看，凡是做老板的人都有个原罪问题，所以我觉得王石选择不做老板这件事是非常独特的，是中国所有的创业者当中最独特的一个选择。正是这种选择，使他摆脱了原罪，也使他所有的人生、公司都跟别人不一样。比如说合伙人问题，王石选择不做老板，避开了这种危机。我们创业后，由于都选择做老板，于是出现了一群老板；一当老板就带来了合伙人危机，这种危机的解决方式各有各的不同。万通的危机解决方式，就叫作以江湖方式进入、以商人方式退出。但这也是很少数，多数民营企业的合伙人之间都在这一危机面前弄得很不开心，甚至是江湖恶斗、互相追杀，今天你把我送进去（监狱），明天我再把你送进去。王石不做老板，这种矛盾没有，万科很早就进入了稳定状态，不会为这个闹震荡和耗费有限的资源，而选择做老板的人却一定会为合伙人的事分散资源和内部闹“地震”。一旦闹起来，拿捏不好就演变成大问题。我后来也想过，如果当时不做老板，可能就没这么多事，不会有分家问题，也不会存在这么多历史遗留问题，要走你一个人走，不走就“赖着”。而一旦成了合伙人，分手时人和资产都得分了，那公司资源就分散了。我们在 1995 年的时候已经管理资产 70 多亿元，公司经合伙人这么一分，调整后还剩十几亿元；分家后的合伙人们各自几乎又都得从头开始。

当不当老板的第二个差别就是公司的业务取向问题。你选择当老板，你会有“原罪”，于是就容易产生暴利需求。因为要解决危机，就要用一笔大钱，这个大钱怎么来？就得牟取暴利！所以公司就容易有暴利倾向，偏爱豪赌，机会导向，今天抓这个，明天干那个，目的是为了解决自己的危机。因为你这个时候是老板，赚钱的冲动来自你，危机的恐惧也集于你一身；赚钱的冲动和解决危机的冲动都会导致你这个老板去做铤而走险的事情，追求暴利，不断赌博，比如违规圈钱、行贿腐败、钱权交易。而你若是不选择做老板，这些事就没有，心态平衡了，会少犯许多错误。另外，作为经理人，自己的名声最重要，专业能力、道德品质最重要，挣钱多少并不是第一重要的；风险小、能挣钱、专业强、道德好，这才是第一位的。

第三个差别，就是价值观不同。万科坚持阳光下的价值观，王石把它叫作“阳光下创造财富”。所以万科一直讲“不行贿”。王石的确不行贿，为什么？他不是老板应该是原因之一。通常经理人主动行贿的的确很少，都是老板行贿。由于经理人本身不追求暴利，他就没有必要为了不是自己的事去做那么多冒险的事。王石个人对利益的获取冲动不是很大，因为他自己也决定取名不取利，所以他个人的收入一直都很低，而万科员工的收入很长一段时间也比较低。这些都有利于他形成一套正确的价值观，就是阳光的价值观，不去行贿，合理规避风险。所以，万科才会明确规定超过 25% 利润的项目不做。

最后，还得讲到他的治理结构。由于他不做老板，他是经理人，他就一定会有一个董事会，而且一定形成经理人文化，而不是股东文化。所以万科在早期的时候，股东的文化比较弱，经理人文化比较强。最近五六年的快速成长以后，它在市场上不断地融资，给股东创造价值，股东文化有了比较好的改进和很大的提升。万科一直就是一个透明的、专业的和公开上市的公司，它的治理结构一直都比较好。中国的早期创业者，大多忽视公司治理结构，自己成为老板，自己的钱跟公司的钱、股东的钱不分，家里的事和公司的事不分，为所欲为，缺少股东约束，自己又当股东又当经理，自己监督不了自己。所谓治理结构，就是指公司内部的权力架构以及运作规则。好的治理结构应该是每个人都有有限的授权、有限的责任边界、有限的空间。完全的私人老板，很容易权力设定没有边界，百分之百地为所欲为。所以王石选择不当老板以后，他就必然是董事会和股东管理下的经理之一，受到监管制约：他既受公司股东会、董事会和监事会的制约，又受外部的证监会、监管部门、资本市场的制约，他已经被制约了23年。万科的治理结构一直非常好，王石没法儿不成为一个好人，也没法儿不办成一个好公司。如果他选择了当老板，我相信他的治理结构不会像今天这么好。

所以，在研究王石时我发现，他很大的一个特点就是在创业当中没有选择做老板，这跟所有的创业者都不一样。这导致了他今天能够资源集中、有一个很好的经理人文化、有一个很好的价值观、有一个很好的治理结构，而且能够在专业领域里持续增长，从而超越我们所有人，并最终成为一个伟大的企业家。

一招鲜，吃遍天

很多时候，人们关注万科，是因为万科的专业化。万科由多元化转到房地产这个专业化，大家都看明白了。我现在最关注的是在房地产领域里，它怎么再专业化？因为仅就房地产业来说，能做的事实际上也非常之多。万科能够走向专业化（这也是王石最重要的一个决定），这个战略决策十几年坚持下来，使万科能够走到今天，而且成为一个最具代表性的行业老大。不仅如此，他已开始向全球住宅公司第一的高峰冲刺。那么，王石的房地产专业化究竟是怎么做的呢？

万科在房地产的专业化过程中实际上迈了三大步。第一步是相对于其他行业来说，他只做房地产，而不做别的，这是万科初级阶段的专业化。这个专业化跟我们早期做房地产是一样的，比如说地域选择混乱的问题。万科在这个阶段去过北海，去过营口，去过乌鲁木齐，地域上毫无章法，哪儿有个熟人、公司有个朋友，就去哪儿做。另外，从产品上看也是混乱的：写字楼、住宅、酒店、工业厂房什么都做。虽然从大专业来说它这也能叫房地产专业化，但是在房地产领域里实际上它是多元化的，不仅什么房子都做，而且什么方式都做，有卖的，有租的，像天津假日酒店，先弄个酒店，弄不成时又改成了住宅甚至办公楼。结果从经营的绩效来看，在很多地方只是热闹了一场，也不挣钱：北海没挣钱，营口不挣钱，在天津做了好多年根本不挣钱，在乌鲁木齐也失败了。这个时期是万科在初级阶段的专业化，

一招鲜，吃遍天

实际上是在房地产领域里的多元化。虽然这时王石做的是一个专业化的选择，但是它们的经验还是不够的，结果就变成房地产领域的多元化，实际就是大行业的专业化加房地产业内的一种多元化。

第二个阶段的专业化，是从1998年以后开始的。从那以后，万科把住宅以外的产品都放弃了，把产品进一步集中到住宅开发上，同时在地区上也更加明确，主要集中在长三角、珠三角和京津这些经济发达地区。经过六七年的努力，万科迅速成为一个全国最大的住宅公司。

从2004年开始万科加速了。它开始了专业化道路上的第三步，那就是在住宅专业化的基础上实现精细化、产业化和工业化。再有两年，万科的住宅产品的产业化水平就完全能够支撑它更快速的发展，这一专业化的努力，保证了万科在这几年的绩效大幅度的提升，它现在的产业化和精细化的耕耘，足以支撑其大规模的增长。现在万科整个的营业额、市值和产品量在亚洲都已经当之无愧是第一，我相信在三年之内，它可以做到全球第一。

万科由多元化向房地产专业化转变，再由房地产公司的多元化向单一住宅产品转变，使自己成为简单的住宅公司，最终再向精细化和产业化冲刺，每一阶段的进步都非常清晰，给人印象十分深刻。在第一阶段，应该说它的绩效也是一般般；第二阶段持续了大约9~10年，净资产收益率在9%~10%；到2004年以后，净资产收益率每年都在14%~15%，且一直往上走。所以从专业化角度来看，万科走的是一条非常值得房地产企业研究的道路。

王石本人在这个过程中始终扮演着决定性的角色。在第一阶段，他还是一个直接的决策者和实际的操作者，他那个时候还是经理；在第二阶段，他也是一个非常尽心的推动者和领导者；而到了第三个阶段，基本上是专业团队当主角，他总是支持和肯定，算是一个指导者或教练员。

王石对万科专业化的最大贡献主要有三个方面。

第一就是带出了一个经理人团队，然后在第三阶段将这个专业化使命完全交由经理人来承担，而不是自己亲自去做。万科经理人的专业化程度是非常高的。王石做了这么多年，他自己带出了一个经理人团队，然后让经理人团队完成了精细化和产业化的未来，这一点非常重要，他在专业化当中起到一个总设计师的作用。

第二就是他构建了一个非常好的制度文化，万科所有的制度和资源的安排，都是在王石主导下来进行的。比如说万科现在的人力资源系统，包括万科对外的开放、治理结构、经理人的培训，这套制度是支撑万科快速增长的关键所在。所以，在制度层面上，对于架构一个现代公司制度，王石是最起决定性作用的力量。他选择了做经理，自接就捣鼓（设计）他这个制度，并长期完善它。我们则花了很多时间在原罪问题上，先耗费四五年时间把这个“屁股”给擦干净，然后再学好，回过头来再培养经理人，这中间耽误掉好多时间；而王石不用花这些时间，他可以一直把精力用在公司治理和完善制度上。由于万科很早上市，再加上地理位置离香港比较近，它们借鉴了香港、日本的一些管理方法，少走了不少弯路。所以我觉得在专业化领域，王石的贡献就是建立了一个很好的公司制度体系来支撑它的专业化，包括人力系统，也包括客户系统。

在万科的发展过程中，王石一直在讲专业化，他到处讲，使公司形成了一套专业化的价值观。相对于多元化的加法，他是在做减法，然后将专业化讲到所有新兴企业，讲到整个中国。作为形象代言人，他扮演得非常好，而且万科自己也率先坚持这么做，用业绩证明了专业化的成功。王石以他个人的魅力和影响力使专业化成为房地产行业成功的同义语。

大公“有”私

王石的性格品质也很有意思，其中有一个特点叫大公“有”私。王石在讲兼济天下、社会责任时，也不避讳个人的需要，他非常坦荡和磊落，这跟很多人不一样。他从不装“大尾巴狼”，并不是讲公德就不讲私利，他是大公有私。他很明确地说：我非常乐意承担社会责任，行善要尽早，但是我个人该要得要，比如工资、奖金，比如正常该消费的就得消费。

我记得有一次碰到一个记者，他问王石：“你老去爬山，为什么不把那钱省下来办个希望小学？”他说：“你这个就不对，我有我的正常消费需要，我做公益是有公益的需要，我有很多需要，我的需要在我有能力时我都会去做，我不能说我的收入全部都只做这一件事情。”所以他不避讳个人的需要。我觉得他这个人很坦率，可以叫作大公有私。该公的事情他就公，通过为股东创造价值、为社会服务、为公众利益去做公益，推动社会的进步，同时也提升个人的价值、满足个人的成就感、扩大自己的活动空间。他不像有些人，讲公益就忌讳个人消费，谋私利就不讲公益，而他的大公有私，完全能够把两件事情统一在一起。正像他办万科，万科所有涉及公众利益的事情，他都做得很好，这同时也成就了他个人。借用伟人的一个句式，公字当头，私也就在其中了，这才是最高尚、最真实、最可效仿的情操。在“名利”的取舍上，他取名，像他自己讲的，他有表现欲，有虚荣心，这就是他的坦率和真实。他说他偏不取利，把私利往后放，这是他很可爱的一面。正因为这样，所以你觉得他很真实、很自信、超级自信。事实上，我们在社会当中也是这样的，大公有私，大私有公，这两件事情本身是统一的，所以古人说：“非以其无私邪？故能成其私。”往往越是兼济天下，最后就越成就你个人。你为人们谋幸福，人们说你是大救星，这两件事不就统一了吗？谋幸福是你“大公”，成为“救星”让你有成就感，因为人家的吹捧，从而成就了你的“大私”。所以公与私是互相促进、互为因果的。我觉得王石在这方面统一得非常好。大公有私，他是大公居前，但小私也不放弃，最终以大公的追求完成了小私的满足。

王石 2006 年的工资、奖金加股票期权总共收入了 3 000 多万元，这好像是私，但这只是小私，因为它的前提是大公。所谓大公就是说万科 2006 年营业额超过了 200 亿元，利润超过 20 亿元，股票的市值到了七八百亿元，这些公的事都办完了，该私的事也得私。若该要的还不要，天天装孙子，王石可不是这种人，所以他的性格很真实。

王石特别能严于律己。比如钱财之事，他的很多钱财是秘书管的，每笔钱怎么用，包括他姐姐、他家里怎么分配这些钱，都是由秘书严格控制，而且是透明的，每年都要审计。在中国，不要说创业者，就是一般经理人都做不到这种律己。他是由创业者变成经理人的，本身就克服了自己对金钱的贪欲；同时，作为经理人，他又把自己完全置于制度的监督之下。人能够在金钱上自律非常不容易，一般人做不到。多数人一创业就要当老板，一当老板就把公司里的账都弄得不清不楚。所以王石能够做到这一点是非常难能可贵的。

王石在参加登山和户外活动时，钱都是自己出的，当然朋友和赞助商也出过一部分；像在进行穿越北极、南极之类的活动时，他甚至在为别人往里搭自己的钱。有一次"好日子"烟厂赞助了一个去南极的活动，它们把钱付给一家探险服务公司以后，打算让俄罗斯的飞机来接送人员和物资，结果没想到那个探险公司破产了，钱也打水漂了。结果赞助商被搁那儿了，进退两难，要想继续这个项目，还得再拿钱租飞机。王石当时跟赞助商说："因为我们还是要去，能不能先请你们把剩下的钱付了，如果那个预付款追不回来，我个人赔你，就是我拿我的钱赔你，这样保证你不损失。"最后那个钱的确没弄回来，王石个人把 100 多万元赔给了赞助方。实际上这次去南极，也不是他一个人的事，有一帮人参加呢。他在金钱上从来都是非常透明的，从不多花公司的一分钱，平时用自己的卡先刷，为公司办事也先垫个人的钱，然后再回去报账，跟公司把账算得清清楚楚。

王石把这几年拍广告挣的所有钱全部捐掉了，自己一分没有拿。他拍的第一个广告是摩托罗拉的，对方给了 250 万元，当时他说要捐。有一天他从白塔寺附近打电话给我，叫我过去吃涮羊肉。我去了以后，看见他和一帮登山协会的人在一起，吃喝完了之后，把桌子撤了，他们拿出两张纸来，然后王石在上面签字，接着就把250万元的支票给人家了。这时我才明白，原来吃这顿饭是为了捐钱。这些年他把工资收入以外的所有广告和代言的收入全都捐掉了，但他并没有把这些事天天挂在嘴边上，他早就开始投身社会公益事业了。因为他长期自律惯了，他不爱钱，就都这么处理了。王石在创业的前17年，平均每年挣钱不到10万元；当他在捐出第一笔250万元广告收入的时候，他的年工资才30万元。他突然有了250万元，却一分没留，全都捐了，可见其超然境界。他在金钱上的自律是超越常人的。

王石在户外活动中也非常自律，体现了他管理自己的能力。自律就是管理自己，不是领导别人。比如我们去爬太白山，他背的包很沉，却还会照顾着我一点。当时我拎过他的背包，问他怎么这么沉，他告诉我里面装的是砖头。他坚持更多负重，要用这种方法训练自己。没人要求他这样，但他一直背砖头，在背砖的情况下保持特定的行走速度，借此"管理"自己的精神和毅力，以便今后爬山的时候不懈怠。我们穿越大戈壁的时候，他也要往包里塞东西，进行有意识的负重练习。他从不放松对自己的管理。他讲过一个故事，就是前面我提到的那个和王石登珠峰时的大刘，来自大连。一遇到好景色、好事情大刘就好兴奋，跑出帐篷跟这个联系、跟那个联系，但王石一直注意管理自己，按规定几点到几点他要吃什么，再难吃他也吃；几点要睡觉，外面再热闹他都不出去。他这样管理自己，为的是保持能量，最后他终于登顶了；而大刘由于兴奋早了，很遗憾，那次没能上去。有一次我跟王石在哈巴雪山，我们都出去玩，想勾引他，找他出来聊会儿天，他就是不出来，不给大家面子，到点儿了就进帐篷，进去了就不出来，他要保持能量；而其他人一听说出来热闹热闹，没一个不出来的。在平时走路的时候他也尽量不喝水，他要控制自己的身体对水的需求量，保证以后爬山的时候能够对付缺水的环境。

王石的这种严格自律、管理自己的能力印证了一点：伟大在于管理自己，不是领导别人。所以我们要做一个好公司，每一个领导人最重要的也是管理自己，不是领导别人。你把自己管好了，以身作则，身教自己、言传他人，事业就一定能够成功。

君子三变

王石的个性很符合孔子倡导的君子标准，叫君子三变："望之俨然，即之也温，听其言也厉。""俨然"是指伟岸高大的样子，就是看上去很一本正经，很严厉；"即之也温"，指的是跟他打交道后发现他挺好，很有人性，也很通情达理；"听其言也厉"，意味着说话都说到点子上，很有力量，而且不能够违背。我一直觉得王石这个人是有情有义的真君子。他就是过去古人讲的"畏友"，畏就是害怕的意思，畏友就是道义相砥，两个人在一起并不完全是说好话，不是那种你顺从我、我顺从你的酒肉朋友。很多人看见王石一开始会觉得很惧怕他，他的经历又很传奇，人们心理上就比较敬畏，加上他的这个年龄，一般年轻人见他马上会有一种压力，这便是“望之俨然”；实际上你若经常跟他在一起，他又有非常人性的一面，他也是一个很淳厚的人，而且很仗义。

假如说你有一个朋友或者发小，犯了事要逃跑，有一天，他突然跑到你这儿来要钱，你这时给还是不给呢？有很多真君子说：不能给，你给的话就是帮助他逃跑，就犯法了。所以，多数人都不会给他，或者给了又不敢说。只有少数二杆子，意气用事，明目张胆地给，而且帮助逃跑。但是这件事情搁在王石身上，他处理得就非常有艺术，既不犯法，又有人情味：他给了，但同时又提醒并反复教育这个人去自首，然后告诉他这个钱是让他在去自首的路上用的，但是他必须答应一定要去自首。所以这个人被抓了以后，公安局审讯时把王石也找了来，问他：“钱是不是你给的？”王石说：“是我给的，但是我让他去自首，你不能让他路上连吃饭的钱都没有吧！”公安又问嫌疑犯，那人也说是王石反复劝他去自首。王石把人性和原则结合得很好，真艺术，太了不起了。

好多年前，还有一件事也挺让我感动。我们曾经有一个项目，原来叫“理想世界”，后来叫“新城国际”。当时处于经济周期的低潮，我们在资金上遇到些困难，王石听我讲起后，就帮我分析，认为找中海公司比较靠谱，合作的可能性比较大。然后他主动帮我联系到中海的董事长孙文杰，打听到孙文杰有一天是在北京。王石那天刚好要去湖南，但他为了这个事情专门改了机票和行程，在北京停了几个小时，陪我和孙文杰在酒店里谈了一个多小时，然后第二天早上 4 点多起来赶到机场飞赴湖南。他一不是为了要佣金，二不是为了给万科争好处，他就是出于本性，一种君子的本性。他答应你的事儿他就会这样做，而且他主动帮你联系人，他会把这件事做好，这就是他的人性。他很乐意跟人沟通，他身边总有一些很好玩的老老少少的朋友，这是他人性中率性的一面；但是他和你争论的时候是真不给面子的。我印象最深的是，有一次我们正好在阿拉善，那天晚上还有老胡（建业住宅集团董事长胡葆森），我们三个人从晚上 10 点多说到早上 4 点，讨论公司战略问题，他不同意我的说法，我们几乎要争起来，他就是不停地说，而且绝不随声附和，我非常佩服。很多时候，作为一个朋友，他觉得你不对的时候，他会非常认真地跟你谈，谈的时候还非常严厉，不给你面子。他无私，所以说话绝不拐弯抹角。2006 年我们做纽约世贸的中国中心项目时，开始他就是不同意，“不行，想不明白！”但是在遇到危机的最后那几天，在我们很着急要做决定的时候，他说：“一定要做，必须做，我支持你，需要我做什么我一定帮你。”这就是君子啊！批评你的时候、跟你争论的时候不给面子，但是到支持你的时候，他完全是无私的，所以在纽约世贸这件事上我也挺感动。又比如我们引进泰达这件事上，因为当时公司内部有很多人有不同意见，我实在想不明白的时候就去问他，他说这是好事，一定要做，他还可以帮我，而且指导我怎么样去做工作。我觉得这个事情很反映他的个性，就是君子之态，在企业界有君子之态非常不容易。

永远做自己的管理者

我觉得王石非常勤奋，勤奋到什么地步，去看看他的博客就知道！每天不管多累，他都要上博客弄两句话贴上。有一次我们去滑雪，累得腰酸腿疼，摔得都没形了，倒下就睡着了；可他还在那儿上网，非常勤奋。我们在外面玩的时候，大家都出去喝酒聊天，他会不理你，把自己关在屋里，在网上弄博客。王石是一个吃苦耐劳的人，大家都认为他不做事，实际上我觉得他做的事情是最多的。一个董事长能够驾驭一个几百亿元的企业，一定要站在最前头，他只有看到非常大的、广阔的世界，才能把这个企业的方向找准，所以他是在前面迎风走路的；他要应对这个社会最复杂的课题，所以他每天都在追逐时代的脚步。他对公司的思考和对公司的一些细腻的观察都时常启发和打动着我。比如他飞到纽约，在哈佛跟那儿的研究人员和学生对话，又在那里招揽人才。这些工作往往媒体和公司有些人并不太了解，但是作为一个董事长，他做得尽职尽心，而且很耐心。当然，他也在工作中享受着快乐。记得一次他从哈佛出来之后，给我发短信说："哈佛讲演之后，一位留学生的评价很受用——透出世俗化的正直，不同于官场宣扬的道德、学者的清高。这种正直是经历生活种种诱惑的结果。"我跟王石的秘书周慧对过他的时间表，才知道他其实很勤劳，天天飞来飞去的。所以他既勤奋又耐劳，多累都不在乎；关键还要耐得住"劳"，就是不断地"劳"。王石的勤奋就是耐劳，而且还无怨无悔。

王石不是理论很系统的人，但他是经验和直觉非常好的人。经验和直觉之所以非常好，主要是因为他的价值观很好。他的心态也很好，同样经历过的事情，放在他的价值观下检视，得出的判断就跟别人不一样。比如说企业跟政府的关系通常很难处理，房地产商跟政府、跟社会的矛盾很多，但他拿捏得很好。万科的首席研究员几乎天天帮政府做研究；万科的公众形象非常好，它做大众住宅，也做打工的外来民工的住宅，他拿捏一些政策的火候和关键时候的表态非常恰如其分。但这些东西是经验和直觉，并不是理论指导出来的。在处理这么复杂的事情时，他是我认识的人中能够凭经验和直觉将分寸把握得最准的企业家。正因如此，万通的很多事情，我愿意去听听他的意见，用这种方法，保证我们这些年在很多大的决策上不至于走太多的弯路。他的经验和直觉、他直接坦率的表达方式，令万科这几年在一些重大关键问题上把握得非常到位。

王石善于学习。互联网兴起的时候，我们都有点蒙，于是我和王石去美国硅谷考察。回来之后，他发狠说弄不懂互联网他就辞职，还让我找王功权来一起切磋。几年后，他果然把万科搬到了网上，他自己也成了超级网虫。王石起初写作是不太行的，但他勤奋，坚持天天写，现在写作已经成了他的一个强项，写书也不在话下。他看的书很多，走到哪都不停地阅读。他到北京，我们经常会找一些不同专业的人来聊天，用这种方法来吸收大量的知识，也会帮助他把经验的东西做一个更好的总结和表达，所以他的书《道路与梦想》受到读者的热烈欢迎。作为这一代的成功企业家，王石完成了由创业者到经理人、由经理人到企业家、由企业家到社会活动家的一个完整的发展过程，是非常成功的。一般看来，经理人有可能成为企业家，也有可能成不了企业家。有一些经理人就不是企业家，因为企业家要求有创新能力、有领导力，能够带动组织不断地迎接挑战；而一般的经理人只是运行与管理。王石由创业者变成一个经理人，定位是个普通经理人，但是在经理人里头他又变成了企业家，却不是一般的企业家。现在从企业家这个角色，他又升华，成了社会活动家，更确切点儿讲是社会企业家，也就是说他承担起更多的社会责任，要为社会公益和社会进步做出更大的贡献。所以我老跟他开玩笑说："再往下发展，基本上只有一个前途，那就是贴墙上了。"所谓贴墙上就是说成"神"了，没有缺点了。比如说毛主席是贴墙上的人，人一伟大就贴墙上，是完美崇高的象征。王石是企业领袖中接近完美的一个典型。在他的个人生活方面，也可以说他拥有一个丰富的人生：他的个人生活很自由，也很自在，业余时间参加大量登山和户外活动，他挑战极限运动，曾经以企业家身份创造攀登珠穆朗玛峰中国最年长者纪录。另外，他在公益事业方面也很成功，在这方面的影响力越来越大。所以万科是一个非常值得研究的民营企业，虽然他的大股东是国企，但是他整个的创业历程跟民营企业是一样的。更重要的是，如同我先前讲过的，王石的成功还没有到头，他还有空间：首先，他的企业会做成全球最大的住宅公司；其次，他一定会成为中国最有社会影响的企业家，承担更多的社会责任。虽然他在 2006 年的企业领袖排行里面已经排到了第一，但是考虑到社会对他的期待以及他自己的经历，我想他应该付出更多，还能够做得更好。我提出学习万科好榜样，既是鞭策自己，也应该是对万科和王石的激励。

12
企业家（下）：牟其中

世界上没有做不到的事，只有想不到的事。

——牟其中

因为我在牟其中的南德公司工作过，与老牟有过一段创业上的特殊经历，我想谈谈牟其中给我的印象，其实是一些故事。我了解的他和他给我讲的经营哲学，也全都是一些故事。实际上他很少讲经营理念，他就讲故事。

擦肩而过

第一次看见老牟是在一个有很多人的不正式的地方，远距离望见他，他并不认识我。20 世纪 80 年代后期，体改所有一批人就开始跟老牟接触，主要是张钢，当时张钢在牟其中那儿有个办公室，牟其中出钱资助他做研究。我在体改所的时候就经常听说老牟如何了得，对他有个印象，但一直没见过。1989 年，我在海南碰到南德公司在海南的一个代表，这个人是帮助牟其中做成飞机生意的三处处长汪兆京，他是北京钢铁学院毕业的，当时他跟我说了一些牟其中的事。1989 年 9 月，汪兆京说你现在没事儿做，也没工资，可以去牟其中那儿折腾。我就这样去了南德。

第一次正式见老牟是在他的办公室。北京军博大院里比较奇怪的一栋楼，老牟占了地下室和地面一层共两层的空间。他办公室旁边有个会客的地方，两排沙发，一个破茶几。他给我的印象是个子特别高，手里总是拿个大茶缸——后来他也一直是这个形象。他把茶缸往茶几上一放，开讲的事情就是天下、国家、改革、命运之类。正巧他当时碰到一个具体的事，可能也正是因为这件事，他让我做了后来的事情。

1989年以后，因为南德公司里体改所的人比较多，所以不断地被查。牟其中需要澄清他和“六四”的关系，需要宣传、解释、讲清楚。他就让我帮忙做这些事，而且给了我个头衔，叫政务秘书。我的办公室在他对面的小楼里，当时他资助的老区建设促进会（简称“老促会”）也在小楼里，我就和这些老干部在一起。头一个星期上班，没人理我，我也不知道该干什么，每天做的事就是按时拿饭盒打饭。他们的饭很好吃，川菜厨师做的，又不要钱，我在南德打工的阶段是我吃得最胖的时候。但是，有个很大的困扰就是没事干，午睡就睡在办公室地上。他当时倒一批高仕达冰箱，砸手里了，卖不出去。韩国的冰箱很高，所以冰箱外包装纸壳很多，我把它们压瘪了，拿来垫着睡觉。一周之后，牟总让人来找我，说他有一篇文章，让我帮他发表。后来这篇文章先刊登在《中国青年报》上，叫《牢牢记住党和国家的利益》，主要描述他和万润南的辩论，澄清南德和1989年那拨人的关系，后来《人民日报》等报纸转载了。这篇文章为他树立起一个正面的形象。据说他和万润南辩论时被电视台录像，拿到香港播过。很多人询问录像带在哪儿，老牟为了进一步证明他的清白，把这个任务也交给了我，让我去香港把录像带拿回来。我当时为他打工嘛，很想努力表现，加上刚好认识几个香港记者，就答应下来了。老牟给了我500元差旅费，我就走广东去宝安、深圳一线到香港。但1989年之后形势非常严峻，我走到宝安就走不了了，没有通行证往前走很危险。因为有点北京口音，还不能在大码头附近停留，就找了个小旅馆住下，见人不说话，偷偷打电话让香港记者到宝安来找我。我还怕完成不了任务，两手准备，向农民打听如何绕过边境，他们告诉我花几十元可以找人骑摩托车带我绕到很远的地方出关。我当时想如果香港人过不来，我只有用这个办法到深圳，再和那边接应。我在旅馆耗了 20 天，每天吃很少的东西，等待电话内容一个转一个地最后到达对方，对方定好时间地点再辗转通知我。那个记者终于来了，是个女的，跟我在小旅馆见面，她从胸罩两边掏出打散的录像带，我有点哭笑不得，过去从没见过这阵势。我拿报纸包起那堆带子，带回了北京。老牟复原了盒带，又复制了很多份送给有关部门，证明了南德的立场。

自此，老牟开始重用我，而我也慢慢表现出在表达能力和组织能力方面比他原来的草莽班子要优秀得多。我主要负责外部联络与形象经营，作为第一任主编办了一份小报《南德视界》（牟其中原来设想的是“世界”，我给改成“视界”的），报头是牟其中写的，发刊词是《造就一代儒商》。他的文章还真有点儿纵横捭阖的气势。后来有个很有意思的现象，所有民营企业都爱编小报了。之后我做了总办公室主任兼西北办主任，介绍很多人过去，万通最初的创始人里有 4 个人在南德干过，还有一些体改所的人，结果，在南德里有三分之二的部门经理是我引进的。

更有意思的是我离开时以及离开之后与老牟在内心的较量，这纯粹是一种男人和男人之间的较量。当时我和功权觉得南德不是我们的事业，和老牟也存在太大的年龄差异，所以我们几个经常到中央党校和青年公寓（有几年我借住在张维迎的房子里）商讨，思考未来的路怎么走。我们想了一条路：人在牟其中那儿，私下里做些生意，慢慢培养起经济条件后再一起出来，说得调侃一点儿是“勉从虎穴暂栖身”吧。所以我们一边在门头沟（南德员工宿舍盖在门头沟）物色了个店面想开餐馆，一边又想办一个实体，起名“万通代理事务所”，没有启动资金就注册成事业法人，帮别人出书。但都没办成，里外都不满意，后来就干脆放弃了。我们又开始想对老牟实行规范化改造，仔细研究了张学良，准备集体兵谏老牟，让他只做董事长，我们来管理公司事务，把南德做成中国最好的企业。可是，想到老牟 50 多岁了在香山吃饭时还会为了争一个凳子一拳把人家的嘴打得缝了 5 针，在街头看见别人打架他就兴奋地喊“打啊！打啊！”，联想老牟流氓无产者的习气和土匪的劲头儿，我们认为实行“兵谏”只能更糟。结果只能选择自己走路，从头开始折腾。

自己走是需要机缘的。柯云路当时写了一本书，书中提到的那个谢老板当时在北京，希望我跟他干。我跟他说我想自己做，希望得到他的支持。于是我和老谢手下两个人一起去海南，他们拿着老谢的钱，准备在海南办一个公司。为了要走，我就开始装病请假。离开北京那天也颇有戏剧性：订好飞机票后，我让太太花 70 元买了一个个体户常用的密码箱，正准备离开住处，老牟派人抱了个大西瓜来探望，因为我已经几天没去公司，请假说自己病了。我赶紧上床盖上被子装病，听来人寒暄着“天气热多注意身体”什么的，我一边应承着，一边心急如焚，担心再不走赶不上飞机了。那人终于离开了，我翻身下床穿上衣服就火速往飞机场赶。

老牟知道后非常恼火，因为我一不要钱、二连招呼都不打，说明内心极其自信，且不把他当回事儿。我是南德历史上第一个炒老板的人。他曾经对我有评价：没有缺点的人是最可怕的。没缺点的具体表现就是从来不占便宜，每次活动别人不交钱我交。牟其中常说，有缺点的人好用，容易控制；没缺点的人可怕，因为他有巨大的欲望和意志力。其实我们之间有一种英雄主义是可以沟通的，但我的出走对他心理上是个巨大的挫折。我在海南待了一个月之后，他办事也正好要去海南，王功权他们给我透了个信儿，所以我就到机场接他，想给他一个解释。他从机场出来，我叫了一声"牟总"，他头一扬不理我。我跟着一直走，到了琼苑宾馆进了房间，他顺手把门关上了。我让他手底下的人进去说合，还是想再解释一下，回话还是不见。我心想算了，吃了两块西瓜就走了。一两个星期之后我回北京办事，南德搬到永定路，我又去找他，还试图沟通，他依然不改口，就是不见。我就回来了，也放出了话说："活着就不要见了。"后来他编了一些故事，说我卷走 200 万元，组建反革命集团，举报我们。我极其撮火，但也没办法。他飞机生意做成了，赢得巨大声誉，我们也慢慢做大了，南德的人待遇一不好就往我们那儿跑，老牟又不高兴了。

到他越来越困难的时候，就让下面的人找我合作，功权他们也劝我见见，但我坚决不见。然而感情上是有瓜葛的，我们内部"MBA教材"全是老牟的案例，有一天半夜一两点钟我们讨论生意，专门跑到南德门口转了一圈，远远地看着这个公司，然后就走了。在这种情况下，我们有两次奇迹般的邂逅。一次我们全家去三峡，登机的时候，他站我前面，一回头，太近了，没法弄啊。我就叫了声“牟总”，他“哦哦哦”，问我是不是去重庆，我说去三峡，他又“哦哦哦”了一阵。飞机上他坐在我后面两三排的地方，下飞机我没打招呼就先走了。第二次是在华盛顿的中餐馆，我坐着吃饭，呼啦啦进来一群人，一看正是老牟，远远瞪着我，我没站起来，看了他一眼，继续吃我的饭。这是两次邂逅。

后来他就出了状况。有一天他突然给我打来一个电话，说：“我是牟其中，我没出事。给我拿些钱，回头我还给你。”事后我分析肯定是公安给了他我的电话号码，因为他需要请律师。过了一段时间，他在武汉监狱里手写了一封信托人带给我，大概说了一下案子的情况，还是希望我给钱，准备继续请律师。我跟功权商量了一下，做了一个决定：第一，在二审判决之前不便介入，也不便给予任何资金上的支持，因为会形成和政府的直接对抗，法律关系不清楚，不知道这笔钱算什么性质；第二，如果二审判完了，服刑的话我们会去看望；第三，牟其中劳改出来了，生活上所有的事归我冯仑管，我负责养老送终。对我个人来说，无非多了一个爹，原则上我爹多少他多少，对朋友也是个安慰，他岁数和我父亲差不多。

我曾和王石一起去过武汉，看了看他，这违背了我“活着不见面”的赌气誓言，但时过境迁，心境不一样了。

从 1989 年到现在，我认识老牟已经 18 年了。我开始创办万通的时候，多少有一点商业的经验，这和两个人有关系，一个是王功权，他曾经在海南做过一个房地产公司的老总；另一个就是牟其中，我跟着他耳濡目染知道了一些生意上的事。这些构成了我们最初创业的商业背景。

牟其中是被社会长期压在底层的一个角色，其悲剧性在于要用冲撞体制的办法不断证明自己的强大，要翻身。牟其中是第一代贸易类民营企业中做得最成功的，单笔金额几个亿，没人做得过他。实际上，倒飞机这件事是在改革开放初期的体制下私人资本创造的最了不起的商业奇迹。至于他的商业伦理、公司内部组织，都和他的出身、经历以及社会制度的变革有关。这样来说比较公允，不能笼统说他是个江湖骗子或者坏人。

第一代民营企业家江湖豪侠、英雄气节、政治情结非常浓烈。20世纪90年代初在全国做承兑汇票做得最大的是海南南方信托的老板朱邦义，他也是四川人；而老牟在北边控制信用社。他们都是社会底层混上来的，互相不买账，光约会见面这件事，我作为总办主任都衔接不好。老牟要在北京见，那边说在南方见，这就是民间江湖较劲的方式，因为涉及江湖地位的问题。

当然，老牟也有失手的时候。当时招了一个秘书，从山西来的，平时不怎么吱声，文化水平不高，长得挺端正的，被评为“南德小姐”，和老牟关系不错。有一天海南突然来了三个人，一个东北人，一个浙江人，还有一个海南本地人，一起来游说老牟在海南办三个信用社。这三个人就住在南德的宿舍里，我们谁也不知道；三个人走的时候老牟每人给了20万元开办费。那个海南本地人姓杨，老婆是唱琼剧的，他居然在此期间把山西来的女秘书搞掂了。信用社办成了，跟老牟没关系；那个女秘书也离开老牟跑到海南和姓杨的一起裹着做信用社。老牟那个气呀，因为姓杨的骗了他的钱、拐了他的人。他发誓要把这个人弄进去，后来真的弄进去了。南德小姐流落街头，我们正好办公司，就暂时收留了她；后来不知道她去了哪里。

倒飞机时，有一伙人就想“兵变”，计划把所有相关文件拿走自己做，老牟连夜把那些人抓起来捆在地下室里。所以我们当初的判断是对的，如果我们“兵谏”，估计也被捆起来了。

老牟不论开大会、开小会，从来没人主持。讲台上放一张小方桌，他拿个大茶缸坐下，讲完就散会。不听大家说什么，他讲过瘾了就行。

老牟早上坚持在玉渊潭冬泳，且博览群书，我们离开南德前，有一次他过生日，我和功权还凑钱买了一套《资治通鉴》送给他。

一个时代有一个时代的生意人。政治情结、江湖大哥、民间智慧、合理的商业想象力，以及我们有限的体制空间，塑造出牟其中这样一个形象，现在没有此类人物了。生存就是在每个阶段改变自己，适应环境，不断改变行为方式；而以原有方式一直往下做，环境改变人不变，会死得很快。

我也是被盖上时代印戳的人，在自己眼里，我现在是资本家的工作岗位、无产阶级社会理想、流氓无产者生活习气、传统士大夫的精神享受。我也是一个不伦不类的东西。

范哈儿与张少杰

我有一个朋友叫张少杰，是20世纪80年代很有影响的经济学家。20世纪90年代初他也一度下海经商，下海之初，我把他介绍给牟其中。有一段时间，张少杰在牟其中那儿当门客，每天吃火锅、聊天，觉得特别不过瘾，就想自己去做。他托我跟老牟说一下，希望老牟给点儿钱，让他自己做一个咨询公司。我跟牟其中谈了以后，牟其中很爽快，满口答应，而且通过我转告他，说可以给20万元支持他去做一个咨询公司。当时张少杰是要跟劳元一合作（劳元一现在是第一上海中心的老板，“文革”时候的上海风云人物）。当我把牟其中的想法告诉少杰时，他非常不高兴，说这太小看人了。他当时自我感觉非常好，很牛的，知名度不亚于张维迎，觉得老牟才给20万元，太低看他了，好像打发一个叫花子，所以很想不通。后来我告诉老牟，老牟就说：“他不会做生意，你叫他来，我跟他说。”那时候南德的火锅算是一个招牌，所以就叫张少杰来吃火锅，很随意，吃完了就神侃，最后牟其中跟张少杰说：“20万元起家开一个咨询公司已经很多了，要是我来做的话10万元就够了，我考虑到你不大会做事，还多加了10万元呢。”张少杰为难地说：“怎么做？租个办公室这点钱就都没有了。”老牟说：“你这个家伙不会做事，这样子，我告诉你怎么赚钱，20万元足够了。”少杰好奇地问：“那你怎么做？”老牟说：“你到上海打听一下哪儿最贵？是不是国际饭店最贵？你去最贵的那个地方的顶层，就在那儿请客，请上海最牛的人，把这20万元请完、花完，你至少能赚200万元。”少杰说：“这不可能吧？”老牟说：“你不信？我告诉你，最重要的不是说你有多少钱，而是别人认为你有多少钱。”这挺有意思的，相当于我们现在说，你一定要让投资者、让客户对你有信心。他当时就说：“你口袋里有多少钱没有人知道，但是别人认为你有多少钱就会给你多少钱的机会。所以如果在那个地方把这20万元花完，请最牛的人全都吃个遍，那整个上海就都认为你是最有实力的，很多有钱人就跑来跟你打交道、跟你做事情，最后你就会有钱了。”张少杰听了还是将信将疑，觉得这有点儿不靠谱，像坏人蒙事儿。老牟说：“读书人跟做生意的就是不一样，好，我再跟你讲一个故事。”

老牟讲的是在20世纪三四十年代抗日战争时期的一个故事。当时四川有个军阀叫范绍增，就是傻子军长范哈儿。范哈儿那时在四川很落魄，于是就摇个船到上海，船靠码头时，吆喝一群挑夫上船挑大箩筐，筐里头是红纸包着的一卷一卷像钱一样的东西，挑夫们肩上的扁担嘎吱嘎吱直颤，说明这个筐特别沉，钱特别多。于是上海滩的人都知道范军长来了，钱太多了，挑得挑夫腰杆都要断了。所有的人都特别喜欢他，大家都愿意跟他结交，他就在一些豪华地方吃喝玩乐，今儿向这个借5万、明儿跟那个挪6万。因为都是特有钱的人在一块儿混，大家都觉得没事儿：老范家这么多钱，藏着好儿大箩筐呢！所以没人着急跟他要。就这么在上海滩折腾了好几个月，所有人都知道这家伙有钱，尤其是他那一屋子卸下来的大洋压根就没动过。过了一段时间，范军长突然不见了，所有借过钱给他的人都急了，就把他的房子给围了，围了以后就把那些筐都抢了，最后把那些红纸包打开一看，全都傻眼了，原来全都是青冈木。青冈木特别沉，一节一节的都用红纸包着，看上去就像现大洋一样。而范哈儿则拿着从上海忽悠的一大笔钱回四川折腾去了。老牟对少杰说："你一定得让人家认为你有钱，才能获得成功。"后来，我也专门看了一些范军长的故事，还真有这么回事儿。

其实范军长还有一个类似的故事。当时也是为了筹集军饷，他曾经住进上海的长三堂子，就是上海的妓院最集中的红灯区，然后找最火的小姐（头牌），每天都去。他那时候抽大烟，抽大烟要拿个竹签子挑烟灯，拨亮灯芯；这个范大爷每次不是拿竹签，而是拿一张最大的钱票儿，把钱搓成一个纸签子来挑烟灯，挑完了就把钱扔了。这个事被头牌小姐拿出去显摆，到处嚷嚷：范大爷挑个烟灯都拿钱做签子，实在太有钱了！于是上海滩的有钱人都知道范大爷。所以，他通过很多细节，给上海人一个很有钱的感觉，最后却在号称精明人聚集的上海滩谋走了一大笔钱。

牟其中讲的青冈木的故事和用钱挑烟灯的故事大同小异。他当时就是想用这个故事来启发张少杰，教他知道什么叫有钱、怎么去弄钱。牟其中没有讲什么商业信用、品牌之类的东西，实际上照今天的标准来看，这就是一个商业信用问题：人家都认为你有钱了以后，你就有了商业信用了。就像李嘉诚今天要借 5 万元，没有人不借给他的，他肯定能借到；但如果是一个民工突然跟你借 300 元，你肯定不借，你的心理差距会非常大。可见在别人心里，建立信誉和让别人认识你这个品牌是非常重要的。有趣的是老牟讲了这个故事，但自己却栽在了商业欺诈上；张少杰也没能用自己的学者名声将盛极一时的恒通集团从泥沼中救出。

老牟讲到怎么应对一些烂事和坏现象时，也给我讲过两件事情，很有意思。一件事儿是说在万县乡下有一个无赖，老惹事，到处招惹是非，跟人闹纠纷，所有人都特别恨他，老想修理他，可是每当人家想要收拾他的时候、他得罪人得罪得最狠的时候，他就得癌症了。他一说得癌症了，所有人就都不惹他了，一想他都快死了，还收拾他干什么？这股报仇的劲儿就没有了。老牟说这人第一次说得癌症了，别人就不招他了；可过一段又说没死，癌症好了，又出来折腾；然后又惹上很多事，很多人又要弄他；他又说得癌症了，别人的火一下又消了。这是一个几近黑色幽默的故事，我想在老牟内心，这样一个故事一定也会影响到他。显然，在与外部发生剧烈冲突的时候，示人以弱是最好的保全之策。遗憾的是，当他自己遇到很多危机的时候，他从来不得“癌症”，他的身体还老是那么好。我想当年遭遇危机的时候，如果他真得癌症了，或者对外宣称得癌症了，可能就会有另外一种结局。

老牟还说了另外一件事情，万县还有一个无赖，没事就敛钱，敛钱的招数就是过生日。他们家人老是过生日，尤其是他妈生日特别多，因为他给他妈编了很多故事，一会儿阳历、一会儿农历、一会儿记错了、一会儿又补过，一年整个四五回，想方设法敛钱。他妈的事完了，还有爸爸、哥哥，反正他们家生日特别多，他总是用这种方式来敛财。老牟讲过许多这类民间故事。我觉得，在那个没有 MBA 案例可学的年代，作为第一代的民营企业家，他的一些智慧，大部分来自民间流传的故事；这些故事很重要，会给你很多基本智慧和人情世故方面的知识。所以，中国最早的 MBA 应该是牟其中所讲的这些故事。牟其中反复跟张少杰讲的故事，是当时 MBA 的活教材。

倒飞机与放卫星

牟其中在商业上有过巨大的成功，但最终还是身陷囹圄，没能成功到底。这究竟是什么原因呢？我发现，他的商业逻辑并不是都不成立，但是这个逻辑跟社会制度的变化节奏不够吻合，和体制变革的逻辑是冲突的，所以他成功的概率非常小。通过牟其中的个案，我就觉得：做一件事，商业上的合理性和制度上的允许程度是直接相关的，必须有很好的配合。比如贩毒，商业上也合理，但在制度上明显不合理，或者说在社会逻辑上是根本行不通的。老牟面临的问题就是商业逻辑和社会制度逻辑的冲突，老牟最后也败在这个地方。倒飞机这件事情勉强成功，后来其他项目为什么都不成功呢？其实他每一个商业计划，包括要炸喜马拉雅山一个口子，商业逻辑都是对的，但这些计划却是与当时的社会体制不相容的东西。

倒飞机这件事成功了，非常简单，这件事商业上的逻辑正好符合制度逻辑的需要，所以勉强成功了。老牟倒飞机的时候完全是走一步看一步，慢慢把这个事折腾成的，而不是一开始就有一个很好的商业计划和商业模型，然后再一步步地把它做出来，就像我们现在找风险投资那样。在最初的时候，是一个翻译老薛（航天部下边的一个研究院的俄文翻译）偶尔提起这件事情。他认为苏联的“图154”飞机还不错，在中国应该有市场。那时，省一级的航空公司非常少，四川航空公司刚成立，成立后没有飞机，但是它们跟国家计委、国家民航局申请了一个批文，可以进口飞机。有批文虽然可以进飞机，但它们没钱。这时候老牟就对四川航空公司说：“我帮你们把‘图154’飞机买进来。你没钱，我给你钱；这飞机我卖给你，飞机到了再结账，你给我担保就行了。”老牟随后就去跟俄罗斯那边谈：你把飞机给我，我给你钱，给你什么钱呢？你那儿不是缺轻工产品吗？我给你轻工产品作为支付，然后你把飞机给我。俄罗斯人听了满口答应，要东西不要现钱。那会儿俄罗斯经济比较紧张，只想要生活消费品。于是老牟马上反过身就跟中国的厂家谈：你们都给我东西，把你们积压的东西都给我，我给你们钱。厂家说钱在哪儿呢？老牟说：这样吧，我去银行贷款，我贷的钱给你。接着他又去跟四川航空公司谈，说你给我担保，我去贷款；因为你要买飞机，照理说你该出钱，你们现在不用出钱，改成担保吧，这样挺好。但是四川航空公司说：我可以担保，可是我们刚成立，有些银行也不认。老牟就又去找银行，劝说银行担保，四川航空公司反担保。那家银行一看说行，最后就交由交通银行四川分行担保。这个事儿是我去办的，就是北京亚运会开幕那一天，我专程到成都去找川航总经理杜定欢协调担保的事。结果，交通银行四川分行担保，老牟借到钱，将借到的钱给这些厂家作为订金，比如100万元的货我付你50万元，然后你把东西拿来。在此之前，他在南德院里弄了个房子做样品展示，叫厂家都来送货、送样品，弄了一大屋子，组织俄罗斯人来看。俄罗斯人看了觉得行的，就具体下单，老牟拿着单子再跟厂家订货。从商业链条来看，他把每个环节连得还可以。最终川航只是出了担保和反担保，没有出现金；老牟从银行贷到了款，付给了厂家。只是付给厂家时遇到一个问题，当时所有的厂家都没有出口权，老牟也没有出口权，所以老牟找了商务部下边一个公司，专门做对俄贸易的，由这家公司来集中收购和对外出口，他跟这家公司结账，他也没有去一对一跟厂家结账，这家公司收取了一笔代理费。俄罗斯收到了几十车皮的轻工产品，就让飞机直接飞到成都；川航那边再拿飞机营运的钱还给老牟；老牟再把贷款还给银行。其实这是很合乎逻辑的一个故事。最后这单生意的确是这样做成了。但做成了以后，老牟却没有赚到太多钱，原因是后面飞机运营得并不好，结算的利润并不多。这单业务时间拉得很长，大量货物运输损耗很大，官司纠纷不断；另外这些飞机飞到四川以后，光有飞机还不行，还有航材、飞行员、运营等问题，这一堆事都弄得不好，有着扯不完的皮。所以这件事情是做成功了，但是南德并没有赚太多钱。回头看，这是特别巧妙的一单易货贸易，这单贸易之所以能成功，主要是因为当时的体制正好允许给出这个批文，当时四川省政府和航空公司也有这个需要。总之，它在商业上的逻辑和社会体制上的逻辑还算是相容的。

继这一单成功之后，老牟又继续做，比如做卫星等，商业逻辑上也是很巧妙的，但却一个都没成功。他是怎么做的呢？当时长城公司是中国唯一能够发射商用卫星的专业公司，但该公司却没有钱推广业务。卫星的价值在哪儿呢？不是卫星本身，而是卫星上面的转发器，那个转发器可以用于商业目的，比如说电视台或者卫星通信公司。在我的印象中，一个卫星上面可以带几十个用于出租的转发器。老牟了解这一点，所以就去跟长城公司谈："我要发一个卫星，这事儿我出钱。"人家说这么多钱，你哪里出得了？老牟说："我出钱，我肯定出钱，交给我吧！"然后他又说："我要让你发（卫星），我要出钱，但你不能什么都不跟我签啊！你怎么能证明你要给我发（卫星）呢？最好签一个协议。"后来双方果真签了一个协议，约定南德出钱，长城公司发射，发射成功后，卫星上的转发器归南德支配（出租经营）。南德还承诺在多长时间内付清发射的钱，付不出这个钱合同自然作废。这都是很合理的。签完以后，老牟就拿这个协议去找那些需要转发器的单位，跟卖楼花似的：我有 50 个转发器，这个转发器肯定有人要，你要不要？然后跟你签一个，跟他签一个，推销出去一个转发器就收 10% 的定金，这 10% 的定金就能够支付长城公司的头款。比如长城公司付款周期是三个月，老牟这边签的收款时间是一个月，他收了钱就付给长城，付给长城以后，长城公司就履约发射卫星。之后就是不断左手收钱、右手付钱，只要把两个付款节奏错开就行了，也就是说，只要长城那边付款日期晚这边一个月就可以了。不光如此，这边收钱、那边付，中间的差价就是利润，挺好。这个项目的商业逻辑不单是巧妙，简直就是绝妙。发卫星可不像卖烧饼那么简单，谁敢想啊！只有老牟敢想，他有一个理论，就是好生意必须是无竞争的，卫星和转发器的生意在中国绝对是无竞争领域。

虽然这个项目本身的商业逻辑是对的，但后来为什么失败了呢？据说主要原因是国内政策不允许，于是老牟跑到俄罗斯去发，也就是说这个商业逻辑和国内的管理体制发生了冲突。卫星这种东西是国有垄断的，怎么能让民营企业玩呢？老牟要突破这个，以为无非不用长城公司发了，只要客户还在，到俄罗斯发也是一样的（全世界能发的有好几家公司呢）。好不容易解决了发射问题，第二个冲突就来了，那就是涉及国家安全方面的原因：国内用户能不能租用俄罗斯的转发器？老牟原想绕着弯儿解决这事儿，紧接着又出来一个问题：他那个转发器中国台湾也要租，而台湾租了以后可能会用于监视大陆，这显然是大陆绝对不允许的。就这样，这桩生意不断跟政治制度层面上有冲突，最终迫使老牟收手不做了。这个故事也很有意思，在普通老百姓看来，这些事儿可能太悬了——一会儿弄飞机，一会儿弄卫星，其实商业上非常合理和巧妙。这件事情如果放在西方环境里，成功的可能性非常大。

再有一个故事，就是运作航母。牟其中想把俄罗斯退役的航母卖到中国来，这在当时有一些可能性，商业上也好像说得通。一般人会认为这是故事，就像电视连续剧一样错综复杂，普通老百姓得看那么几集才能整明白。但牟其中是导演兼编剧，一开始编剧时他就知道结果，他让你跟着哭、跟着笑，到最后一集了，才给你个大团圆的结局，观众到这时才能喘口气，其实中间该哭该笑的都跟着编导经历完了。老牟是编剧，他的设想是合理的，但跟当时体制的冲突太大了。可能几十年以后，在中国的市场经济完全是规范、自由和开放的情况下，他的想法真的就可能变成现实和巨大的商业成功了。

他还做过几件事，我认为也是很有想象力的。第一件是他要根治陕北的沙漠化。当时我们到陕北去的时候，看到陕北的地形是沟、梁、卯、塬，梁就是坡脊的尖尖，卯是一撮一撮的堆堆，塬是平的地台。这种地形地貌，水土流失非常严重。所以老牟就组织了一些水土保持专家、农业专家、气候专家去看；此外，他还邀请了一些特别有意思的专家——定向爆破专家。他有一个构想：我要把这些沟沟坎坎弄平整，把高出来的炸到低的地方填平补齐，三炸两炸不就炸成个平原了嘛！在他的想象中，一旦把这里炸成平原，这地方再也不会有水土流失，就变成江南了。气候好了，庄稼也好了，这样西北的问题就解决了。他这个想法到底行不行呢？当时很多专家也在研究，认为技术上肯定是能炸的，而且一定造得出平原来。但要完成这件事，就得跟当时的社会经济管理体制发生太多的冲突。所以，这事后来被认为是胡思乱想，就没再进行下去。另一件与此相似的事，就是他想把喜马拉雅山炸出一个口子来，让印度洋的暖风吹过来，使山这边也变成江南。这个想法实际上并不是他的发明，而是科学家提出来的，这些科学家坚持认为这件事在科学上是可行的，商业上也是可行的。但经牟其中一讲，大家就认为他在那儿胡思乱想。老牟的第三个富有想象力的想法，就是朔天运河：他想从平朔到天津挖一条运河，运河开通后把山西的煤直接通过水路运到天津港。

总之，这些东西我一直觉得在商业上是非常有想象力的，而且逻辑上都是成立的，只是跟我们的体制环境不匹配，所以，今天看来大多失败了或者被认为是狂想。最早的一代民营企业当中，牟其中是最有创造力、想象力的，但由于他的创造力、想象力跟体制环境脱节、对立的太多，所以大部分都成功不了。这种命运使他成为“过去的一代”。也许，再等上 10 年、20 年，他就会有机会成功了。任志强当年曾被错关了一年，要是再往前数到三反五反那时候，可能就给枪毙了，哪会有他今天的风光和业绩！所以商业上的成功还要和制度环境相适应。作为一个民营企业，我们的任何商业计划都有一个跟体制环境的配合问题；如果不能配合，你的结局就是牟其中第二。

“钱是无限的”

牟其中的南德公司是特别混杂的企业，那个时候还没有《公司法》，南德的组织结构非常奇怪。首先，南德有一些江湖的习气，来来往往的人都跟行走江湖似的，老牟被判过一次死刑，坐过两次牢，算是大难不死。这一传奇经历吸引了很多江湖上的人来找他，很多人素不相识，纯粹慕名而来；来了以后，就跟过去江湖上一样，一拱手一抱拳，就可以在这儿吃喝。南德的食堂一直开着，饭菜做得非常可口，吃饭也不需要交钱，于是来来往往的人就都在这儿吃。真把我吃的，用东北话说就是“贼胖”，吃得实在是非常好。其次，南德又像个家族，因为牟其中的老婆、小姨子、儿子、侄子等所有的家里人都在公司里；此外，好多他的乡亲——万县老乡也在公司，关键岗位全都是万县人。整个公司业务全是他老婆管，所有重要的事情都是他老婆跟大家定。老牟的状态又像袍哥，凡是四川来的，他都一律招呼，而且走到哪儿都是前呼后拥的。最后，南德又像政府，它的机构设置又是办公厅、一处二处，又是东北办、西北办、东南办，完全像国家建制。我是总办的，当时还兼过西北办主任；王功权那时候是东南办主任；汪兆京是二处处长。这么一个公司组织，既沿袭了家族、江湖的做法，又模仿了政府机关，所以相应的游戏规则也是很混乱的。

南德做事情的时候完全没有什么章法。南德集团下边做了一大堆公司，这些公司是怎么管的呢？我在总办当办公室主任时，一个重要的职责是管公章。这公章怎么个管法？当然要老牟同意才能盖章了。但是公章实在太多了，找起来麻烦，于是就用一个网兜，在网眼上系上绳，把章子都系在那些绳上。这样，一提网兜，所有公章就都出来了，有好几十个呢。每个公章把上都贴块小胶布，上边写着一号、二号、三号，另外还有一个配套的练习本，上面写着每个号码相对应的公司名称，真有点像密码本的功能。需要盖章的时候，我会得到通知说用几号章，于是就把网兜拎出来，找出相应的公章盖上。这是一种管理办法。老牟还有一种管法，就是成立很多小组（项目组），类似现在的风险投资，大概 10 万元两个人就可以成立一个组。一时间，来了很多说故事的人，卖药的、政治上失意的、江湖郎中、献宝的、倒技术的全部都来了。老牟的想法是，每一个项目组划拨 3 个人、10 万元（那个时候 10 万元是挺大一个数目呢），你们就去折腾吧，万一有一个做成了，我的投入就全找补回来了。这很有点儿像当今的风险投资，老牟就是喜欢这么撞大运。比如我们西北办，任务就是在黄陵地区组织扶贫开发区，管理地域是 13 个县，包括整个延安地区。成立了管委会之后，又成立公司。我在这样一个架构下，也不知道钱最后怎么挣，当地人也都犯蒙。有一次延安的书记专程到北京来，说是有一个甲醇项目需要 2 000 万元，想请老牟投资。老牟听了以后，丝毫打不起精神，那位书记还以为这个项目不够好。老牟说这个项目挺好，但是你需要的钱太少，才需要 2 000 万元，我干不了，你能不能想大一点儿？老牟说："你这样，你就放开了想。第一，钱是无限的，想要多少就有多少；第二，人是无限的，想找谁就找谁。你就按照这样的思路去想，整出项目来再找我。"他这几句话，把延安的书记弄蒙了：这可怎么想？缺钱时从来想的都是少要一点儿，免得给人添麻烦，他现在却让我放开了想，说钱是无限的——这让我还真不会想了。后来除了想明白要把驻京办事处设在南德这件事之外，延安就没有人能想清楚怎么跟老牟谈钱的事。

总之，南德公司由于组织文化的混乱，公司架构也混乱，做事也完全没有章法，常常根据临时需要这儿注册一个公司、那儿注册一个公司。从今天的观点看，南德总体来说不太像一个正规的公司，投资公司不像投资公司，贸易公司不像贸易公司，生产企业不像生产企业。我觉得这跟牟其中的价值观和他的经历都有很大的关系，这也许就是所谓的历史局限性吧。

“一生爱错放你的手”

每个人做事情总得有道德感，而牟其中给我最大的震撼是一个人可以没有道德感。所谓道德感就是是非好坏，这个事儿能做，那个事儿不能做。老牟不是凡人，通常大家认为不能做的事，他做起来毫无心理障碍，这也许就是他强大的地方。有这么一个故事，留给我很深的印象。当时有一个人事主管李女士，曾演过电影，应该说是挺有模样的。南德当时正开拓俄罗斯的业务，就派她去了俄罗斯；在这之前还有一个叫田时堂的，也被派到了俄罗斯，并且是那边的负责人。有一天李主管突然回来了，她一进牟其中和我的办公室（当时我和牟其中在一个办公室面对面坐着办公），就把门关上，冲着牟其中嚷嚷：“牟总，怎么回事？我一回来，人家都说田时堂强奸了我。没有这事呵！到底是谁造的谣？”老牟很冷静，随口丢给她一句：“是啊，是没这事，可不这么说，怎么搞臭他呢？给你发点儿钱，你回去休息吧。”我当时心里十分震撼，心想这人怎么这么没有道德呢？后来我才发现，他每天上班的习惯是拿一张纸，把今天要做的事写几条给我，我作为总办主任拿这几张纸就下去布置，有一些谣言正是他亲自创作而由我帮他传播开的。现在回想起来真有些哭笑不得。

这件事，让我联想起那份由我起草的开除田时堂的文件。写的时候，老牟正好站在边上看，他叫我把时间往前提一个多月。我那时候比较单纯，也不懂往前提一点儿是什么意思。后来才知道，那个时候

一生爱错放你的手

有关部门要来侦查；把田时堂安排在更早的时间被开除掉，这样他做的事就得个人承担，公司不就没责任了嘛！而且还要说这个田时堂是个坏人，他不仅强奸女人，还犯了很多错误，公司早就给他开除了，所以他做的事跟南德没关系。我是到后来才明白，栽赃田时堂强奸女人，原来是为了保公司平安。

第二件给我印象很深的事是，有一天，我正在办公的时候，突然就听到门外有人在喊“董朝凯跑了”。董朝凯是什么人呢？他是管资金的人。他跑了，那还得了！于是我又组织人又派车到机场去抓，同时向公安报案，折腾了一阵还没逮住，让他跑掉了。很快，老牟就召集员工开批斗会，揭露说这个人原来早就想逃到香港，而且把公司的钱卷走了，组织员工对他进行大肆批判、揭发。报案之后，这事很快就不了了之、被人淡忘了。1991 年，我自己去海南办公司的时候，有一天在一个大排档，突然看见董朝凯，我就觉得这是一个坏人，当时还犹豫了一下：是不是要告诉老牟抓他呢，还是装作没看见，走了算了？正犹豫着，没想到董朝凯看见我了，开始大声招呼我，没办法，我只好过去。董朝凯问我：“干吗呢？”我说：“我也到海南来了，我自己干了。”他说：“好玩儿，那就坐会儿。”我一坐下就小声问了他一句：“你怎么还不跑，老牟到处抓你呢！”他说：“你甭信那个，老牟演戏呢！”我问：“演什么戏？”他说：“都是说好的，那叫什么跑啊！要真跑我现在还能在这儿待着吗？他老牟怎么不来抓我啊？”我一想还真是的。原来他们是有默契的，后来慢慢我才咂摸出味道来。当时董朝凯管资金，恰逢南德借银行钱还不了，有压力，这时候老牟就来了一个“捉放曹”，让小董跑了，然后一举报，这样公司就没事了；对田时堂也是如法炮制，将麻烦变成刑事案件，公安抓不到人，银行就没法催要了，这样也把银行的债赖掉了。

作为一个企业，到底道德的底线应该在哪里？在创办万通时，我和功权常常拿老牟的例子做反面教材。我们认为，企业家特别是民营企业家必须要有自己的道德力量，否则无法凝聚人心、把事业推向成功。

牟其中有很强烈的政治情结，当然，他那一代人有政治情结是很正常的。在那个年代，没有政治情结的人是坏人，有政治情结的人大多是有理想、有抱负的青年。老牟在“文革”的时候曾写过题为《中国向何处去》的文章，探讨中国的命运；开始做生意后，又不停地研究社会经济变革。应该说这些都是非常合情合理，而且非常有趣的做法，是一种好的、值得肯定的品质。但为什么他这种政治情结会失败呢？我认为，随着社会历史的变化，他的政治情结表现出明显的错位。既然是一种政治情结，也必定有它的逻辑，不能错位，错位就会闹笑话，甚至招致灭顶之灾。比如邓小平生日那天，老牟在家里召集了一帮人来祝寿，我不知道这种做法在西方会怎么样，反正在中国，人们就觉得很怪——给邓小平做寿，是党内一种特殊的政治生活，也是极少数人的特权与恩荣。你一个劳改释放犯、小商人在自家里大操大办的多邪性啊！他特爱操心的事情就是中美关系、中俄关系，这些事情也不是你一个企业家该操心的；如果一个老板没事去管中美关系、管台湾问题，那也属于错位了。他这种“位”不单是错，还叫人恶心，这就好比一个乡下的小伙子牵一头猪到城里来追一个女孩子，他的确有诚意，他对姑娘说“我爱你，我把我所有的生命和财产都献给你”，他要献出的就是那一头猪。他是真诚的，他一点儿都没错，他也没骗那位姑娘，他真是献爱心来了，而且他可能对她负责，为她赴汤蹈火；但是城里的那位姑娘只会觉得恶心，恨不得一脚把他连猪一起踢得远远的。这就是错位，也可以说是错爱，这位农村小伙子在别人的心里只会添堵、会让人恶心和不舒服。

我认为牟其中在政治情结上全部都是错位的，就像这个贡献了猪的小伙子。他被判过两次刑，还有一次差点儿判死刑，逻辑上说有怨言是正常的，发点儿牢骚，甚至说两句过头话，这都正常；可是他天天说他爱党，比谁都爱党，这就让人觉得不踏实，而且觉得不可信。我认为他的政治情结本身不应该说有错，而是表达的时间、地点、方式和对象有严重的问题。有一句歌词是“一生爱错放你的手”，这句话有两种解释：一生爱、错放你的手，就是悔不当初，不该让你走，为爱负疚；再就是一生爱错、放你的手，后悔爱你，打发你走。老牟这个事儿就叫一生爱错，被人早早掸开了他的手。一个企业有社会责任感、关心一下社会上的事情是无可厚非的，有一些情结随着年龄、历史沉淀下来，也都能理解，但是你表达的方式、时间、对象都不对，真诚的事情就变成一个恶心的事，最后只能被推开、撵出局。

你不懂什么是饥饿

牟其中有超强的毅力，在五六十岁的时候仍然坚持冬泳。他的毅力也表现在他的政治情结和处理问题的方法上。在面对危机时，他从来都是赌在领导的批示上，赌在政治的翻案上，赌在政治领导人的身上，因为他两次坐牢出来，都跟大背景的改变和批示以及政治翻案有关。所以他一遇到事，思维定式就往这方面想，从来不反省自己是不是真错了。政治思维上的惯性，导致他一有问题就去找领导人，希望弄个批示出来，或者把自己的事往政治上扯，希望能够有领导人给他翻案。实际上他那一代人都有这个特点，娃哈哈的宗庆后也是这样。宗庆后自己曾签过一个让他今天看起来感到吃亏的合同，于是不断违约，私底下再搞一套。老外今天要打官司追究，他就跳起来了，说“中国人民站起来了，不能受欺负”。宗庆后是私人企业家，他把那些财产都挪到外面，由自己家族控制着，却说中华民族不能受八国联军的欺负。生意人，答应了合资，合资后商标在合资公司的管理下使用，老外提的这些要求没有错，你也同意了；当时缺钱，人家给了你钱，结果你却背着人家，在合资公司外又弄了一堆企业，都是娃哈哈品牌，也不跟人家说；现在人家老外提出来让你把外面这些企业卖给他们，以后商标还是统一使用，你不干，然后就说人家欺负你。人家那是国际惯例，全世界的商家都是这么做的，人家投了资，肯定要进行商标管理。宗庆后也属于将政治情结和解决危机的方式非商业化的一代人，他们用民族情绪去跟人家做商业上的博弈，由于他们有超强的毅力，表现出来的非理性和非商业的行为就特别刺眼。

我和牟其中曾经一起去陕北，开的是一辆价值 4 万元的漏风的破车，开了 2 000 多公里。有一天早上，大概五六点钟，天麻麻亮的时候，我们停在了汶水县云周西村刘胡兰家的边上。我们当时饿极了，就咣咣咣砸老乡的门，砸开以后，我们让人弄了些刀削面，加上盐啊、醋啊之类的调料端上来。当时饭桌边上还睡着人，我们都嫌脏，吃不下去，老牟却吃得倍儿香。这顿饭大概花了我们十几元。上车以后，我们都觉得勉强饱了，老牟就说："你们不懂什么是饥饿。坐牢时最大的煎熬是饥饿，不是疼痛。一进去先饿你个 5 天，啥都招了。"他教育我们要懂得忍耐。他饥饿过、忍耐过，所以他说他现在吃什么都特香。

那时候是 12 月份，北方最寒冷的季节。我看见他只穿一条单裤和丝袜，脚脖子都露着，就问他冷不冷。他马上就说："你们不懂什么叫寒冷。"他说，坐水牢并不是给泡在水里，而是地面上有水，人坐在凳子上，头一昏，稍不留神就掉地上了，泡在水里但又淹不死。他说那个冷啊才是最冷的。"我在那里坐过，我都体会过了，所以你们不懂得什么叫寒冷。"他经历过特别的牢狱生活，饥饿、寒冷都是他修完了的课程。所以这一路上他不断地跟我们讲这些，让我强烈感受到他身上超强的毅力。牟其中特别愿意读书，并且读过很多书。关于上大学，他自己有两种说法：一种是考试没考好，没被录取；一种是被录取了，因为出身不好没去成。我从不怀疑他读书很用功，我们也经常在一起聊一些读书方面的东西，他特别愿意跟一些有知识和不同专业背景的人在一起聊天，应该说跟牟其中聊天是一件挺快乐的事情。

牟其中是个蛮霸的人。他 50 多岁还能打架，还时常冲动，要动拳动脚。我刚去南德的时候，有一次去白洋淀，他就在一个岛上跟人吵架，一吵架他就兴奋，拿着个大棍子就想抡。后来他得意地跟我说，前一年有一次他在香山吃饭，为抢一个凳子，他一拳把人家牙给打掉了。他骨子里有一种特别蛮横和霸道的作风，叫蛮霸，这是他性格当中非常出位的一种东西。

作为普通人，牟其中也有很人性的一面，就是侍奉母亲非常孝顺。在我离开他之前的一段时间，他母亲病了，住在北京三〇九医院。我跟他去看过他母亲几次，就我们俩，他在他母亲身边，表达的情感和普通人没什么两样。他给我讲过很多他母亲的故事。他母亲在跟他父亲之前，是一个下人（佣人），跟他父亲的时候，身份相当于我们今天说的小老婆，所以他一直是在一个被人歧视的环境里长大的。1949 年以后，他父亲牟品山也受到政府的惩处。他坐牢的时候，他母亲在崎岖的山路上迈着小脚给他送饭，所以他一直对母亲特别感恩，当母亲去世时他也非常难过。开追悼会的前一天，他信手写了一副对联，让我贴上。后来我才知道，这副对联最早是曾国藩写给母亲的，上联是“一饭尚铭恩，况曾保抱提携，只少怀胎十月”；下联是“千金难报德，即论人情物理，也当泣血三年”。开追悼会的那一天，我第一次看见老牟哭。我发现作为普通人，他对母亲的感情是很真诚的。

牟其中是一个非常复杂的人，作为中国最早的民营企业家，很具有标本意义。一个人在一个时代中能够迸发出的光芒，其实也就是这个时代的光芒。所以，我觉得解读和了解牟其中，最重要的是应该明白一个企业家的命运不是孤立的，一定要在一个时代的背景下才能发光。你所能做的事业一定取决于制度空间的大小，你个人的品质再好、能力再强，这都不重要，只有跟制度空间相容，你才能够很好地成长。

13

历史

历史永远没有真相。

——冯仑

历史是我最早接触的人文知识，也是我最有兴趣的。我对人好奇，对社会现象好奇，对人类的过去、现在和未来有很强的好奇心，尤其是对未来的未知领域更好奇。在现实中找不到答案的时候，我会到历史中去找，这是探讨真理的过程，也是认识自己的过程。遗憾的是，探索几十年至今，我仍然有很多没有找到的答案：历史中这段故事跟那段故事都是真相，但永远在打架。所以我的总结是：历史永远没有“真相”。然而，即便没有真相的历史，对我们认识问题仍然有非常大的启发。

伟大的阴面

与历史第一次正面发生冲撞是在二十二三岁的时候，当时我在中央党校读书，满脑子都是非常正面的教育留下来的痕迹，比如说伟大的人应该怎么做？他们的行为方式应该是怎样的？好人应该是怎样、坏人是怎样？都有一个固定的模式。但有两件事让我对历史开始产生怀疑，发现人们看到的伟大未必真有那么伟大，多少都有那么点不真实，而真实的东西一定在伟大的背面。从此我就开始研究伟大的另一面。

我最早开始疑古是在 1982 年，我在中央党校读书，学校有两个阅览室：一是党刊室，就是内部资料（内参）阅览室。当时是按级别看内参，很多资料在其他地方根本看不到，党刊阅览室里所有资料反映的都是社会阴暗面和问题。于是我突然感觉，原来除了我们从《人民日报》里看到的那些正面的东西外，还有这么多真实的情况在这儿！我开始怀疑，渐渐我形成了习惯，在内刊室里找史料，并且不停地看各种各样的内参，这些资料使我知道世界原来是由两面互补的，一面是宣传，另一面是内参。

我意识到，在历史的过程中还有真实的是非是我所不知道的。就这样，我颠覆了以前自己对是非的认识。

从那时起，我开始关注伟大的另一面，探讨过程中我的确发现了很多让人失望的伟大、让人轻蔑的伟大、让人不崇敬的伟大、让人不愿追随的伟大以及让人不再敬仰的伟大。

后来，我跟柳传志出去爬山，我开玩笑说，一个伟大的人就像站在山上，阳光照着他，他看着我们，我们所有人都以为他是从阳面上去的，但实际上他是从阴坡爬上来的，也就是说一个伟大的人并不因为他从阴坡上去就见不到阳光。历史告诉我一件事，任何事情似乎都不妨碍伟大，伟大只是一个结果，我们往往只看见那朵花，至于这朵花从哪儿来、怎么开放的，我们并不知道。

观察伟大的另一面确实有很大的乐趣。

历史现场

怎么才能看到这些伟大的背影、伟大的另一面呢？我会看大量小报，看野史、稗史，因为在野史稗史中，有时候能漏出一些细节和真实。如果当事人还活着，去听他说故事或者去历史现场观察，往往能够看清楚历史的真相，感受到这些历史气息、信息和密码。我在做生意的时候，不断抽空去一些历史现场，到现场去解读历史，思考和观察曾经在这里发生过的事情，真正感受历史的真实，哪怕是让人失望的真实。

比如张学良跟赵四的爱情故事，听上去似乎是催人泪下，37 年终成眷属，妻贤且富美德，给国人留下的全是这样的印象。后来我去了沈阳帅府（赵四住的小洋楼），也看了于凤至和张学良的大帅府，感受到赵四小姐当时第一次投奔张学良时的生活环境，回来陆陆续续看了一些资料，解读下来跟最初的印象就不一样了。张学良在临终前和唐德刚做过一个口述自传，这个自传比较真实，关于赵四他说了两段有意思的话，一段是："她要来我也没办法，我就收留了她。"

于凤至对这一段是这样解释的："当时中原大战之后，张学良帮蒋介石打败了阎锡山和冯玉祥，统一了中国，被封为海陆副总司令，在全国一人之下、万人之上，并且和蒋介石结拜兄弟，位高权重，很多女人天天追他，其中有一个就叫赵四，哭着喊着追着他到了沈阳。当时赵四才 14 岁，进门她就给我下跪，哭着说，我一辈子什么名分都不要，就愿意做张学良的秘书，伺候他的生活。我也就收留了她，给了她一个房子（帅府）。”

张学良跟唐德刚讲道，“我跟赵四是误会，我的历史从 36 岁就结束了，如果我不被关在里面，我这样的人外面有的是女人，我跟她不会好。”在不断的囚禁、软禁生活中，张学良当着赵四的面也讲过，说我们俩是没有办法，如果不是蒋先生，我们俩早就不在一起了。这些历史和我们正常情况下的理解是完全不一样的。

我曾经去贝加尔湖，看了苏武牧羊的地方。整个戈壁是寸草不生的，连鸟都不来拉屎，太惨了。清朝时有人在这里划定了疆界，后来一个官员扛着块碑过来，走了一段以后没找到位置，往周遭看看，发现都差不多，于是就歇了，随便在此立碑，结果从此中国就少了很大一块面积，现在少了的这块面积地下有很多石油。于是现在有人就说，当时清朝太昏庸了，割让边界也不搞清楚地下有多少资源，也不现场勘测一下，随随便便就把这事办了。不过话说回来，当时第一没有石油勘探技术，谁都不知道地下有什么；第二当时对土地的了解仅限于目光所及，看见的就有，没看见的就没有；第三当时没有卫星，更没有遥感，不知道再往前走还有多远，所以他做了这个决策，也没大责吧。

所以，对古人要宽容，对今天要严格。以今人的智慧来对古人苛刻实际上是放纵自己、原谅自己。我们应该在已有的条件下来建设我们的国家，而不应埋怨古人没给我们留下什么东西。

2006 年我走了一趟“玄奘之路”，途经吉尔吉斯斯坦、乌兹别克斯坦、阿富汗、巴基斯坦、印度，在伊斯兰地区开车走了一个多月。

在穿越阿富汗的过程中，我一直在体会伊斯兰人民真正的生活和精神状态；我所看到的阿富汗人民是非常努力、非常热情、非常宽容、非常好客的，今天阿富汗有恐怖主义，原是第二次世界大战以后现代化进程中产生的一种悲剧。

第二次世界大战以后，伊斯兰地区的国家选择现代化的方式有两种：一是社会主义的方式，就是一些青年军官通过政变组建社会民族党、阿拉伯复兴党，建立了社会主义。比如卡扎非、纳赛尔、萨达姆，他们都建立了政党，对国内原先的反对派不仅禁止而且打击，甚至是从肉体上消灭。这方面萨达姆最为典型。于是这些反对派就转到地下，开始了用暴力反对这些领导人的政权和社会主义。

另外一种是亲西方的方式，比如伊朗、沙特、阿联酋等，王室试图推动政教分离，然后进行世俗的现代化，但那些反对腐败、反对西方的世俗化破坏原来宗教传统习俗的政治力量不赞成。

我们现在看到的恐怖分子就是这样一个来由，在“9·11”之后，全世界都把这种力量叫恐怖主义，而“9·11”之前他们叫反社会主义。同样一件事，同样一拨人，只是历史把他们脑袋上的帽子换了。所以不到现场去看，你没法感受。我到过白沙瓦，白沙瓦非常拥挤，中国人形容集市上人多叫作挥汗如雨、摩肩接踵；对白沙瓦人来说，这两个词根本都不够用，一个小轿车上能坐七八个人，一个大中巴车上上下下挂满了人，这么拥挤他们互相之间也不吵架。阿富汗人民也是，当地的伊斯兰老百姓对我们很好、很温和，没有暴力倾向。

我去过 6 次延安，我思考，为什么在 20 世纪 30 年代一些读书人走过了二万五千里跑到延安，能够干成他们的事业，最后领导了中国？在延安的共产党人真是有理想，没有理想他们坚持不下来。你的理想到了什么程度，主要就看你坚持多久和忍受多少苦难，或者说忍受多少折磨而且矢志不移。当时延安生活艰苦卓绝，胡宗南派特务去收集情报，出发前交代说延安很苦，你们一定要吃苦，不然就会露馅，并且让他们经历专门的吃苦训练。结果他们还是苦不过共产党人，到了共产党根据地吃饭面里掺土吃不吃？一皱眉一犹豫，马上暴露你的特务身份，立即被揪住。

共产党是真正有理想的人，所以才能烹小鲜如治大国，才能够把延安当成全国来办，有中央、地方、边区，学校、军队，自己还印钱，把一个弹丸之地当国家来管。在这个弹丸之地印钱是第二次，第一次是在江西，那是建立中华苏维埃共和国的时候，邓小平张罗的建国典礼，在那儿印过一次钱；到延安是第二次，所以他们完全是烹小鲜如治大国。结果是什么呢？1949 年以后，他们便治大国如烹小鲜。在延安看到的这两件事让我明白，作为一个民营企业，我们做事要把小事情当大事情办，要能坚持，还要能行动。

以前老听说贞节牌坊，后来偶然去安徽，参观了歙县的贞节牌坊以及中国唯一的女祠。实际上贞节牌坊和女祠恰好证明中国妇女的悲哀，这个悲哀不是说她受了多少苦，16 岁就守寡，然后一直守到 70 岁；这个悲哀是指她们的贞洁恰恰是以淫乱为补充的。歙县这一带历史上有 2 万节妇烈女，每一个节妇烈女对应的都是一个在外面狂吃滥嫖的丈夫。因为丈夫都在外面做生意，把钱拿回来又怕家里的女人偷人养汉，为了把这个财产保住，就必须要让老婆安心守在这儿，于是他们给予女人精神奖励，给她们修个女祠，破例让她们进祠堂享受男人们的一些待遇；这还不够，还要给她们立牌坊。贞节牌坊分成好几种，有皇上赐的，由皇上命名，中央财政拨钱做的；有自己家里立的，请礼部命名，自己出钱做的；也有自己家命名自己家做的。男人们通过这些方式让妇女安心带孩子并守住财产。

到历史现场你会感觉到，一方面徽商很发达，徽商不在家里经商，都是在安徽以外的地方经商；但是另一方面牌坊都立在家里。2万节妇烈女是以2万以上丈夫在外花天酒地、狂吃滥嫖和不贞节互相对照的。这是一个巨大的讽刺。

镌刻人生

我们都生活在历史中，说完当下的话就已经创造了一段历史。一个想要有所作为的负责任的企业家，应该有这样一种历史的意识：经常在历史中确定自己的位置，然后寻找未来的方向，留下过去的足迹。“9·11”之后，我到纽约看“9·11”的现场，听说世贸要重建，突然间我感觉自己是可以参与的，于是有了参与重建的愿望。我见了纽约最大的地产公司老板，我们一起吃饭、开会，开会间歇我们出来透气，他说了一句话：“你可以转360° 朝天上看，这里的天空都是我的。”我很是震撼，一个人的事业可以让他这么自信。在参与世贸重建中接触到非常多的人，有一天我突然感觉到什么叫创造历史，那就是在伟大的时刻、伟大的地点和伟大的人做伟大的事情。而虚度人生是怎么回事呢？那就是在平凡的时刻、平凡的地点和平常的人做一些平凡的事，并去议论一些伟大的事与伟大的人。

什么叫伟大的时刻？中国目前就处在一个非常伟大的时刻：民族复兴，经济高速增长。什么是伟大的地点？如果你在喜马拉雅山下的小山村天天待着就不行，北京、上海、深圳或者其他经济发达的地区，这些地点就对了。什么是伟大的人？这里指的当然是合作伙伴了。如果你坐牢了，天天和罪犯在一起，时代也对，地点也对，但人不对；人虽对了，事情还得对，得是做有价值的事情。伟大的时间、伟大的地点、伟大的人一起做有价值的事情，朝一个正确的方向连续积累，这样的人生就可以在历史上留下痕迹。

一个企业开始会很小，在很小的时候可能时间是对的、地点也是对的，但你找不到伟大的人，这个时候你会很焦躁，因为你老想做伟大的事。等你的企业发展强大以后，你身边都是伟大的人了，你最需要把握的是时机。这几个要素在人生和创造历史的过程中都非常关键。

过去，我们很多人在奋斗过程中不选择时机，挑选合作伙伴也比较随意，于是花费了很多的时间却没有结果。我们和一些地产界朋友曾组建了一个为所有成员企业创造利益的策略联盟，叫中城联盟。现在在中国房地产发展的这个特殊的历史阶段，这个策略联盟不仅没有垮，而且成为特别有意义的创造历史的活动。中国无论民间组织还是正规组织，组织不健康的最大原因都在于不会换一把手，没有一个明确的更换一把手的程序。我们在第三年的时候制订了一套游戏规则，使我们每两年换一个主席，但策略联盟的发展方向没有改变，而且凝聚力越来越强。怎么换呢？非常简单，我们把它制度化、程序化，透明、公平、竞争，自愿报名，退下来的前主席组成提名委员会，提出两名候选人参与竞选，得票多者继任，继任 3 个月内完成秘书处的改组。另外我们还有一个共同基金——中城联盟的投资公司，来做共同的项目。基金里大家份额均等，曾共同投了 8 个联盟新城，每个联盟新城都很好，而且联盟的组织架构越做越规范，有董事长联席会、总经理联席会，还有仲裁委员会、专业委员会，有一整套游戏规则。我们创造了中国企业联盟化的历史，这就叫镌刻人生。

一个人最重要的是要有历史感、时空观，要知道你处在什么时代、什么地点、和什么人做什么事情，不要把时间浪费在一些没有价值的地方，这是我觉得作为一个企业家应该不断思考的问题。万科、南都、万通等几家企业都曾拿大量的精力和财力来做公益事业，我们会越来越多投入到公益事业方面，我们认为这也是创造历史的一个活动。2007 年 9 月 13 日，万通的“反省日”主题就是“新万通，新企业公民”，我们在公司内部发布公益战略，然后开始实施。

创造历史不一定要经天纬地，也不必追求惊天动地，但你的时间、地点、人物都要对，所以我特别期待民营企业家能够思考这个问题，使自己的人生和社会发展的节奏配合好。

历史的基因和密码

历史是过去的事情，过去的事情就包括经济、政治、社会、文化、气象、自然、山川、河流的演变。你在科学研究的时候会把它分类，有的叫河流的历史，有的叫沙子的历史。这些历史不管怎么分类、研究，随着时间的延续会沉淀并形成一些共同性的东西。特别是在人文社会方面，可以沉淀出一些共同的社会心理、思维形态、价值观念以及行为方式，这些东西实际上长久地影响着我们现在的商业活动，影响着民营企业的一些行为。

比如民营企业要修坟这件事情。有一次我去温州，当地朋友是一知名民营企业的老板，他开车带着我到了一个山底下，他说这个地方是他父母埋葬的地方。我就好奇地问："外地人都说你们这儿修坟，果真是这样啊？"他说，"开始我父母的坟在中间，过了一段有人修得比我高，我一气就跑到最顶上，把山头弄平，修了一个大的。你不知道我们这儿孝顺父母非常重要；不孝顺父母，别人不跟你做生意的。对于过世的父母，除了修坟，还能怎么孝顺呢？所以人们很看重你对父母坟墓的态度。父母在的时候，有人欺负父母，儿子会拿着刀出去跟人家打架，这是替父母出头；父母去世了，如果坟墓上被人骑了坟，也相当于有人欺负父母，那要替父母出头，就要把父母的坟挪上去。我对我父母的态度赢得当地人的尊重，他们认为我很孝顺，是个好人。"这就是中国历史遗传下来的一种"孝"文化。"孝"是子女对长辈的态度。中国是以家族来维系最基本的组织单位，所以没有孝谈不到对君的忠。这些基本文化的密码会传下来，而且影响到现在的行为方式。你说它不对，但它存在，它合理；你说它庸俗，但它赢得了大家的尊重。

而就有一些民营企业家，他既不在传统道德层面继承经营，也不在商业道德、商业层面及法律层面上打仗，却采用一套很有趣的方式。

第一，义和团精神。认定非我族类，其心必异；煽动民族情绪，说洋人从来都欺负中国人，他们骗我们，我们是弱者，我们要跟他们干。

第二，滥用毛泽东思想。贴大字报，煽动员工在会上围攻、谩骂、斗争。不讲法律，不讲商业道德。

这些历史的基因和密码，在中国一些民营企业家身上体现得淋漓尽致，通过一个一个人、一件一件事情、一段一段话、一个一个念头，不断地、顽强地冒出来。我们有本事改造未来，但有时候对历史表现出无奈，只能对历史妥协。

在哈佛听课时，教授用商业语言在问问题、讲问题，而我们有一些民营企业领导回答的时候爱用“文革”式的语言回答，比如说游击战啊、阵地战啊、革命啊。这些东西就叫历史的密码，历史顽强地不断通过这些人像泛酸水一样把“文革”的观念又泛出来了。

这让我想起更有趣的一件事情。1992年在海南的时候，我们要从一个老板那儿买地，这个老板在房间里“指点江山”，桌子上铺

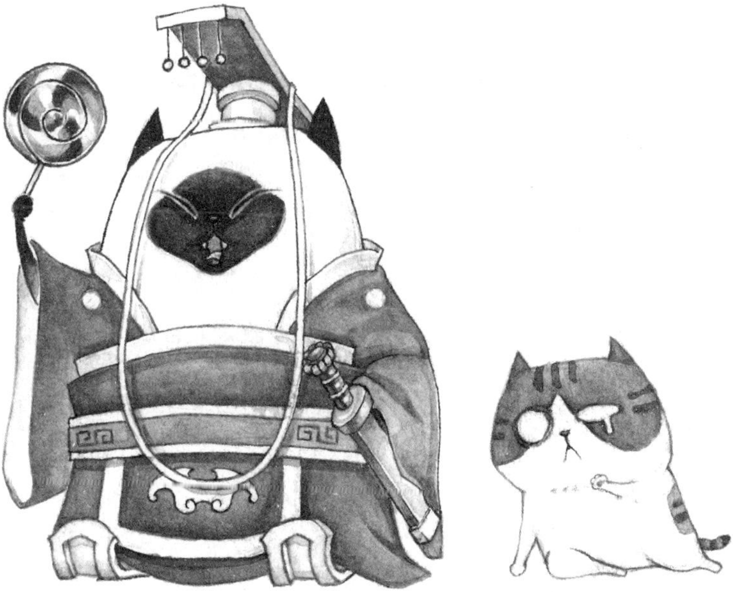

历史只有成败，而无是非

了一大堆各种各样的地图，全是地。他完全用共产党闹革命时的语言在卖地，什么先深入敌后，再如何包抄，最后农村包围城市。讲了半天，我说这是买地还是打仗啊？最后他身边的一个老总告诉我，这个老板没什么爱好，就喜欢背着个军挎包，里面放红宝书，天天看。

历史注入的一些基因、思维模式和语言系统，会在今天通过民营企业不断表现出来，这就是历史的厉害。所以有时候我们对历史必须心存敬畏，因为我们尽管可以怀疑过去的真相，但不能怀疑历史的基因会在未来的某个时候顽强地表现出来。历史越长，对未来的影响越大，因为历史的基因已经深深地根植在人们的血液中。

历史越长，是非越相对；历史越长的地方就越没是非。为什么呢？一个是非如果在当下看，是就是是，非就是非；拉开一段时间再看，若是，若非；再拉开一段时间，是非可能会调个个儿。

我们跟美国的关系，是是非非，总体来看是历史越长，是非越相对。昨是今非，今是昨非；此是彼非，彼是此非。在中国是对的，在美国就不对了。比如，在中国两个人第一次见面，脸碰脸亲一下叫流氓；美国人把这叫友好，此是彼非啊。中国人吃面条不出声，叫吃得不香，对人家不热情；到了欧洲，吃饭老出声音，人家说你没教养。西方参加晚会穿的露肩膀的衣服叫礼服；在中国人看来，女人露出肩膀叫非礼。现在全球都搞市场经济，都主张国家富强，于是传统意识形态都弱化了；再过 100 年，回望现在，可能就没是非了，或者是非都颠倒过来了。

所以懂得历史、懂得文化越多的人，越具有相对主义的特点，也越坚信历史只有成败而无是非，看重成败而淡化是非。我们要站在历史的长河中去写好自己的历史，对古人有一个交代，对自己有一个交代，对未来的人生有一个指引。

14

幸福

古来贤者进亦乐，退亦乐。

——辛弃疾

幸福是一个梦想，是我们生活中不断奋斗的一个动力源泉，更是我们人生的终极目标。

多数人往往觉得幸福是一种既容易瞬间满足又一生不可企及的状态。我们在追求幸福的过程中往往就失去了很多幸福；当我们获得幸福的时候，我们会感觉更加不满足，我们永远希望获得更多。人一生最多的知识、智慧和追求都与幸福有关，但人最多的痛苦、失落和损失也都与幸福有关。

我们在创业的过程中会不断失去很多常人看到的幸福，但同时也获得了常人所没有的幸福。幸福到底是不可或缺的良药，抑或是生活的腐蚀剂，值得我们深思。

幸福与欲望

在现实生活中，关于幸福和不幸福要从两个方面看，即我们的欲望与满足欲望的手段及能力之间是不是能够平衡。如果有了一个欲望，然后通过自己的能力或者外部提供的条件使这个欲望得到了满足，你会有一种幸福感。满足的程度越高、强度越大、时间越长，你会越幸福，满足的过程当中如果又有新的满足加进来，你会更加幸福。

当这个平衡被打破，你会感觉到不幸福，会感觉到痛苦。欲望

幸福是一个梦想

本身在那里，我们改变不了；但我们可以想办法提高我们的能力去奋斗，获得更高的财富、能力，甚至权力。于是我们用各种各样的方式，包括权力、意识和奴役别人的方式满足自己的欲望。

在满足欲望的过程中，对欲望的排序是不一样的。有的人首先想满足的是物质欲望，有的人是要满足人际关系需要的欲望，还有一种纯粹是要满足精神的需要，比如对国家、民族、理想、艺术欣赏或者道德追求。不管怎么样，欲望表现为一种奋斗，表现为一种资源获取，表现为对外部环境的博弈。这样就出现了很多故事，多数人想通过奋斗使自己达到一种幸福状态，结果却往往并不幸福。

小到我们做生意，大到追求国家民族的复兴，膨胀的欲望往往导致很多悲剧。从做生意来看，比如前些年健力宝突然被收购，收购健力宝的人叫张海，从河南一个小城市来，早年练过一些特别的功夫，后来跟所谓大师学艺修行传道，然后做了些生意。他怎么突然会有 3 个亿收购健力宝？大家都看不明白。他说自己炒股赚了钱，然后拥有了健力宝。接着我们就看到健力宝开始不断出镜，一会儿健力宝足球队员跟人打架，一会儿又出了新饮料叫“第五季”。但可悲的是两年以后这个人出了问题，然后被曝光说他其实没钱，这些钱都是一个叫祝维沙的人给的。因为张海自封是“大师”，在传道时认识了祝维沙，然后张海就跟他借了 1 个亿，他的欲望是要收购健力宝。

张海凭着一张巧嘴最后把整个事情串起来，但他毕竟没有财务能力，他的欲望和能力发生了非常大的冲突；收购后他又不懂管理，结果大量产品卖不掉，所有的研发、市场行为都变成对现有资源的损耗，引起了更多的矛盾；后来他又想把健力宝卖给北京一家企业，脱手跑掉，对方发现不对，于是打官司，最后把他抓了起来。关起来后才发现他本身没有能力。我想起早年上海一个高科技上市公司的老板，有人把他介绍给我。当时知道这个人是炒股票的，背后有一个浙江的大姐大在支持他，但我不知道具体的来龙去脉，后来才发现他的欲望跟能力差距太大，以至他最后驾驭不了整个事情，只享受了短暂的快乐，接下来全是痛苦。

当能力和欲望差距太大的时候，即使再有雄心，也很快会让你为这个欲望付出不容忽视的成本。

还有一个故事。有一个上市公司的大股东，用定向增发的方式把号称 100 亿元的房地产资产注入进去。他宣布正在注入的过程中，市场就开始有积极的反应，连续 42 天涨停板，两三元的股票涨到几十元，这个公司的市值到了 1 400 亿元，人们都认为此人背后了不得。他说他有很多资产，而且还不负债。100 亿元放进去，他在这个公司占到了法律规定的最上限 80% 的股份，同时还被发现他可能在二级市场操作，因为他在市场上相关的一致行动控制了股票的 9.9%，因为到 5% 要举手，10% 要要约收购，怎么那么巧正好是 9.9% 呢？于是市场上就开始有非常多的人关注这件事。正在这时候爆出一个丑闻，他们注入的资产包括沈阳一个东北国际大厦，号称东北第一高楼，原来却连开工手续都没有。没有开工证，法律手续就不全，他用来注入资金，这可能牵扯到欺诈的问题；还有其股票连续 42 天涨停，涉及是不是有人操纵股价的问题。媒体开始曝光，曝光后出现连续 7 个跌停，股价开始一路往下掉，在这种情况下相关部门开始进入全面的调查，这事变成了一个要彻底清查的大案。

这件事情反映出一个什么教训呢？当当事人自己的能力没有变化的时候，却把欲望提到了重组上市公司的最高边界，可见他对自己的欲望完全没有管理，而他又把欲望放到了最大：第一在法定的持股比例上他要达到 80%；第二在股市上的操纵，别人给了 10% 的界限，他正好做到 9.9%，这就使得欲望高度膨胀，同时又不能够得到现实法律的支持。这和前边的故事一样，能力和欲望的差距已经太大了，结果避免不了失败。失败之后就陷入调查，我相信这个故事就这样结束了，他不可能再度成功。著名企业发展过程中最大的问题很多就是这样，能力和欲望之间的平衡掌握不好，要么是欲望在那里能力不够，要么是能力没有变化，把欲望随便调得太高，以至在追求幸福的过程中变成了痛苦的奴隶。

政治家也往往会犯这样的错误，比如伊拉克的萨达姆。萨达姆是中东的强人，当时他要称霸中东，他的军事力量已经上升为世界第七位，他的欲望和能力以及他周边的关系出现了冲突：他侵占科威特，被美国人和联军彻底击毁，两伊战争打了 10 年，把整个国家的人均 GDP 从 7 000 美元打到了 1 500 美元。他最后跟美国坚持正面冲突，在伊拉克本土开战，美国人用 40 天摧毁了他的政权，使他成为俘虏，在两年之后被绞死。英雄本身往往会夸大自己的能力，会把自己的目标、欲望道德化、意识形态化和神圣化，但这不能表明或换来能力瞬间的提高。所以当能力和欲望之间产生冲突时，面临的挑战、困难和压力仍然是不可解决的。

很多人追求满足欲望的手段反倒是放大自己的欲望，以为这样就会更幸福。现实世界往往强调如何管理满足欲望的手段、条件和外部环境。有趣的是宗教，宗教不去管理满足欲望的手段，宗教只去管理你自己内心的欲望。第一看你的欲望从哪里产生，这是因果。不去管果，想办法把因做好，这是管理欲望产生的根源，让你减少最初的原欲。管理好这个以后，第二你就可以管理自己欲望的数量、欲望的方向、欲望的长短。如果退一步，欲望没有管好，他会让你自我反省，把这个原因归咎于自己对欲望的管理还不够好、还要继续管，而不是说欲望错了。再复杂的宗教都是围绕克制、管理、调整、协调你的欲望展开的，认为欲望是一切后世痛苦的源泉。如果欲望管理好了，一切幸福就在眼前。比如有一杯白水，可我想喝甜的水，于是痛苦。宗教就会教我本来就不该喝水，我不应该有这个欲望，那么我喝了一口不管什么水，已经超过欲望了，于是很幸福。这就是现实道理和宗教道理之间的差距。按照宗教的眼光来看，我们现实的幸福应该远远大于大家的感受。为什么呢？现实这些物质条件对于我们的基本欲望来说完全足够，也就是我们在任何地方只要把欲望调低，就会快乐幸福。宗教信仰者内心的冲突远远小于现实奋斗者的冲突，宗教会给人安静，现实让人奔波。所以从幸福感上来看，宗教信仰者感觉到的幸福会大于现实人的幸福，因为他们的成本低。按宗教的方式管理自己的欲望成本很低，吃斋、念佛、忏悔、行走，比如释迦牟尼就能很好地管理欲望，最后修行变成了佛。

反过来你要变成萨达姆，变成刚才讲的张海，成本就太高。当你的手段还没有满足欲望的时候，而你的欲望又膨胀了，于是你就会陷入无限痛苦的深渊。所以人生要不断地调整，提倡一点宗教精神，多一点奋斗的愿望，把这两件事情做一个调和，然后既不断奋斗又合理控制自己的欲望，这样事业才能稳定。20 世纪 90 年代初大家追求暴利的时候，王石说超过 25% 的利润不赚，这就是管理欲望。虽然不是宗教，但是他知道要管理欲望。所以真正成功之人是会管理自己的欲望的，这样才能保持他的能力和外部的环境以及目标之间的平衡，这是非常重要的。因此，伟大是管理自己，不是领导别人。

幸福与自由

人一生中有很多不自由的地方，限制来自物质手段也来自社会制度和文化，来源于跟外部环境不自由的博弈。在自由状态下人多数是幸福的，所以自由是幸福的源泉，也是幸福的保障。

怎样才能现实地感觉到自由呢？做生意以后，有三件事突然让我感到自由了。

第一，自己决定几点上班。这件事非同小可，以往的上班时间都是被规定好的。不管是在机关还是在公司上班，多数人每天天不亮就得起，我当时出门要先骑自行车，然后坐公交车转地铁，地铁下来还要再走路。创业以后上班时间可以自己定，弹性的工作时间让人感觉自由并快乐。

第二，自己决定发多少工资。以往在任何地方工作，你跟外部环境很重要的一个期待和话题是薪酬问题。这事不能自己决定，你是被动的。创业的人最初可以决定这件事，可以决定发很少的工资，也可以决定发市场能接受的工资和公司能承受的工资。不管怎么样这件事情由自己决定，这是很大的一个自由。

第三，自己决定去哪儿。我记得第一次去深圳，从中央党校申请一笔经费，大概三五百元，然后坐一次飞机要打报告让很多人批，首先你去哪儿要征得别人同意，经费要申请。现在没这个麻烦，要去哪儿抬腿走就可以，跟秘书说一声，甚至不说也没关系。

所以一个人能够决定自己几点上班、自己决定发多少工资、自己决定去哪儿，这种自由状态让你感觉到创业是物有所值的、是快乐的。

再加上另外三件事你就更快乐。

第一，不算小钱。大钱和小钱差别在哪里？大钱是投资用的，是资本品，是生产资料；小钱是生活资料。也就是说在生活领域你不算小钱，比如我们要吃肉就吃肉，从来就不用算，这就快乐。因为小钱往往绊倒人，比如今天吃一碗面你拿不出两块钱，店家就不让你走，甚至羞辱你。曾经有一个统计，中产阶级一生大概有 450 万元就够了，450 万元管一个孩子、供一个房子、养一部车子，一年能有几次度假，吃什么基本不用算账，这就挺幸福了。

第二，不算时间。我们很多痛苦往往来源于跟时间过不去，比如说昨天睡晚了，两三点睡觉，早上 7 点就要起，好痛苦；于是一觉睡到自然醒就是幸福。所以段子里经常说：睡觉睡到自然醒，点钱点到手发酸，这都是快乐的事儿。有一次我陪一个朋友去深圳做事，办完之后约了丁磊晚上六七点在广州一起见面聊聊。结果我和那个朋友下午 4 点就到广州了，剩下的时间没事干，逛逛书店打发时间。逛完书店还有时间，我们俩就去吃饭。这时丁磊来电话说飞机晚点，晚点到什么时间也不知道，说等他到了给我们打电话。这一下大把时间空出来了，于是就说吃什么呢？吃大闸蟹，过瘾！最后我俩找了餐馆，也不管丁磊几点到，反正他到了再说，我们敞开吃，大闸蟹加小酒，又不算小钱、吃多少算多少，又不算时间、吃到几点算几点，一直在那儿聊到晚上 11 点丁磊才打电话。那天给我的感觉特别幸福，忙碌中突然有一点不需要算什么时间的闲适。仔细想一下，每天的痛苦大多都跟时间有关，几点干这、几点干那，人成了时间的奴隶。人类发明钟表以后效率提高了，但人的确不大幸福，相信 10 万年前的人类没有这么多和时间过不去的痛苦。

第三，不算是非，就是说人的很多痛苦是因为介意自己的角色和周围人给你的评价所带来的。你陷于是非中，每天总在探讨是和不是、别人说的是和不是，以及你认为这件事的对和错。人一生的烦恼都来源于是非，而是非是让你睡不着觉的一样东西。为什么会有是非？因为我们在社会中扮演的角色跟别人的期待有冲突，别人就会对你有评价，于是这个评价会也不会给你正向的激励，加大你的焦虑。当一个人有是非以后，就开始不安，不安以后就要寻求外界和自己的一个平衡。这个过程就叫为是非而战、调整是非、议论别人是非的过程。这个过程很痛苦。在一个有是非的世界里，永远有三个人在打架：一个是“原我”，原来本质上的真正的自己；一个是“自我”，就是你认识的自己，你认识的自己已经有道德、有评判、有自我感觉，能自己欺骗自己；另外一个叫“他我”，别人怎么看你，这和你自己看到的永远是不一样的，别人看到更多的社会道德、更多外部的一些流行的观点甚至是恶意的观点。

三个“你”形象不统一，所以老打架，你的是非在这之间折腾。西方人的快乐源自对自己的看法，中国人的快乐绝大部分来自别人对你的看法。所谓唾沫星子可以淹死人，跟中国文化有关。举个例子，比如一个年轻女子，她尿急，路过天上人间，就跑进里面的洗手间，10 分钟后出来了，恰巧被邻居或同事路过看见，问她：“干吗呢？”女子说：“我在里面方便一下。”她说的原本是事实，但路过的这个人心里暗自言语：这地方也敢来，现在真是世风日下，年轻人什么钱都要挣。于是回到单位或街道就开始议论。女子就奇怪了，大家怎么都说我的闲言碎语？我没去坐台、没做坏事，我就去下洗手间，怎么就解释不清呢？大家从此用异样的眼光看着她，最后她陷入了极大的痛苦之中。终于有一天，女子找到散播谣言的人：“你怎么到处说？”对方说：“我没说什么，不做贼你心不虚，你不是那种人你急什么？”于是她再次陷入中国传统的是非之中。所有人的评价和她自己原来的本质差距越来越大，最后只有两个办法能解释：第一是自杀，以死明志，这就是中国自古以来为什么有那么多妇女投河、上吊的原因。自杀以后别人还会说：“没干就没干，犯不着这样啊，年轻人也真想不开。”弄得自己里外里都不是。第二可以解释清白的做法就是杀人，把说是非的人干掉，干掉以后，法律上念其事出有因，可能判死缓。当年在新疆建设兵团就发生过类似的事件，一个女职工为此拿枪杀了好几个人。

在人世间你内心有是非，外部有是非，于是就滋生很多痛苦。如

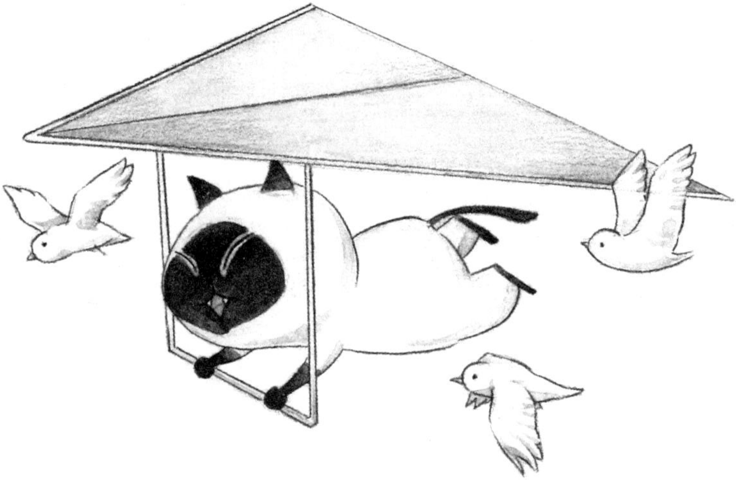

所有的自由来源于内心的自由

果一个人能做到不算小钱、不算时间、不讲是非，就幸福、自由、快乐了。比如，当别人说你是王八蛋的时候，你不在意是非，甚至哪怕像阿 Q，说孙子才是王八蛋，完了也挺快乐；当别人打击你、诋毁你、说你是非的时候，你不以为然，你甚至用自己的是非驳斥他，你该做什么就做什么，这样你也会快乐。

所有的自由来源于内心的自由，其次才源于你的物质手段。你有一定的钱，可以去旅行，可以想吃什么吃什么，可以满足你基本的物质状态的幸福。幸福还分物质幸福和人际关系的幸福，人际关系的幸福在于有归属感，被承认、被爱、被尊重和被需要。人际关系的幸福一旦被是非破坏，就不是钱能解决的了。一个人要追求自己的幸福，要获得自由的状态，内心要自由，也只有内心自由的人才可以获得人际关系的幸福。小钱可以获得物质状态的幸福，时间可以让你这两种幸福都能自由地伸展。

幸福与道德

刚才已说到了，一个人的幸福很大程度上来源于别人对你的看法，特别是在中国。中国不光是一个特别道德化的社会，还有一类特别戏剧化的人群。所谓戏剧化，是说每天人和人之间的关系有一套程序，你要扮演好每一个角色，合乎程序大家就给你正面评价，不合乎程序就不给你正面评价。中国是熟人社会，中国人所有的行为模式都在伦理范围内，有规定的居住形态，比如村落、城池；熟人社会最大的约束是伦理约束，不是法律约束。

刚开始做生意那几年，我睡在地铺上，有很多人进来打量完后说：怎么这么困难，需不需要帮助？但接下来就会有一个评价：党培养你这么多年，你不去做科研，变成个体户了！这是个道德评价，让人联想到荒废学业、拎着包在外面乱跑的意象。当时听到这个评价我内心很不安，虽然我知道自己的选择是对的，但毕竟每天晚上走进中央党校大院的时候，当别人捧着书在搞所谓科研、在走道里坐着吃食堂发的鱼和肉的时候，我从外面黑灯瞎火地摸进来，会感到一种异样的眼光带来的压力。

我们曾到哈佛进修，听了 5 天课，我们这个班叫中国工商领袖什么什么班，边上还有一个国企班。后来一起聊天，国企班就有人说："不就是个体户嘛，也成了领袖了？"虽然我们这些工商联的企业家内心非常强大，不会在意别人怎么说，但的确也清楚社会对我们有一个固定的看法，对私人企业、民营企业是轻蔑的态度。但是事实上，自我行为能力特别强的人习惯不断地用自己的眼光来评判世界、剪裁世界、征服世界、改造世界，别人越这么评价，他越兴奋、越有斗志，而且他在与人斗的过程中非常有乐趣，他希望改变这个社会的道德方向，愿意用一个新的道德观念影响别人，就像近代史上的一些政治强人们那样。

当自己的行为和社会的道德评价不一致的时候，多数人会怀疑自己，犹豫、自责、改变、陷入痛苦。经常听到的年轻人早恋问题，老师只是听说了一些风言风语，就把学生叫来谈话。可能这件事原先并不存在，但是大家在议论，这个男孩没办法，于是跟这个女孩倾诉；这个女孩向这个男孩寻求温暖，最后就真恋爱了。或者其中一个由于抵御不住这种压力自杀了，然后另一个很痛苦，从此敌视、对抗外部环境，今生就没有幸福了。

最困难的是转型中的社会，是非观念也在转型。现在我们身边至少有三四套道德观念：西方价值观念、中国传统道德观念、毛泽东思想、共产主义教育。这几套道德观念让你有时候也会不知所从。但社会转型也带来一个好处，因为大家居住越来越分散，比如新买一套房子，谁也不认识谁，这时你的行为别人看不见也不议论。道德唯一的约束是熟人之间的舆论压力，当你感到不幸福的时候，一个很重要的解决办法就是进入生人社会，大家用法律约束，不用道德约束，这时焦虑就会很少。如果我还住在中央党校大院里，我的压力会很大；现在住在新的社区里，没有什么是非，压力很小；要是到了国外，那就更没有熟人，也就更没压力了。

在目前转型社会中，一方面无所适从，另一方面你既可以无所不从，也可以什么都不从。比如按传统的观念，道德上你有压力，你会用西方的道德观念来平衡；传统意识形态给你压力，你用现在的开放精神来支持自己。我们现在的社会有几个特点：角色转换特别快，社会转型特别急剧，是非标准非常多样，人的选择出路也非常多样。所以如果你不会调适，会感到很痛苦。一个人最大的幸福满足感来源于将自我的认定与道德的认定高度融合。比如我在外面做生意，我觉得这叫创业，全社会认为这叫创业，这种满足感特别好。事实也是这样的，从我开始做生意，到熬了十几年全社会把创业当成积极正面的道德之时，我回到原来的单位才得到了尊重，不再被说成是个体户，不再被批评不做学业了。当个人行为认定及努力与道德评价一致的时候，满足感就非常大。凡是有成就的人，一开始总是背负道德的压力，多数创业者一生都是在别人不理解、怀疑的眼光中度过，快乐程度会比外人想象得要低。所以伟大也是一种孤独，这种孤独不是因为没人理他，而是由于别人的评价与自我评价不一致。

幸福与信仰

创业者的乐趣最终来源于他发自内心的一种执着和信仰。信仰可以分为社会的信仰、宗教的信仰和专业的信仰。在中央党校我就研究过毛泽东。他年轻的时候就认为中国社会应该是他理想中的一个大同社会，他最初的理解是农业社会的大同社会，即《礼记》中讲的大同；后来他又接触到社会主义、共产主义，这样把农民的理想和社会主义、共产主义的理想融汇到一起，变成一种信仰，他就开始去创业、去奋斗。在这个过程中他从来没觉得痛苦，与天斗其乐无穷，与地斗其乐无穷，与人斗其乐无穷。文明其精神，野蛮其体魄，不断奋斗，这一切都源于一种超强的信仰。

把对社会的信仰变成理想主义，进而变成意识形态，最后变成征服一切的力量，这些人的快乐不是常人的快乐。拉登也是一个典型，他是富豪家庭出生，他选择的信仰是要建立纯粹的伊斯兰世界，他因此选择了战斗。他先去阿富汗，参加反俄国战争，之后又开始对美战争，一个人和世界上最强大的国家较量，策划“9·11”，以一种超乎想象的手段让飞机撞倒了世贸大楼。最强大的国家试图抓他，但他仍然若隐若现地在世界上存在着，让他的生死成为本世纪一个谜。

奋斗着的人是快乐的，这个快乐叫成功者的快乐，成功者的快乐是不断战胜对手和克服困难的快乐。人的一生其实不能选择是不是有敌人，而是要选择和什么样的人成为对手。当你是一粒种子的时候，浮土是你的对手；当你是一株小苗的时候，碎石会压倒你；当你是一个枝丫的时候，大石头可能会挡住你；当你是一棵大树，风会摧折你。人的一生没有对手是不可能的，你的乐趣来源于你每战胜一个对手所获得的成功，强大的人能在这个过程中取得快乐。就像王石爬山，每往上走一步，克服缺氧，达到一个新高度，这就是快乐。他经常被问到为什么要爬山，他有一个经典的回答：“山在那里。”这是一种信仰，山在那里我就要去。

有一句广告词叫作“山高人为峰”。山的高峰是人，人要站在山上，所以当你有这样的信仰，每攀登一步得到的乐趣都是外人不能理解的。但有这种理想和信仰的人毕竟非常少，更多的人实际上对快乐的信仰来自癖好。比如说发烧友，这个人可能为了一个音响，骑自行车满北京城转悠，跑了三天找到一个小音响，这个快乐程度是外人难以想象的。有专业爱好的人比没有专业爱好的人快乐很多，越是专业多的人实际上获得快乐的源泉也就多，他也会更快乐地应对生活，更积极乐观地面对现实世界。因此想快乐有一个好的办法：发展你的兴趣，扩展你的特长，然后使自己陷入一种痴迷状态，你就会很快乐。我有一个朋友喜欢玩虫儿，有一次他拿出一个精致小筒，里面有一只金色的蝈蝈，叫声很好听，属于蝈蝈里面的极品，他把它揣在西服口袋里，有空的时候拿出来瞅一瞅，很开心。科学家得到的快乐远比一般人多，因为科学家不仅在专业上、在某一个爱好上痴迷，更重要的是他这种爱好与人类的道德评价高度对应。一个艺术家的作品，别人说看不明白，艺术家可能会觉得孤独；但是科学家却不一样，别人即使看不懂，也会对科学家很崇敬，认为不懂是自己有问题。所以科学家又比一般有爱好的人得到更多的尊重，不像玩蝈蝈，自己挺快乐，但别人会感觉你玩物丧志。

这就是为什么我们身边很多科学家非常单纯，在专业上非常投入，以至他对世俗生活的感觉变得简单，容易满足。后来发现科学家没有世俗的痛苦，因为他们的乐趣高度集中在专业上，而对世俗的要求非常低——粗茶淡饭、身居陋室可以，骑自行车、坐公共汽车也可以。当他们极具一种专业精神，甚至把专业变成信仰的时候，他们所得到的道德评价和自我的快乐非常之多，这是人生一个非常快乐的境界。

追求物质上的幸福也很重要，但这是普通人的幸福，是个小幸福。我有时候开玩笑：物质上的幸福越庸俗越自然，越堕落越人性，吃饭、放屁、打嗝、睡觉，都很自然，不让你干你就不自然，不自然就不快乐。电视里一些法制节目经常报道，有妇女突然把丈夫杀了，大家说她堕落，其实她很人性，因为丈夫虐待她，她实在想不开了，晚上把丈夫打死了，这是人性。动物被虐待了还反抗呢！所以快乐来源于所有的器官得到合乎伦理的满足，也就是普通人的满足。科学家在这个层面的满足是最低的满足，而在精神上探索无知世界的快乐是最主要的快乐，也是大幸福。要想快乐必须要有信仰，有信仰的人快乐，其中有宗教信仰的人因为把自己的欲望管理得很好而快乐。所以有信仰的人，无论是有宗教信仰的人、常人，还是科学家、专业爱好者，都是幸福的。老男人要玩，小男人要思考。按照中国古话来说，四十不惑，当你到四五十岁的时候你已该不惑，就不应该再思考；但是你要玩，在玩的过程中你会发展兴趣，你会在玩的过程中结交新的朋友，在玩的过程中会使身心愉悦，使专业爱好得到发挥。小男人则要思考。十四五岁你生活的主要内容是玩，这时多一点思考会让你得到精神上的乐趣、对今后人生的帮助。幸福本身离我们一点都不遥远，关键是在创业的过程中、在经营过程中、在跟钱打交道的过程中，我们要明确幸福的含义，知道幸福是一种欲望和手段的平衡。幸福是一种状态，幸福是一种信仰，幸福是一种伦理和身心的平衡，那么我们的创业过程、经营过程、人生过程就会绽放璀璨的光华。

15

女人

女人永远是男人的老师。

——冯仑

女人15~25岁只懂爱情不懂婚姻；25~35岁只懂婚姻不懂恋爱；35~45岁只懂日子不懂婚姻，孩子、家庭压力很大，数着日子过；45~55岁只懂孩子不懂日子；55岁以后才知道自己是个孩子，心态回归到少女阶段。现在最牛的是80岁的老太太还吃醋，90岁的老头还敢跟情敌决斗，延续了人类已有的创造精神。

男人就是个孩子。男人从来不把结婚当作决定自己一生的事。女人慎重，男人轻率；女人先安全再高潮，男人先快活后摆平。男人追求快乐、牟利、不理性，所以男人经常闯祸。虽然小说家曾说过"男人的一半是女人"，但女人目标坚定执着，表达方式灵活多变，富有感染力，完全像是男人的领袖；男人目标游离、立场动摇，表达方式简单笨拙，完全像个一般群众。

内当家与合伙人

女人是民营企业发展过程中的特殊角色，在不同的流派和阶段所起的作用不同。

第一阶段，个体户阶段（民营企业的萌芽阶段）。民营企业处在社会边缘时，江苏、浙江、福建、广东以作坊式的加工业为主，也有开餐馆、开铺子的。女人基本上是家庭成员，当时组织比较原始，她们在企业中的身份比较含混，日子和公司是混在一起的。赚的钱作为

女人永远是男人的老师

家里的用度、子女教育经费，这时女人的作用是重要的。男人在外面跑，她们要平衡生活和赚钱，管理家庭、教育子女和储蓄。这一部分女人发展到后来阶段的机会比较少。

第二阶段，公司阶段（民营企业的游击阶段）。随着生人多了，以及非法律意义上的人的介入和增多，控制权也就相应发生变化，基本是法人和总经理掌控公司，加上出纳、办公室主任，这三个人决定公司的管理形态乃至命运。三个人里至少有一个是女人，身份大多是财务或办公室主任，同时会和创业者有感情瓜葛。女人在这一阶段是控制权中的重要环节。1992 年，海南一家公司的老总和女会计席卷募集的 5 000 万人民币跑掉了；之后海口公安局接到一个传真，是老总横尸巴西街头的照片，真是个此地无银三百两的笑话。第二阶段这种情况很多，公司非常不稳定。三个人的角色中，一个女人会影响两个男人对是非的评判，只知道开头不能预见结果的感情的细微变化会引起公司权力的争夺。如果男人在外面干点别的事情，女人不同意，就有可能会掣肘。由于有特殊的关系存在，经理就不能正常炒员工鱿鱼或清理门户。她掌握大量的机密，最后很可能变成对立关系，甚至瓦解公司。如果三个人中没有女人，可能会维持三年合作；而有女人的也许只能维持一年。女人在公司初期有黏合作用，但很快就会引起不平衡，有涣散组织、消解组织的作用。大量的民营企业在游击阶段垮掉与此有紧密联系。

但江浙一带比较特别。在家庭作坊变公司的时候，引进的是家族女人。她们有非常固定的情感指向，形成更加复杂的管理架构，公司完全笼罩在情感和人脉的阴影下。把与生俱来的关系引进公司，在公司里放大，基本上无解，很多时候会使公司窒息在这个阶段。凡是活下来的大型民营企业，比如电器大王、服装大王，基本上都是把家族人员清除出去，突破此瓶颈。在这个阶段女人对公司而言没有建设性价值，但中国民营企业是非契约性组织，家族女人不可或缺。

我们万通一开始就注意到了这个问题。创业时有几个女性家属，因为那时不发工资，需要自己人来扛；在走上正轨之后就把家属清理干净，最后形成了多角的男人关系。在组织发育过程中，如何超越中国传统的伦理、情感，建立理性、规范的组织结构是个严酷的问题。

这一时期（海南泡沫经济时期）也被我们称为“肉弹时期”。当时，谈判桌上、饭桌上，越来越多的女性面孔出现，老板出行几乎都有“小蜜”。我慢慢研究，看出都是色情间谍手段、克格勃的路数。如果我也安排这样的女性在身边，派出去搞商业情报，万一对方比我强、比我有魅力，“肉弹”反过来打击我怎么办？所以，我们那时选择一水儿的北京帅小伙儿，戏称“爱国者导弹”，在第一时间拦截住“肉弹”来袭。公司稳定之后才开始用女秘书，选用的标准也和别人不一样：用已婚不用未婚，用大姐不用小姐，用普通不用漂亮，用大家决定的不用个人挑选的。办公室女性与老板往往比朋友亲，但又不及爱情的关系，老板和老婆待的时间都不一定多过和她们在一起的时间。那时，有些民营企业基本上在用女性公关蹚路子，当然也有一定效果。但对于企业而言，使用这种方法，自己也会中招，“肉弹”反过来变成“肉瘤”，促使组织溃烂，很难实现长远的战略目标。男人不一定要道德化自身，但要尽量让自己避免中弹，培养良好的企业文化。古人说：“唯女子与小人为难养也，近之则不逊，远之则怨。”公司的女人不能近之，亦不能远之。

第三阶段，公司正规管理阶段（《公司法》实施以后）。此时，从治理结构上有股东、法人、经理人了。女人在民营企业中被分化成三种角色：职业经理人角色，生活伴侣角色，性补充角色。职能分工明确，女性经理人不负责家庭生活部分，少数能力强的女性成为合伙人，这种状态一直延续到现在。而江浙制造业中的女性大多退居家庭，变成花钱的人，安排家庭日常生活、教育子女等。所以，女性在民营企业公司内的发展是和组织外女性的出现同时进行的。

同时，有些女性还担当妻子、合伙人的双重角色。一方面，这隐含着很多不稳定因素，因为多种需求在一个组织中集中，预示着不满和冲突的机会会增多。一个女性，要求她同时是合伙人、妻子、情人、母亲……希望越大，失望就越大。另一方面，又有稳定的因素存在，因为公司财产的利益巨大，一般红杏出墙或丈夫出轨，可能早就离了；而在公司内，巨大的社会压力、财务成本、财产分割的利害关系，问题就不那么简单了。我认识一个老板，早年创业时夫妻和睦，成立公司时法人代表写的是老婆的名字。生意越来越好，他在外面花天酒地，要和老婆离婚。他老婆一怒之下封了公司，把他赶了出去。虽然大部分业务都是他拉来的，但他老婆把他踢开之后，公司照旧盈利，业务继续合作，他只得另起炉灶。

海南房地产界有一个传奇女子，早年老公逃跑到南非，到现在也不知是死是活，留给她一摊子债务和烂事。她独自一人支撑起整个公司，还债、做生意，慢慢让公司活过来，非常不简单。

第四阶段，财富阶段。女人和男人的关系变成财富关系，成为能力伙伴。在此阶段，男人和女人实现了真正的平等。现代商业社会夫妻公证财产，签署合约。在西方给名人打离婚官司的律师很赚钱，标的足够大，甚至相当于一个企业的收购和重组。女性在当代民营企业中的角色基本上是作为合伙人且很有可能成为股东的妻子，以及能力出众的经理人和员工。我们看到的像潘石屹和张欣、李国庆和俞渝、张宝全和王秋杨等，这是一批文化素质较高、有良好商业管理能力的优秀人士，组成了创富时代的民营企业的中坚。

女性因其细腻、感性的特点，适合做细致管理和售后服务等常规性工作，而且做得很好；财务安排、战略设计、金融投资的决策人大多还是男性，女性当一把手的少，这和性格、心理素质、知识结构等因素有关。创业者里有少数聪慧且能干的女性成长为股东、合伙人、CEO，民营企业内部从底层一步步成长起来的女 CEO 少，“空降”居多，某种意义上，商业还是男人的舞台。

女性在民营企业发展的第一阶段是起支配作用，第二阶段是控制作用，第三阶段是从属与补充作用，第四阶段是合伙与合作作用。

夜总会机制

民营企业的发展中有一个特殊场所不得不提，那就是夜总会。这是一个和民营企业业余生活联系最多的场所。很多权钱交易和不幸故事的开始也是从夜总会开始的。夜总会究竟是什么地方？卖的是什么东西？就观察来看，从外表上来看一般都是灯红酒绿、五光十色，比较暧昧。在这样一些地方究竟在卖什么东西？是吃饭的吗？不是。想吃也有，但它肯定不是餐厅。你要说是唱歌的吗？也不是，往往在里边消费的人可能唱歌的时间并不长，一晚上顶多一两个小时唱歌，剩下的时间都在说话、喝酒、调笑。是卖淫的地方吗？也不是，因为人都是穿着衣服在那里，依法进去，依法出来。如果不是说依法警察就该抓了，说明里边并没有卖淫嫖娼的行为。那它究竟是什么地方呢？是谈判场所吗？它不是写字楼，不提供任何商务服务，但是确实很多商业谈判会在那里发生。究竟是什么吸引力让人不断地进去，而且一掷万金？

夜总会到底在卖什么？我曾经也问过一些企业老板，几乎没有人回答得清楚。于是我自己开始琢磨，我觉得它卖一样东西，即卖距离成功最近的一种机会。如果距离一个成功大概要五步，那么夜总会卖的是第四步的赌博，这步走完了就能成功。假定我们做成了一单生意，这个合同签下来要有五步才能完成，前三四步都搞定了，最后一步在这个地方达成，就成功了。夜总会怎么样达成呢？就是把生人变成熟人，把熟人变成真实的人，把真实的人变成赤裸裸的人。我说的赤裸裸是一到这个地方就把道德伪装的外衣剥掉了，人的欲望在这里碰撞，最后就可以谈钱，而且可以赤裸裸地谈交易。在这个地方谈完了，出去以后就成功了。所以比起将要挣到的钱来说这一晚上在夜总会的消费就太少了。如果成功要二十步，第一步就要花这么多钱，人就不愿意了，因为人会觉得离希望还有很远，不值得这么花钱。所有的商人在夜总会是算账的，前面花的都是小钱，这一步把道德伪装剥下，大家赤裸裸地谈钱，这笔钱一花，最后就成功了。这个地方是迈向成功最近的一个坎儿，在这里有时会让人打开通向成功的最后一扇门，这是大家愿意花大价钱在这里死泡和博弈的原因。

我认识一个朋友，是做装饰工程的，他去全国有工程的地方都在夜总会泡。这个朋友很有意思，他几乎每天除了酒店就是夜总会，熬得很辛苦，他一到一个城市吃完饭就到夜总会，到了夜总会才开始给朋友打电话，叫这个来，叫那个来，来几个算几个。来了以后就在那儿喝酒、玩儿，喝得昏天黑地，发给服务生的小费每天一万多，然后第二天睡到中午。我就想每天这样怎么能赚钱？公司怎么能管理好？最后他给我算了一笔账，他说自己每天平均在夜总会花一万多，但你仔细算，一年不超过 500 万，500 万什么概念？工程的毛利率在 30%，做一个 3 000 万的工程就回来了。难道天天这样还搞不定一个？事实上他一年的工程有 10 个亿，所以更是无所谓了。他说天天这样，效率高，因为客人来了以后没有道德伪装。在外边谈，钱是花得少，但是时间花得多。到这里来，直接搞定，说啥就是啥。夜总会给交易创造效率，否则早就关门了。

夜总会促使早期的一些商人、民营企业家在这里发展他们的事业，就像我说的这个老板一样。这种模式随着市场的规范、法律的健全、竞争的激烈也在衰落，现在这个朋友已经不怎么去夜总会了，生意也萎缩了很多，因为现在所有的工程需要项目招标，一个人说了不算，要有招标、竞标的程序，靠原来那些方法不行了。我给他建议过几次，把公司做规范，包装好，找职业经理人，他就是找不到感觉，现在公司萎缩得很厉害。所以，夜总会在民营企业的发展过程有润滑市场、促进交易的作用。

夜总会究竟是怎么管理的？夜总会的管理也很有学问，它的运营机制其实非常有趣，值得很多MBA课程研究。它的生意模型叫“远距离黑箱现金作业”，属于生意当中最难的一种。第一，一般来说所有的生意都是近距离的生意，大家在众目睽睽下交易，可是夜总会的交易除了在这个场所付酒水钱以外，其他交易你是不知道的；第二个是黑箱交易，交易双方绝对不会说他们干了什么，所以是一个黑箱；第三，他们之间是现金交易，但开店的人还希望在他们的交易里拿自己应得的那份钱，这就非常难。所以一个夜总会能管好，除了当时的酒水钱以外，它要调动各个方面的积极性。一般来说，管理的成功率不算低，因为这里有一套机制，比如说投资夜总会的人投资的是场所、装修、酒水钱、水电、保安等，他的人员，保安非常重要。老板一般不操心，他只看酒水钱卖了多少。所以这里头的收入分配，老板是挣酒水钱的。夜总会的运行成本非常低，因为它酒水卖得非常贵。为什么装修会这么豪华，因为它越是豪华，越是吸引人来，但是运行成本并不高。夜总会跟很多工厂不一样，工厂的装修一般，但是营运的成本高，设备、研发、工程技术人员搞科研成本都很高。

应该说市场经济发展到现在，夜总会所吸纳的最多的客人是和民营企业有关的，国有企业的客人相对少。现在，在这种场所已经看不到真正的市场上活跃的成功商人，说明我们市场进步了。现在由于中国的市场化转型，更多的领域开始商业化，更多的领域开始交易，于是夜总会开始承载另外一批客人，这些客人在里边做各种各样的交易，包括市场上所有的一切能商品化的东西。交易的范围被不断扩大，所以夜总会仍然有生存的土壤，生意仍然挺好，只是换了客人而已。我相信，只要社会管理体制规范、法制健全，夜总会会回归它本来的面目，也就是健康的娱乐业，就像发达国家的夜总会，绝对就是夜总会，是纯粹娱乐的地方，不会把交易的事都放在那儿。

现在有一个趋势，很多谈交易的地方挪到了高尔夫球场或者别的地方，这也是一个经济发展水平提高以后出现的新现象。夜总会文化、夜总会机制应该说在全社会并没有消亡，但是它本身也面临着衰落的挑战。

贪官的泡妞模式

从中纪委、反贪局、司法部反腐败斗争公布的材料中能够看到，贪官身边的“女人”多数是女商人或民营企业管理者。曾经浙江某市交通局局长的情妇被判受贿55万元，这个情妇就是一家民营企业管理人。由于她跟局长的关系，成功促成一单工程，该企业给了她55万元成功费，这是国内判的第一个女商人因为跟领导成为情人关系而获取了经济利益的案件。所以，中纪委包括司法部把这一部分人也定义成利益相关者，可以依法按受贿罪惩处。

还有一个故事，也是一个女商人，40多岁。她同时搞定了若干个很高级别的领导干部，借助这些权力空手倒房地产，赚了好几个亿。随着贪官的级别越高，这些女情人、女商人挣的钱也越来越多。天津宋平顺的情妇徐敏就捞了两个多亿。

这个过程中我想总结出一点规律和一个教训，那就是领导干部一定要小心三四十岁的女商人。理由非常简单，女人在这个年龄段是一个特殊的阶段，她对人情已经完全了解，对自己要做什么也很清楚。女人爱一个男人，最高纲领是嫁给他，最低纲领是求得心理补偿。如果嫁而不成，就要求有心理补偿，但心理补偿有时候很难衡量，于是就琢磨物质补偿。而她是商人，商人是最知道该怎么获得物质补偿的，针对领导干部那就是用权力。如果能嫁，我相信这个事情就不会变为一个违法乱纪的事情了。正因为不能嫁却还要保持来往，而且他又这么忙，那她就自己过，自己买房子、买车、出国，不跟他多扯，但得要补偿，而补偿的最简单方式就是利益、就是钱。另外，还有很多男商人围着她，民营的、外资的、国有的都有。当这些男商人知道她和某个领导有特别关系，就非常乐意找她来办事。她又不想白干，于是就拿钱帮别人办事。李萍就是这样的，反腐材料中说她帮别的企业找成克杰办事，办完了以后这些企业给她钱。托她帮忙的这些企业里不乏国有企业。这个过程中她就成了毒性最大的女人，这里说的毒性是针对我们的体制而言的。对领导干部来说，女商人的爱是毒性最大和成本最高的情感。

在这个权钱交易过程当中，我们看到有的领导干部自己其实并没拿什么钱，他只是因为情感，觉得不能跟他的情人结婚，心里有愧疚。加上自认为这些事在法律上也没什么毛病，心想能帮一下就帮一下吧，而当时很多事情也确实在法律上看没毛病，介于合法和非法之间，于是就做了。这个过程中领导干部纷纷出事，大量都与30~40岁的女商人有关。再年轻一些的女性对社会问题的认识还没有那么清楚，加上她们年轻，机会比较多，不好了转身就走，还有大把别的机会；而30~40岁大概是女人生命和感情当中最关键的一段，所以她对嫁的渴望和嫁不成的怨恨大大高于30岁以前。40岁以上的女性在情感上的进取心相对比较少，在物质上的渴望越来越多。

领导干部之所以要帮助这些女商人，很大程度上也是由于历史原因，他们和这些女性从20多岁开始，一直拉扯到40岁，情感上相当投入。

有一个很奇怪的巧合：陈希同的女朋友叫何萍，慕绥新的女朋友叫乔小萍，成克杰的女朋友叫李萍，最近济南人大常委会主任的情妇叫柳江萍，湖南有一个叫蒋艳萍，胡长清的女人叫萍儿。所以我有时候开玩笑说领导干部千万不能碰带“萍”字的女人。

另外一类要当心的女性就是记者，特别是在开放体制下，这一点从台湾来看更明显。记者容易跟领导干部发生工作上的关系，很容易接触。另外，记者有明显的职业优势：第一，记者情感比较丰富、敏感，两个人容易沟通、交流；第二，记者心细，会把交往的过程用各种形式记下来，这会成为日后的炸弹；第三，记者特别知道，如果要寻求心理补偿，她会用舆论。女商人是用金钱来补偿，是硬刀子；记者用舆论来补偿，比如在台湾有特别多这样的案例，在道德上摧毁甚至比钱还狠。所以领导干部在不得已接触女性的时候，切记不要碰记者和女商人，尤其是女商人。

既然有这么多危险，为什么领导干部还要和跟她们发生关系呢？还有人发现其实这些贪官在泡妞上有一个现象，即大家都觉得他们泡的妞很丑。中国老百姓有一个心理，好像漂亮了就可以原谅似的，丑了就觉得不值当。但为什么他们会泡老女人、丑女人呢？

其实，他们泡的都不是丑女人、老女人，这些女人年轻的时候也很不错，只是他们泡的时间比较长，愣给泡老、泡丑了而已。大部分贪官是在自己没有被提拔到领导岗位上就开始泡的，当时这些女人也正年轻，姿色也不错，只是说贪官太痴情，一爱就是10年、20年，对感情投入太大，直到女人变老了还在泡着，这是一种情况。刚才我说的浙江的那个情妇都50岁了，其实是因为他们相处的时间已经在20年以上了。贪官泡妞普遍有一个特点就是泡得时间久，把一个靓妞变成了丑妞，你也可以看出这些贪官重感情的特点。有两个故事非常有意思，一个就是当成克杰要判死刑的时候说了一句非常经典的话，“李萍待我情深似海，党对我恩重如山”。这句话非常荒唐，但是也很典型。一个共产党的高级干部在临死之前竟然是这样，这个女人害死了他，但是他却一往情深，说李萍跟他“情深似海”，他居然还说党对他“恩重如山”，一恩一情。这类话在广西江湖上流传了很久，以至大家对成克杰还流传着民间的传说，甚至还存有敬意，这可真有点荒唐了。

另外一个是沈阳的副市长马向东，死刑之前他太太在外面救他。他俩是大学同学，感情特别好。好到了什么程度？马向东马上要被执行的时候都不敢告诉他太太。在他已经被判了死刑之后，他太太拿出了剪下来的一缕头发，说“看见它你就像看到我”；而且他太太在监狱里写日记，他也写日记，两个人倾诉相思。最后执行死刑用的是注射，马向东要求把太太的这缕头发放在胸口。贪官会很痴情，他不痴情也犯不着冒这些风险。

宋平顺的女人徐敏已经移居到香港，他帮她赚了两个多亿，生了孩子，但不弃不离。宋平顺临自杀以前还打电话给徐敏，打完电话之后就自杀了。当然，这一类人痴情的同时，也是对家人的最大残忍。

另外一个问题，这些女人为什么会丑呢？因为领导身居高位以后，不像普通人有那么多自由选择的机会，往往都是别人主动，他们有时候很拘谨、很矜持。很多情感故事发生在偶然的场合，比如开完会以后，或者是在走路过程中，或者是在酒店房间里说话时，三四十岁的女商人往往都会很主动。她们通常心机多，目的性很强，虽然可能姿色差一点；而这些贪官有时候压力大、急躁、孤独，所以别人一主动，他就很快搭上了，甚至不可自拔。一个是痴情，一个是泡妞选择的余地小，没有自由，于是就被一些工于心计的女人击中，最后变成饮鸩止渴，走上了贪官的不归路。

有名的贪官都栽在了情妇上，像成克杰、胡长清、宋平顺。在中国这样一个特殊的体制转型期，一些利欲熏心的女人设下的情感陷阱，终于演变成滋生贪官的土壤，使我们的社会付出了沉重的代价。

16

死亡

不失其所者久，死而不亡者寿。

——**老子**

按照一个企业正常的发展规律，在它从无到有的创业发展过程中，我们看到了很多的成功及其延续，在欧洲就有 300 多年基业的企业。可毕竟绝大部分企业最终还是要走向死亡。这些企业的死亡，有一些是正常的，比如重组、并购、转卖，或是重新被家族分掉；有一些则属于意外死亡，比如创始人突然出现生命威胁，或锒铛入狱，或遭遇其他打击而造成了企业死亡；当然还有因为不可抗力的偶然因素，比如说“9 · 11”后，一时间很多保险公司、航空公司纷纷死亡。所以在企业的生命历史上，研究企业的死亡、研究企业家对待死亡的态度，是一个角度很特殊的课题。

公司的四种死法

死亡是从一出生就开始面对和趋进的自然规律，但是人们从感情上不愿涉及而尽量避免这一话题，特别是创业者，更不想探讨企业的死亡。清醒的企业家是不应回避的。

从历史上看，企业有四种死亡的方式。

第一种，社会革命、制度变迁。比如 1949 年新中国成立后，1947 年、1948 年的国营企业和一些民族资本家的企业，经过 1956 年的社会主义改造，被政府赎买或者没收，变成了公有。所以社会革命会造成大量的企业的性质发生变化和死亡，这是第一种。

第二种，技术革命。当一种新技术进入快速发展期，旧技术所能支持的一些企业就不复存在了。最典型的是，当汽车兴起的时候，制造马车的企业就死亡了；当我们现在用手机的时候，传呼机企业就死亡了；当我们用玻璃杯、纸杯和其他瓷器、陶器时，搪瓷杯就被淘汰了，生产这些产品的企业也就死亡了。技术革命不断变化的过程会使非常多的企业死亡，这些死亡的企业，往往起因于当事人（企业家）迟钝或不敏感，或对以往技术的偏执。最近几十年，技术革命发展非常快，每天由于技术发展导致死亡的企业数量非常大。特别是在网络时代，比如现在搜索手段已经很发达了，那么原来对图书馆进行人工检索的行业就几乎消失了；比如技术进步让通信变得越来越迅速、便捷，那么过去传统的通信方式就没有了。技术变革本身导致企业的死亡将是经常性和大规模的，较之第一种死亡，它不是很痛苦，而是在和平状态下不知不觉地死去。

第三种，不可抗力和不期而至的灾难。最典型的就是地震、海啸、战争，这些灾难会使很多企业破产，资不抵债。抵御这种灾难比较有效的方法是购买保险，预先做一些防范，避免死亡。最典型的是"9 · 11"之前世界贸易中心的运营商拉里 · 西尔弗斯坦的故事。世贸中心有 120 万平方米的写字楼，产权业主是纽新港务局，而承租者拉里 · 西尔弗斯坦拥有 99 年的运营权。他在"9 · 11"之前三个月买了一个抗恐怖主义保险，"9 · 11"后他获得了保险公司的赔付，于是这个不可抗力没有让他垮掉。如果他没有保险，那么他这个企业就必垮无疑了。

第四种，商业竞争导致的死亡。按过去的研究看，每 5~7 年为一个商业周期，每一个周期都是由危机导致萧条，然后复苏繁荣；再危机萧条，复苏繁荣，这样周而复始不断循环。导致危机的最主要原因是供需关系的矛盾，造成了强制性的市场供求结构的调整，以及强制性的技术和固定资产更新。比如很多牛奶卖不出去，危机促使企业强制性减少奶牛场规模或制造其他奶制品；否则公司就关门了。每轮商业周期循环都将会有一半以上的企业不复存在。

在人类的商业文明历史上，这四种方式足以让企业死亡，而每个民营企业预防、诊断然后避免死亡的方法各有不同。

我们是没有办法抗拒社会变革的，但民营企业对社会变革要做的并不是防范。

应对技术革命，企业必须通过保持高度的警觉性、敏感性和技术竞争上的创新能力，来适应未来的市场和不断出现的新产品。比如王安电脑都是大型机，可是市场上眼看小型 PC 机活过来，而且市场越来越好，但他拒绝变革，结果他的企业死亡了。如果他警觉敏感，能够及时转型，那就可以避免技术革命带来的死亡危机。应对自然灾害，做一些预防是有必要的，但通常是防不胜防的。比如说恐怖主义保险，全世界没几个人买，可拉里买了，具有一定偶然性，但是总体来说还是可以做点预防。比如说我们做房地产，买防止地震的保险就很必要。

应对商业竞争，唯一的办法就是降低负债，扩大现金流量的弹性，保持公司竞争性和财务稳健。因为经济危机一来，主要表现为银根紧张、市场萎缩、销售收入减少，这样带来的实际上是现金周转的问题。如果你保持足够的现金，能够灵活地应对市场的供求变化，减少你的负债，一般来说就能活下来。目前，技术革命、信息革命和全球化以后带来的一个现象是，第二次世界大战以后全球性的、大的经济危机目前没有出现过。尽管局部东南亚经济危机出现过，但还不是商业周期波动。经济学家一直在讨论：现在商业周期的波动存在还是不存在？早期经典的周期理论是强调信息不对称导致供求的矛盾加剧，最后导致强制性的危机和技术革命。现在有一种理论认为，信息在微观上已经很对称了，由于信息技术的发展逐渐让信息对称，供求矛盾实际已经很难积聚到总爆发，现在就不大会出现全局性的商业周期波动。但即使看不到危机，我们还是要注意，市场波动、商业竞争带来的危机仍然存在。表现的方式和程度可能有所不同，可能不是病来如山倒、山崩地裂，而是局部的，比如说家电业、房地产行业的波动和周期。应对商业周期波动，最好的方法就是保持足够的现金流，减少负债，使你的产品能够应对市场的快速变化，这是唯一的存活之道。

与死亡为友

死亡是人生的朋友，也是人生的导师，因为站在终点回望通向终点走过的这条道路，会有很多感悟。我有时候去八宝山，去火化场，看到死亡，会思考很多事情，比如人生的真谛、规律和感悟。不知死，焉知生？只有在死的问题上有充分的思考，人生的终极道路才能在生的过程中更精彩地展开。我有一个朋友，在做生意之前是政府机关的一个公务员，岁数挺大才开始下海。下海前他做了一件事情，给自己修了一个坟，一有不顺或陷入困境的时候，他就坐在自己的“坟”前，想着如果他死了会怎么来看这个事情、他怎么能不死、他不应该现在就死，埋在这里。有时候他把这比作抬棺出征，鼓舞自己的意志，发誓说死了也要拼这一口气。所以他在坟前有很多的想象、反省、检讨、思考。据他讲，由于经常跑到自己的墓前去思考，最后他避免了很多灾难：由于查案子他一共有 6 次被带进去，但每次都不到一个月时间就澄清事实出来了。目前他的事业发展得很好，成为当地很大的一个房地产企业，很多国家领导人专门去他那儿考察，总结它们的经验；它们那里还总结出很多社区党委、党支部的经验，建设了很多和谐社区。

我另外一个朋友，他母亲去世得早，他跟他母亲的感情非常好，他一有困惑就搬个板凳、披个棉袄坐在母亲的坟前想问题，跟母亲“交谈”，谈他的痛苦，谈他的想法，谈他想做的事情。这样慢慢形成了习惯，最后也让他透彻地感悟到很多人生、现世的道理，让安息了的母亲“指引”他来做事情。

其实，人生就是要不断地站在终点，回过头来追溯你走过的道路。我自己也有一次临死的体验。我腿上曾长了一个很大的红色肿块，被医生诊断成癌症，迅速住进医院，在起初半个月，我每天都笼罩在死亡的阴影里。记得要住院的前一天，我让司机带着我在北京长安街、二环、三环转，最后转到医院。在转的过程中，我感觉生命非常沉重，所有事情都是飘忽的；感觉所有平时看得很重的事情、非常有分量的事情、不得不做的事情、很伟大的事情都变得非常飘忽，而此时生命的存在成为一件最重要、最沉重的事情。在手术前的一段时间，人就开始与死亡博弈，变得既恐惧又排斥恐惧。当时我看到一本书，专门讲死刑犯在执行之前这段时间怎么度过。因为所有疾病、慢性病的患者对死亡的恐惧是一点点化解的，直到生命慢慢衰竭，因为他不知道哪一天会死，不知道具体的时间，所以这个恐惧是抽象的；但死刑犯因为知道三天以后就枪毙，这个恐惧是非常具体的。这个时候的恐惧是种让人陷入深度的惶悚和麻木，内心会采取一种保护的机制，那就是不想它，或转移，或幻觉，或歇斯底里。我在这段时间，死亡对我是抽象的，虽然是癌症，有可能死亡，有可能是一年，有可能是两年。一年、两年对于一个人来说还是很长的时间，在这段时间里能做什么？这个时候我才开始盘点人生最重要的事情、我不得不做的事情，开始排序，这个顺序和健康状态时的排序完全不一样。

苹果的老板乔布斯也曾经被认为罹患癌症，他也有一次濒死的体验，以至后来形成习惯，每天醒来就想，如果明天要死，我今天要做什么？他一直用这种方式激励自己，把有限的时间用在做最重要的事情上。因为当人还有大把生命的时候所觉得重要的事情，也许其实不是最重要的事情。当一个人有很多时间，就会做许多不重要的事，他会认为明天、后天、大后天都可以再去做，所以捡芝麻丢西瓜。可是，当他知道明天就会死亡的时候，今天选的一定是最最重要的事情。所以我们应该用这个方法经常提醒自己：假如我明天要死，这个事情是不是最重要的？

“只有无知的人与不能勇于面对生命的人，对死亡才会感到恐惧。聪明的人会视死亡为亲密的伙伴和仁慈的导师，任何人若要完完全全成为一个生命力充沛而丰富的人，那么他在有生之年，必然得与死亡结友。”这是台湾专门研究死亡教育的黄天中博士说的一段话。

死亡对于活着的人更有意义，如果你能够深刻地理解死亡，而且有死亡的体验，你会发现平时不曾重视的一些道理。黄博士还讲过一段话：“如果我们能视死亡为我们人生旅途中看不见而友善的同伴，它会提醒我们，不要常把现在该做的事情拖延到明天，帮助我们每天做得更好，而且充实。”无论是前面讲的这些朋友的体会，还是我的体会，抑或乔布斯的体会，作为一个民营企业的领导人，除了在现实生活中奔忙、忙碌，被一些赞扬和虚荣包裹起来，也要静下心来去和死亡对一对话、谈一谈心，站在死亡的角度来看一看今天的自己，究竟是不是做了最有价值的事情。

死亡的困境

一些伟大的、有价值的人在死亡的时候所表现出来的悲剧色彩和困惑，特别值得我们关注。阿拉法特在不屈不挠奋斗的45年中，他是蔑视死亡的，当他最后一次被以色列围困在拉姆安拉巴解总部时，有一年多就在一个小屋子里不能出来，没有自由的生活。当时巴勒斯

死亡对于活着的人更有意义

坦驻中国代表曾打电话问他："身体怎么样？会不会有危险？"他的回答非常明朗，尽管有几分忧心，但他仍然非常坚定地说："你应该去问巴勒斯坦人民怎么样，他们还在血泊中为民族独立而奋斗。"接下来这句话非常有意思，他说："放心，我唯一的胜利就是我的敌人必须杀死我，但我今天还活着。"他视死如归，从来不害怕。几十年当中以色列特工不断要杀他，导致他每天都要换睡觉的地方，这样一个坚强的人，在他生命的最后阶段出现了一个非常悲剧性的情景：他突然一下就变得很衰弱。有人说是以色列人投了毒，他一下就犯痴呆了，然后生命开始衰竭，尽管住进了法国的一家军方医院接受全力抢救。这时，围绕着巴勒斯坦的政权、巴勒斯坦组织以及他的家人，包括巴以局势发生了许多不幸的故事。

他在上飞机前，别人一直在跟他小声说一件事情，让他说出银行账户密码，因为看他已经快不行了，巴勒斯坦的钱在他一人管理之下，而那个密码就记在他脑子里。大家就担心万一他去世了，这个钱就瞎了，没法用到了，而巴勒斯坦在战斗中，它们需要经费，公务员还要发钱。但他没有正面回答，上飞机前他告诉大家："我还是会回来的。"大家没有办法，眼睁睁地看着他走了，没有得到这个密码。到了医院，他的太太不断索取这个密码；阿巴斯到医院看他，也希望跟他讨论善后的事情，但他最后已经深度昏迷，没有自主能力了。

以往死亡基本上有两个特征，一是呼吸停顿，二是心脏停止跳动，没有血液循环、没有呼吸，这就叫死亡了。可是现在的医学技术可以用机械的方法，强制性电击心脏，让心脏跳动；另外用机器也能推动呼吸。在他深度昏迷的时候，起搏器和呼吸机如果不拔掉，就不能宣布他的死亡；一旦拔掉，他就彻底死亡了。但是谁有权利拔掉呢？在法国只有家属才有放弃救治的权利，如果家属不宣布、不同意，这个起搏器和呼吸机管子就得一直插着。

这时的悲剧是，这个伟大的人此时成了一个筹码：阿巴斯跟阿拉法特的太太苏哈开始讨价还价，阿巴斯求他太太，希望他太太宣布死亡，这样阿巴斯可以在巴解组织开始重新选举，执掌权力；拖得越久，这件事就越不能掌控。而此时苏哈急于要一笔钱，她要求阿巴斯承诺给她若干数量的钱以保证今后她和孩子的生活。苏哈曾在巴勒斯坦受到很大的争议，因为她跟阿拉法特结婚以后，长期住在巴黎，以给孩子看病的名义奢侈消费，巴勒斯坦的一些革命经费给了她。阿拉法特因为有了这个太太和女儿，威信受到了影响。阿拉法特这么坚强的战士，到生命结束的时候，他的尸体却成了一笔交易的筹码。最后阿巴斯跟苏哈达成默契，苏哈同意把管子拔掉，宣布阿拉法特死亡，苏哈最后也拿到了一笔钱。

一个革命者在死亡的时候表现出的软弱无力，终于使他原来活着的这套制度完全崩溃。很多民营企业家都是强人，都是创业者，当他们强大的时候，他们蔑视一切困难，蔑视死亡，从来不正视自己也会死亡这件事，不去理性地安排他们死亡前和死亡后的一整套体制，而完全依赖自己超前的能力（就像阿拉法特连密码都藏在自己脑子里），最后一死了之。很多民营企业的领导不相信体制，一出事，坐牢了，公司就死亡了，缺乏支持公司继续发展的制度安排和实际力量。中国民营企业的很多强人在困难的时候匆匆离席，将死未死的时候被周围的人拿来做交易筹码，一旦死了，原来的事业也就迅速崩溃了。再强的人也绕不开死亡这一劫，但强人生前是让制度比他强还是他永远凌驾于制度之上，对死亡后结果的影响是有天壤之别的。

我们来看一下美国。美国到现在有四十几任总统，每个总统都会死，而且也有突发的死亡，但这并不会影响国家的经济、社会、政治的连贯发展。美国自建国以来，没有因为任何一个总统的死亡使国家的性质改变、方向改变、法律改变，让人们的生活有巨大的影响，或让国内安定出现巨大的波动，其中一个重要的原因就是因为美国甚至连死亡这件事情都纳入了它们的制度管理。美国所有的总统宣誓就职以后很短时间内，按照要求，他们必须写一个葬礼计划，对自己死了以后葬礼的安排要写得很详细，例如必须讲到要请谁来、葬礼的形式（甚至包括衣服颜色，事无巨细无所不包），还有预算，预算要细到哪一部分钱是自己出，哪一部分钱是要求客人出。另外，《宪法》里面有明确的规定，总统突然在任期内去世了，副总统应该按照什么程序来继任；或者总统离任以后死了，应该按照什么样的形式来举办他的葬礼。这样就可以做到两点：第一，保证政权更替的连续性和稳定性，不会因为总统的死亡使国家的体制和政权发生变化；第二，在葬礼上要体现美国精神，因为四十多个总统，如果每个总统都另搞一套，那这个国家就乱了，国家的价值观就没办法维持。所以美国总统生前就制订葬礼计划，要经过审定，最后放在白宫，到他死的时候执行，保证美国精神是连续的、权力的继承是稳定的。

如肯尼迪总统 1962 年突然遇刺，在飞机上副总统约翰逊就马上接替就职，立即开始工作；里根也曾遭暗杀，国家也没有发生什么问题。他们不会像阿拉法特这样，一旦人死了，密码都还在脑子里，然后被大家拿他的尸体来讨价还价，最后他生前的一切努力全都灰飞烟灭。

我认为，目前民营企业家应该从下述几个方面做好安排，以应对自己可能的死亡。

第一，使自己的公司高度制度化。公司要让制度来管人，让这些人来经营企业，这才可以保证一旦人不在的时候，你的事业还在，你的公司不会因突变而结束。只有建立一个很好的制度，治理结构清楚，战略清晰，培养出好的团队，建立很好的价值观，并且把这些东西深深根植于公司，使公司真正拥有长期发展的制度力量，才是最聪明的创业者。

第二，个人相关的事情，在活着的时候也要做好，以确保你的离开不会使公司受到撼动乃至崩溃，你周围的人也不会因为你的离开而惊慌或给生活带来巨大的混乱。比如一个创业者在公司一定要有继任计划，在你活着的时候把这个继任计划做好，明确谁接任，有没有一套游戏规则。有这个游戏规则事情就非常简单，如果没有那就有可能掐起来而引发混乱局面，家族企业怎么继任，股份公司、上市公司怎么继任等都成了问题。

第三，应该立一个遗嘱，一旦去世，所有可能的问题，特别是财产分割的问题，要提前说清楚，避免引起身后的混乱和不必要的争执。比如香港那个“小甜甜”（龚如心）去世，她身后巨大的遗产有2 000多亿港币，但却打得一锅粥。虽然她有遗嘱，可是她的遗嘱立了几次，又彼此老有矛盾，结果制造了一大堆的诉讼和麻烦。

第四，应该做好对子女和身后财产的安排，包括财产的信托计划，对子女的教育和未来生活要有一个安排，使一切按照计划来，保证你的后代也有人关照。

第五，葬礼计划也应该提前制订好。让你的葬礼能够反映或折射出你活着时候的精神，而不是千篇一律的葬礼，使你人生的最后一步流于平庸鄙俗。人最不能管理的是葬礼，但是当我们活着的时候，我们应该把葬礼的事情先安排好，甚至现在就委托一家公司，到时候由这家公司来执行。美国有一个人为自己设计了很有创意的葬礼，他要求把他的骨灰放在礼花里，在他死了以后，举行一个盛大的派对，邀请所有生前好友来看礼花，然后将礼花射向天空。大家拿着香槟，边玩边看礼花，他一生的乐观精神在最后一刻彻底绽放了。

所以民营企业领导应该深刻地理解死亡，不要回避这件事，在活着的时候做好公司制度的继承安排，也做好个人身后事的安排。这样，任何时候，车祸、疾病什么的都不能使你的企业和家人受到不必要的困扰。

救援机制

民营企业如果面临死亡，在快死还有救的时候，怎样来救活它？濒死的企业有没有活的希望？这是两个有趣的问题。据我了解，不管工商联也好，还是社会上也好，都在关注如何拯救濒临死亡的民营企业，特别是在德隆出事以后，大家一直在讨论：政府要不要管？究竟应该用商业的办法来管，还是用行政的办法来管？国有企业快死的时候政府都是要管的，比如债务免除、员工分流、买断工龄或者政府注入资本金，总之国有企业政府是管的。民营企业快要死的时候怎么办？德隆这件事情最后还是政府来管了，只不过政府是用市场的办法管的，这算是一种进步。几大资产管理公司接管了它，把它的资产分开，然后由这些大的经营机构把债务还掉，同时进行业务重组。

现在民营企业如果出问题或者遇到危机，应该怎么来管？一个办法还是像德隆这样由政府管；第二种办法是政府道义上管，实际靠法律去管，比如顾雏军被查出假账问题、挪用问题、虚假出资问题之后被抓起来，有人试图救他，工商联也在道义上帮他声张，不断地为他奔走、说明、解释、呼吁，但是进入了司法程序，政府也管不了，最后科龙被海信收购了。结果是用商业的方法管了一部分，工商联在道义上管了一部分，然后法律管了一部分，使这个企业改换门庭，重新走上一条复活的道路。

第三种办法是一些民间机构、工商联自己想出来的互助救援方法。工商联下边一些会员和领导曾经想过一个办法：成立一个基金，专门来帮助那些濒危的民营企业。在德隆出事以后，工商联系统对这些商业救援有很多研究和提议，但都未成功。但在“中城联盟”机构内部却有一些成功的尝试，联盟成员享有一种“救援机制”，即当一个成员企业出现商业危机的时候，联盟启动它的基金、管理力量或其他成员的财务能力，把这个公司接管，或者购买它的一部分资产，或者托管企业本身，然后恢复和发展它；等该企业家回到企业的时候，再把这个公司完整地交还给他。

比如云南有一家企业，当年出现了危机，王石是这家公司的董事，他就派了一个经理人，管了三年，把这个企业管得很好，赚了很多钱；在当事人恢复自由后，他把企业又还给当事人，这家公司现已成为云南最大的地产企业之一。曾经联盟成员内部的一家企业出现了问题，我们就签署了一个托管协议，托管这个企业，然后实施救援、抢救，保证对企业的员工负责，对财产负责，对社会的稳定负责。这样，即使当事人面临法律诉讼或其他困境，也由他本人去面对，而企业的资产、员工和业务却被保护起来，企业也能保证正常运营。当民营企业在困难和死亡边界的时候，能有很好的救援机制来避免死亡，这既是社会和市场经济发展的必然，也是进步的象征。

我看到，在国外，在完全市场竞争的环境下，这个问题本来不是问题。为什么呢？因为真正的商业机构、商业竞争，完全可以用商业的办法来处理。假定说你一个人面对司法的诉讼，那么你的企业可能就被人买了，这就是商业问题。卖了以后，将来有钱了，你再把它买回去。所以如果国内在并购资产管理、信托等方面越来越成熟，实际上必将形成一种用商业手段来解决问题的救援机制。救援最终不是一个道德问题，也不是一个政治问题，而只是一个商业问题——它也许是战略上的失误，也许是管理上的失误，也许是财务上的失误。最好的办法就是用商业的方法来解决将要死的企业，把它救活。

所以作为一个民营企业领导人，你每天都要有危机意识，要清楚地知道你快不行的时候谁会来救你。只有每天不断把这个问题想好，才能够给自己的企业架设一个安全的未来通途。

生命钻石

我曾读到一个故事：美国一位母亲有两个孩子，其中小女儿特别可爱。有一天，8 岁的小女儿给她讲了一个故事，“妈妈，我做了一个梦，我变成了一颗钻石，在手上不断发光，而且很漂亮。”不幸的是，一年后小女儿得了一场病，10 岁就离开了人间。母亲因此非常抑郁和痛苦，她总是想起女儿讲的这个梦，于是她就想：我要把我的女儿变成钻石。她坚持不让火化，但后来没办法还是火化了。但是，她说火化了我也要想办法。之后她就开始在互联网上找，居然找到了一家小公司正在做一个实验，把人的骨灰做成“钻石”。于是她就找到了这家公司，把女儿的故事讲给公司职员听。这家公司的员工被这位母亲的执着和爱心所感动，答应帮助她。结果他们用了两年多的时间研发成功，把她女儿的骨灰做成了两颗“钻石”：一颗挂在母亲的脖子上，让她永远跟女儿在一起；另外一颗放在她女儿的画像前面，让女儿挂着。

这是一个非常感人的故事，叫《生命钻石》。这个故事让我联想到，一家民营企业即使死了，它也有价值，就像这个女孩子，她的生命光芒会永远被铭记和发光。我们后来的人要像这位母亲一样，把这些死了的民营企业的“标本”和“骨灰”收集起来，把它做成钻石，让它永恒闪烁，成为遗留给我们的珍贵财富。

我们可以做的第一件事是，要让这个钻石能研制成功。改革开放已经 30 多年了，找到这些还健在或失败了的民营企业家，让他们口述历史，一定要非常详细地口述。将这些民营企业的失败与成功的经验写成案例，拿到 MBA 课堂上去研究，让后来的创业者学习借鉴。我去哈佛看到他们已经写了中国的几家企业的案例，但写的都是成功案例；我觉得还应该写几个中国民营企业失败的案例，用这些案例来推动不断深入的研究，让我们牢牢记住民营企业发展过程当中一些健康的基因和失败的根源。

第二件事是给这些企业的领导人撰写传记，这样加上口述历史，再加上案例，实际上我们对整个民营企业的发展就有了一个非常清晰的脉络。有人已经注意这件事情了，财经作家吴晓波就写了一本书《大败局》，记载了中国几个典型的失败的民营企业的历史。他还写了另外一本书，是关于民营企业的发展史，我看了一下，跨度较大，由于时间很短，采取新闻记者的一些写法，在 1991 年、1992 年这段将万通也写了进去。从写万通这部分来看，我认为他写的东西还不够贴近历史过程的真实，我觉得他应该再组织更多的人，把这个工作继续下去，不要停顿，为当代人写好当代史，把民营企业的成功和失败都记录下来。

第三件事是应该在网络上建立一个民营企业的门户或博物馆，让大家很容易看到，想了解民营企业所有的事情都可以通过这个网上博物馆把它看清楚。这一系列工作是对历史负责任，也是对中国民营企业发展的未来负责任，把这些工作做完，就相当于那位母亲把她的孩子变成了钻石，挂在了脖子上。我希望能有很多人来做这样的工作，如果有人愿意做这样的工作，我也愿意出力、出钱，最终使中国这一代的民营企业像一颗钻石，在中国的历史上有一个璀璨的、发光的和永恒的位置。